Sur le fer à Big Cloud

Frank L.Packard

Writat

Cette édition parue en 2023

ISBN : 9789359251516

Publié par
Writat
email : info@writat.com

Contenu

I—LA RÈGLE DE RAFFERTY

Le directeur général du Réseau Transcontinental lança un regard noir au jeune homme qui lui faisait face, de l'autre côté du bureau. "Eh bien, tu ne tiendrais pas trois mois!" » cracha-t-il.

"J'aimerais essayer, mon oncle."

« Humph ! »

"Je suis qualifié pour le poste", a poursuivi le jeune Holman. « J'ai fait mon travail dans les équipes de construction et j'ai passé quatre ans dans les ateliers de l'Est. Tu m'as promis que si je tenais, j'aurais ma chance.

« Eh bien, si je l'avais fait, je n'avais pas promis de vous mettre dans la voie de vous ridiculiser et de devenir la risée de moi, n'est-ce pas ? Vous êtes peut-être qualifié techniquement, je ne dis pas que vous ne l'êtes pas. En fait, j'ai été plutôt content de vous ; c'est l'une des raisons pour lesquelles vous n'allez pas vous attaquer à quelque chose que vous ne pouvez pas gérer. Si des hommes comme Rawson et Williams ne peuvent pas conserver leur poste, qu'espérez-vous faire ?

"Pas pire qu'eux, du moins", répondit doucement Holman. « Écoutez, mon oncle, c'est justement le point. Aucun homme ne veut ce poste, donc je ne demande à personne de le prendre. Je ne me moquerai pas non plus de vous. Je ne sors pas en tant que neveu du Vieil Homme ; tout simplement Dick Holman. Si je ne réussis pas, vous pouvez vous laver les mains de ma carrière ferroviaire.

«Jeune homme», dit sévèrement le directeur général, «ne faites pas de déclarations irréfléchies».

Il poussa les papiers sur son bureau avec irritation. Puis il fronça les sourcils. Il y a deux ans, lorsque la route avait creusé, dynamité, creusé et trépassé son emprise à travers les montagnes, ils avaient construit les ateliers de réparation pour l'entretien du matériel roulant, et à partir du moment où le premier contrôle horaire en laiton avait été effectué il a été émis que le contremaître des locomotives de la division Hill ne pouvait être introduit avec témérité nulle part dans l'enceinte des bureaux exécutifs. Les hommes les uns après les autres étaient partis et l'un après l'autre ils avaient démissionné. « Un dossier difficile à gérer », avait répondu Carleton, le surintendant de la division, aux nombreuses demandes d'explications qui lui avaient été adressées. Et maintenant, Dick voulait y aller. Les doigts du directeur général marquèrent un tatouage sur le bureau et son froncement de sourcils se transforma en un air renfrogné. "Tu es un jeune imbécile," grogna-t-il enfin.

Et Holman savait qu'il avait compris. « C'est très gentil de votre part, mon oncle », s'écria-t-il. «Je savais que tu verrais les choses à ma façon. Quand puis-je commencer ?

"Je suppose que tu y arriveras assez tôt," répondit sombrement son oncle. Il se leva de sa chaise et accompagna Holman jusqu'à la porte. « Eh bien, partez si vous le souhaitez, mais rappelez-vous ceci, jeune homme, vous y allez selon vos propres conditions. Quand vous démissionnez de *ce* poste, vous démissionnez de la route, comprenez !

"Très bien, mon oncle," Holman rit en réponse. "C'est une bonne affaire."

Trois jours plus tard, alors que le numéro un arrivait dans Big Cloud, Holman se dirigea vers la plate-forme. Au-delà des wagons de courrier et de bagages, la vapeur tambourinant vers sa sécurité, un gros dix-roues reculait pour s'atteler à la traversée des Rocheuses. Il y avait la fierté d'être propriétaire dans son regard tandis que ses yeux jetaient un regard critique sur le grand magnat, car dans sa poche se trouvait sa nomination officielle de contremaître de locomotive de la division Hill, vice-Williams, démissionnaire.

Ce n'est que lorsque le dernier Pullman l'eut dépassé en douceur qu'il se tourna pour faire le point sur ce qui l'entourait. La première impression n'était pas avenante. Devant lui, juste de l'autre côté de la cour remplie de files de wagons de marchandises, se trouvaient les magasins et les hangars bas, décousus, souillés de fumée, tandis qu'au-delà encore, la ville s'étalait de manière monotone.

Vers l'ouest, à travers les montagnes, se trouvaient les courbes et les pentes qui déchiraient, arrachaient et déchiraient l'équipement dont il serait désormais responsable. Vers l'est — mais « vers l'est » n'était qu'à deux cents mètres, car là son regard croisa le poteau « Yard Limit », qui marquait également la fin de la division.

Si, après cet examen rapide, des illusions pittoresques subsistaient encore dans l'esprit de Holman, elles étaient brutalement dissipées par l'intérieur de la structure en forme de grange située sur le côté de la plate-forme qui servait de gare, de quartier général de division, de magasin général et de tout ce qui servait. d'autre qui pourrait chercher l'abri de son toit protecteur. Les murs étaient ornés d'œuvres d'art telles que celles offertes par les suppléments du dimanche, entrecoupées ici et là de plans et d'horaires occasionnels. Les meubles portaient des preuves indubitables d'avoir servi avec le personnel de construction lorsque la route était en construction. À droite de la porte, alors que Holman entrait, le répartiteur était penché sur la feuille de train.

"Bien sûr", répondit-il en réponse à la question de Holman, "c'est le super là-bas."

Holman traversa la pièce et présenta ses lettres de créance.

« Je suis content que vous soyez venu », fut le salut de Carleton alors qu'il se levait et lui tendait la main. "Nous vous attendions. Williams est allé vers l'est ce matin sur le numéro deux. Asseyez-vous. C'est votre bureau là-bas.

Holman jeta un coup d'œil à la table en mauvais état vers laquelle l'autre pointait, puis revint aux quatre jours de croissance sur le visage du super.

Carleton sourit. « Les préparations ne sont pas à la hauteur de ce à quoi vous êtes habitués, les gars de l'Est en chemise bouillie. Ici, sur la ligne de tir, presque tout est permis. Cela fait des mois que je réquisitionne du mobilier de bureau. Vous n'avez pas encore vu leur feuille de route, Davis, n'est-ce pas ? il a appelé le répartiteur.

Davis se leva en riant et rejoignit les deux autres. "Non", dit-il en serrant la main de Holman, "pas encore."

"Et il est peu probable que ce soit le cas non plus", a poursuivi le super. « C'est dur et prêt ici, Holman. Les quartiers du personnel là-haut, » il montra le pouce vers le plafond, « sont tout à fait rudimentaires, et le cuisinier chinois est un voleur doré et un menteur des plus convaincants ; mais nous avons la meilleure division du meilleur chemin de fer du monde, et nous transportons des marchandises à travers les montagnes selon un calendrier qui rend la concurrence du Sud malade. Nous sommes encore jeunes ici. Un jour, quand la plate-forme sera secouée pour rester, nous construirons les extras.

L'enthousiasme et la cordialité bluffante du super étaient contagieux. Holman tendit impulsivement la main. « Nous avons entendu beaucoup d'entre vous, les gars de l'Est, » a-t-il déclaré, « et je suis heureux d'avoir eu l'occasion d'y contribuer. » Ses yeux balayèrent la pièce et revinrent rencontrer les surveillants en souriant. « Même si les hébergements *sont* en dessous de la « classe touriste » », a-t-il ajouté.

donc venu dans la division et a rejoint le personnel. Spence, le répartiteur en chef, avait secoué la tête. « Vingt-huit et contremaître de locomotive de *cette* division avec le groupe le plus dur et le plus dur à gérer sur la liste de paie du système ! Pendu s'il n'est pas un type décent, même s'il se rase et porte des colliers. Imaginez Williams avec un pantalon froissé ! Et disons, sa garde-robe : il a en fait un tailleur avec lui ! Cela ne mettrait-il pas les fils à la terre ! Qui est-il, Carleton ? Vous avez un contact avec le Vieil Homme ?

« Je n'ai pas demandé de renseignements », répondit carrément Carleton. "Laissez-le essayer."

Si le surveillant attendit avant de juger le dernier venu dans l'état-major de la division Hill, les ouvriers de l'atelier firent de même, mais pour une autre raison. Ils attendirent Rafferty. Rafferty était le patron. L'identité du patron de Rafferty était son affaire, et cela ne les concernait pas. Ce que Rafferty a dit a disparu. Il a fallu deux semaines avant qu'il ne rende son verdict.

"Un foutu mec au visage rose!" » annonça-t-il et termina sa remarque avec un jet de jus de bracelet noir en guise de point d'exclamation.

Le fiat était sorti !

Dans les stands, dépouillant les moteurs de leurs engrenages, les monteurs adoptèrent des résolutions de confiance selon le jugement de Rafferty, et parmi les tours et les raboteuses, les machinistes firent de même. L'accord de l'équipe de forge s'exprimait par un maniement vicieux des grands traîneaux qui envoyaient des pluies d'étincelles jaillir du métal crépitant chaque fois que Holman était aperçu descendant dans l'atelier pour une tournée d'inspection - une indication significative pour lui de garder ses distances. Et pour que le sentiment des ateliers ne manquât pas d'unanimité, les chaudronniers, si Holman avait la témérité de s'arrêter un instant devant un obus sur lequel ils travaillaient, pousseraient un vacarme de leurs marteaux intolérable à quiconque sauf les hommes eux-mêmes dont les oreilles étaient bouchées avec des déchets de coton.

Quant à Holman, il se peut qu'il ait été totalement inconscient de l'hostilité et de la mauvaise volonté de ses subordonnés malgré tous les témoignages qu'il a donnés selon lesquels il en était conscient. Il était occupé à maîtriser la routine et les détails de son nouveau poste. Pendant un mois, il ne dit rien ; puis un matin, au quartier général, il se tourna vers Carle-ton, qui lisait le courrier du train qui venait d'arriver.

« Pourquoi Williams a-t-il démissionné ? » demanda-t-il doucement.

"Hein?" dit Carleton, sorti de son calme en raison de la soudaineté de la question.

« Pourquoi Williams a-t-il démissionné ? répéta Holman.

« Ah, je ne sais pas. Fatigué de la vie ici, je suppose », a éludé Carleton.

« Était-ce Rafferty ?

Carleton se tourna brusquement pour scruter le visage de l'autre. Holman regardait par la fenêtre.

"C'était Rafferty", a admis Carleton après un moment.

Le regard de Holman ne quittait jamais la fenêtre. "Pourquoi Rafferty n'a-t-il pas été viré ?" » demanda-t-il sur le même ton calme, mais cette fois il y avait juste une légère teinte d'accusation dans sa voix.

Le visage de Carleton rougit. Un instant d'hésitation, puis il répondit sans détour : « Il pesait plus, c'est pour ça !

"Oh!" dit Holman de manière significative. "Alors pourquoi n'avez-vous pas recommandé Rafferty pour le poste il y a longtemps et vous avez évité tous les ennuis ?"

"Je l'aurais fait s'il pouvait faire autre chose que signer son nom."

Holman se tourna avec colère pour faire face au surveillant. « Alors, s'écria-t-il, quand un gars vient ici , il doit jouer seul, n'est-ce pas ? Une confrontation avec Rafferty, les ouvriers du magasin et toute la division tirant des cartes contre lui. Toi, Carleton, je ne t'ai pas rabaissé comme un homme avec un animal de compagnie.

Carleton se leva et posa la main sur l'épaule de Holman. « Ne le fais pas non plus, » dit-il doucement. « Ne gâche pas ton emploi du temps de cette façon, mon fils. Cela a toujours été d'homme à homme, et je n'ai pas été sollicité. Jusqu'à présent, tout a été Rafferty. Il est plus facile de trouver un nouveau contremaître qu'une nouvelle équipe d'atelier, donc je ne suis pas intervenu.

"Je ne comprends pas", a déclaré Holman d'un ton neutre.

Le super rit brièvement. « Rafferty a les hommes là où il les veut. S'il se cognait l' oreille, il pourrait nous attacher si vite qu'on ne saurait pas ce qui s'est passé. C'est une bonne chose que je l'admette, n'est-ce pas ? Mais c'est ainsi. J'imagine que j'aurais dû tuer toute cette histoire dans l'œuf, mais je continuais d'espérer que chaque nouvel homme battrait Rafferty à son propre jeu. Est-ce qu'il t'a fait avancer aussi ?

Holman rassembla les rapports de réparation sur son bureau et se dirigea vers la porte. « Le jeu est encore jeune », lança-t-il par-dessus son épaule en sortant.

Depuis le bureau, Holman remonta la cour jusqu'aux voies ferrées au bout des ateliers où trois ou quatre moteurs attendaient leur tour pour une fosse vide. Il jeta un coup d'œil à leurs numéros, les comparant avec les papiers qu'il tenait à la main, puis se retourna et revint, s'arrêtant en chemin pour inspecter un moteur, brillant et propre comme le feraient de la peinture fraîche et des feuilles d'or, qui avait été retiré. des magasins ce matin-là. Il passa par les portes supérieures de l'atelier d'essayage. Déjà un autre moteur avait été installé pour remplacer celui qui était tombé en panne. Ses plaques de protection, ses maillons, ses traverses, ses bielles principales et ses bielles gisaient sur le sol à côté d'elle, et l'équipe de travail la soulevait et la bloquait en vue de faire sortir les roues de dessous elle.

Il y avait une trace de couleur accrue sur le visage de Holman alors qu'il se tournait pour chercher Rafferty.

Le patron monteur était à sa place habituelle. En descendant le magasin, les mains profondément enfoncées dans les poches de son pantalon, les jambes largement écartées, il se balançait lentement en rond sur le petit plateau tournant en fer qui coupait les voies des draisines où ils bifurquaient dans toutes les directions à travers les magasins. Alors que Holman approchait, il arrêta le mouvement avec indolence en laissant le bout de sa botte traîner sur le sol autour de la table.

L'attitude de Holman était calme et sa voix était douce, presque déférente, lorsqu'il parlait : « Je vois que vous avez terminé le 483, M. Rafferty.

Rafferty baissa les yeux sur son supérieur de deux pouces et dit : « Oui . »

"Et," continua Holman, "vous avez couru en 840 à sa place ?"

« Oui », répéta Rafferty, cette fois encore plus indifféremment qu'auparavant.

« Eh bien, maintenant, vraiment, M. Rafferty, j'aimerais savoir pourquoi vous avez fait cela ? Tu sais, je t'ai dit hier d'être attentif à prendre 522 ensuite. Le ton de Holman ressemblait plus à celui d'excuses qu'à celui de dénonciation.

Pour répondre, Rafferty donna un petit coup de pied et le plateau tournant commença à tourner lentement. Pendant le circuit, Rafferty donna froidement quelques instructions aux hommes les plus proches de lui, puis, alors qu'il revenait face à Holman, il s'arrêta. " Qu'est - ce que tu étais Vous dites , M. Holman ? » dit-il d'une voix traînante.

"C'est la plus grande division du système, n'est-ce pas ?" » demanda Holman sans conséquence.

"Hein?" demanda Rafferty.

« La division la plus longue – le plus grand nombre de kilomètres – couvre une grande partie du pays », a amplifié Holman.

"Oh!" répondit l'autre avec un sourire. "Eh bien, vous réfléchirez , alors si jamais vous restez assez longtemps pour faire connaissance avec Utah. »

"C'est peut-être la raison pour laquelle je commence à me sentir à l'étroit. Je ne suis ici que depuis un mois, vous savez", sourit Holman.

" Pquoi tu veux dire ?

"Eh bien, curieusement, il ne semble pas assez grand, ni assez large, ni assez long, même pour *deux* hommes."

Holman ronronnait ses mots avec des accents doux et doux, et Rafferty, comprenant, ricana en rétorquant rapidement : « Pensiez-vous « av lavin », M. Holman ?

« Non, » dit Holman lentement, « je ne sais pas si je l'étais. J'ai pensé que la question pourrait peut-être être réglée et j'aimerais vous demander votre avis. Maintenant, si vous étiez contremaître de locomotive et que vous constatiez que le contremaître de cet atelier, d'une manière sale, basse et sournoise, vous discréditait auprès des hommes et qu'en outre il désobéissait catégoriquement à vos ordres, que feriez-vous, M. Rafferty ?

Au moment où Holman avait terminé sa mise en accusation, Rafferty était fou, fou de combat. « Je vais vous dire ce que je ferais », cria-t-il en brandissant un grand poing corné sous le nez de Holman. « Je le brancherais bien et fort, c'est ce que je ferais ! Voir!"

"Plutôt drastique", commenta Holman après une pause, pendant laquelle Rafferty recula et, les mains sur les hanches, se leva d'un air renfrogné. « Mais les cas désespérés nécessitent parfois des remèdes désespérés, et je ne sais pas… mais… que… » son poing jaillit et frappa Rafferty sur la pointe de la mâchoire – « tu as raison !

Rafferty, reculant sous l'impact du coup, fit tournoyer la table. Ses pieds sont sortis de dessous lui et il est tombé étalé sur le sol. Alors qu'il se relevait, Holman sauta vers lui et, en se balançant deux fois, frappa deux fois vicieusement le visage de Rafferty. Ensuite, à l'exception d'un souvenir confus d'une ruée d'hommes, c'est tout ce dont Holman se souvenait jusqu'à ce qu'il ouvre les yeux pour se retrouver dans sa couchette au quartier général avec Carleton penché sur lui.

"Vous êtes un spectacle", commenta sombrement Carleton. "De quoi s'agissait-il?"

Holman a expliqué. "J'ai suivi le conseil de Rafferty et je l'ai branché, tu vois, et après ça..."

« Après cela, si le vieux Joe, le tourneur, n'avait pas couru ici pour nous le dire, ils t'auraient tué. Ne savez-vous pas mieux que de vous mesurer à Rafferty comme ça, sans parler de toute la bande ? Vous attendiez-vous à tout refaire ?

« Non, pas exactement. Je m'attendais à ce que quelque chose m'arrive, mais je devais le faire. Je l'admets, Carleton, j'étais dans un état de déprime, mais je *devais* le faire. Effet moral, vous savez.

« Oui, dit sauvagement Carleton, l'effet moral est grand ! Ce sera tout ce que vaut votre vie de remettre votre tête dans ces magasins. Vous ne connaissez pas les hommes avec qui vous avez affaire ici.

« Vous avez tort, complètement tort, Carleton, c'est vrai. Vous avez dit que c'était d'homme à homme, n'est-ce pas ? Alors, soit c'est moi qui dirige les magasins, soit c'est Rafferty. Rafferty a les hommes avec lui parce que c'est un tyran et qu'ils ont peur de lui. C'était simplement la force de l'habitude qui les faisait s'accumuler sur moi. Attendez qu'ils refroidissent un peu et voyez.

Mais Carleton secoua la tête. « Vous êtes un imbécile fleuri », résuma-t-il judiciairement, « mais ici, secouez-vous ! Vous avez votre courage avec vous, si vous avez laissé votre sens derrière vous.

Pendant le reste de la matinée, Holman soigna ses blessures, mais à une heure, il était de nouveau à son bureau. Cinq minutes plus tard, Rafferty entra. Il n'était pas joli à voir avec sa lèvre coupée et son œil meurtri alors qu'il boitait devant Spence et Holman. Avec un regard vindicatif à ce dernier , il traversa la pièce jusqu'à l'endroit où était assis Carleton. Il posa ses deux mains sur le bureau du concierge.

« Ce ne sera qu'une confrontation, M. Carleton, c'est tout ce qu'il y a à faire. Moi ou lui, lequel ? il a annoncé.

Carleton inclina sa chaise en arrière, posa ses pieds sur le bureau et ses pouces dans les emmanchures de sa veste. « Exposez votre cas ; Rafferty, dit-il calmement.

"Cas!" Rafferty bafouilla. « C'est vrai ? J'en ai marre d' être dirigé par des enfants de l'école qui construisaient des blocs pendant que je construisais des engins . J'arrête ou c'est lui qui le fait ! » Rafferty tendit le pouce en direction de Holman.

"C'est tout ce que tu as à dire, Rafferty ?"

«C'est à peu près la taille moyenne . »

"Très bien, Rafferty, vous pouvez prendre votre temps", dit doucement Carleton.

Pendant un instant, Rafferty le regarda comme s'il n'avait pas bien entendu , puis il se retourna sur ses talons pour se retourner et faire face au super avec un bref rire. « Très bien, M. Carleton, vous êtes le médecin . Je suis satisfait. Quand je sors, tous les hommes épanouis dans les magasins sortiront avec moi !

Les pieds de Carleton se sont décollés du bureau comme un éclair, sa chaise est tombée au sol avec fracas et l'instant suivant, il se tenait devant le patron de l'ajusteur.

« Tu vois, Rafferty, lança-t-il, tu me connais, les hommes me connaissent. Pendant que je détenais la banque, il y avait cinquante-deux cartes dans l'affaire et chacun de vos fils de mère a eu une bonne affaire. Vous le savez, n'est-ce pas ? Aucun homme de cette division n'est jamais venu me voir avec un motif valable de se plaindre, mais il a eu la possibilité d'exposer son grief de manière claire et sans limite non plus sur son permis. Désormais, j'ai droit au même traitement que celui que j'inflige, et je n'accepterai pas les menaces !

Rafferty se déplaça avec inquiétude et, pour cacher sa confusion, attrapa sa « mastication ».

« Nous n'avons rien contre vous , M. Carleton, et je vous donne un avertissement juste », marmonna-t-il alors que ses dents se rencontraient dans le bouchon.

"Quand vous créez des problèmes dans cette division, vous me créez des problèmes", a déclaré Carleton sans détour. « Quant à l'avertissement, je vous préviens maintenant que si vous déclenchez des perturbations dans ces magasins , ce sera pire pour vous. Vas y!"

Ils l'ont observé à travers les fenêtres alors qu'il traversait la voie ferrée. Finalement, alors qu'il disparaissait dans les magasins, Carleton se retourna avec un visage grave.

« J'ai peur que ce soit une mauvaise affaire », a-t-il déclaré.

"Vous ne voulez pas dire", s'écria Holman, "que ces hommes sont assez idiots pour démissionner simplement parce qu'un homme râleur le dit, n'est-ce pas ?"

« Je vous ai dit que vous ne connaissiez pas la classe des hommes ici – ils sont partisans jusqu'à la moelle – c'est inné en eux. Je ne vous en veux pas, Holman, pas une minute ! Comme je l'ai dit ce matin, je l'avais vu venir depuis longtemps, bien avant que Williams ne rende l'âme. Maintenant c'est là, on va affronter la musique, quoi ?

« C'est vraiment bien de ta part de le dire, vieil homme, » dit lentement Holman, « mais je t'ai mis dans un mauvais trou, et c'est à moi de t'en sortir. D'ici deux semaines, avec la grève des ateliers de réparation, notre matériel roulant ne sera plus en mesure de gérer le trafic.» Il mit son chapeau et se dirigea vers la porte.

"Où vas-tu?" » demanda Carleton.

« Rafferty ne va pas faire tout ce qu'il veut. Les hommes n'ont aucun grief, et je ne crois pas qu'ils le suivront si on leur parle correctement. J'y vais.

"Pas si je le sais, ce n'est pas le cas", dit Carleton d'un ton sombre. "Il y aura peut-être une enquête du coroner avant que cette affaire ne soit réglée, peut-être plus d'une si les choses tournent mal, mais je suis pendu si je propose de commencer ainsi cet après-midi."

"Tout va bien", répondit Holman avec obstination.

« C'est pareil, je suis… Hein ? Quoi de neuf, Carleton ? Qu'est-ce qui ne va pas?"

Spence s'était penché brusquement sur la clé, et Carleton, avec une exclamation surprise, regardait les mots que le répartiteur griffonnait à la hâte sur le bloc-notes. Holman se pencha par-dessus l'épaule du super et, alors même qu'il voyait Carleton tendre la main pour brancher la connexion téléphonique avec la rotonde, il lut le message : « Le numéro deux a détruit Eagle Pass. Envoyez immédiatement une dépanneuse et une assistance médicale. L'instant d'après, il traversait la cour en courant vers les magasins.

Alors qu'il franchissait la porte, il fut accueilli par un grognement. Les hommes étaient massés en corps autour d'une des locomotives dans l'atelier de montage, et Rafferty, depuis la cabine, parlait d'un ton féroce et passionné. A la vue du maître mécanicien , il s'arrêta net et, avec un juron, sauta de son perchoir droit vers Holman. La foule se divisa, ouvrant un passage entre les deux hommes, puis, avec une soudaineté surprenante, rompant le silence inquiétant qui était tombé, trois brefs coups de sifflet du magasin retentirent – le signal de la dépanneuse. Il a arrêté Rafferty alors qu'il n'était qu'à une longueur de bras du contremaître de la locomotive. Puis Holman parla :

« Vous entendez ça, les hommes ? Le numéro deux s'est glorifié à Eagle Pass. Toi, Rafferty, rassemble l'équipe de démolition, *vite* ! Le reste d'entre vous retournez au travail.

"Tu es un menteur!" » a crié Rafferty. « Un misérable menteur au visage pâteux et à la chemise d'amidon, vous entendez ? C'est une plante ! Vous ne pouvez pas me faire un tour aussi astucieux !

Il y eut un grognement sourd et menaçant de la part des hommes et ils se rapprochèrent. Mais Holman n'y prêta aucune attention ; il fit un pas plus près de Rafferty, le regardant droit dans les yeux.

« Rafferty, dit-il doucement, vous avez une femme et des enfants, n'est-ce pas ? Et vous êtes un cheminot, n'est-ce pas ? Eh bien, il y a des femmes, des enfants et des compagnons là-haut dans cette épave. L'autre affaire peut attendre notre retour. Maintenant, tu veux y aller ?

Et Rafferty se rendit, à la tête des dépanneurs, dans la cour où l'équipe de manœuvre travaillait comme des castors composant le train de secours. Deux voitures de passagers pour servir d'ambulances, derrière elles un appartement, puis la grue de démolition, la voiture-outil et un fourgon de queue. Alors que Rafferty entassait ses hommes dans le train, Holman traversa la voie ferrée jusqu'à la gare. Sur l'estrade, les médecins, appelés à la hâte, se pressaient autour de Carleton. Holman s'arrêta à côté d'eux. « Nous sommes tous prêts, Carleton », annonça-t-il ; puis aux autres : « Vous feriez mieux de monter à bord, les gars ; nous partirons dès que nous aurons la piste.

"Spence aura la ligne libre dans une minute", a déclaré Carleton, alors que les médecins partaient vers les entraîneurs. « J'envoie un répartiteur avec vous ; il peut brancher les fils. Combien d'hommes avez-vous récupérés ?

"L'équipage régulier."

« Et Rafferty ?

"Il s'en va."

« Je ne sais pas comment vous avez fait, et nous n'avons pas le temps de donner des explications maintenant ; mais je pense, Holman, que tu ferais mieux de laisser Rafferty derrière toi.

« Et est-ce que tout l'équipage a démissionné aussi ? Ça ne sert à rien, Carleton, il doit partir. C'est tout ce qu'on peut en dire."

Carleton secoua la tête, dubitatif. « Je n'aime pas l'idée que vous alliez là-haut ensemble. Vous n'avez pas besoin d'y aller, et vous feriez mieux de ne pas y aller. Vous ne connaissez pas cet homme ; si tu penses qu'il va oublier… »

« Vous avez tort, c'est vrai. Je vous l'ai déjà dit ; de toute façon, il est trop tard maintenant, nous partons. Voici Spence avec les commandes.

Avant que Carleton ne puisse répondre, Holman avait attrapé le mouchoir et courait vers le train. Alors qu'il se dirigeait vers la cabine du moteur et remettait ses ordres à Hurley, le chauffeur, Rafferty monta de l'autre côté.

A la vue de Holman, Rafferty hésita et fit demi-tour dans la passerelle pour regagner le fourgon de queue ; mais Holman tendit la main et lui attrapa le bras.

« Reste où tu es, Rafferty, » dit-il doucement. Et pendant la course éprouvante de trente milles jusqu'à Eagle Pass, aucun autre mot n'a été échangé entre eux. Parfois dans le bruit fou de la locomotive alors qu'elle frappait les tangentes que leurs corps touchaient ; c'était tout.

Holman, en vertu de l'étiquette ferroviaire, était monté jusqu'au siège du pompier et, une ou deux fois, il avait jeté un coup d'œil autour de lui à la grande masse de l'homme derrière lui, aux traits sombres et figés, aux yeux qui ne voulaient pas croiser les siens, et s'était demandé à sa propre témérité en invitant à une rencontre physique. Et à quoi cela avait-il servi ? Carleton avait-il raison après tout ? Peut-être. Et pourtant, derrière l'entêtement, la volonté propre, le purement physique, il doit y avoir l'autre côté de l'homme. S'il pouvait seulement l'atteindre — seulement le toucher. Il l' *avait* touché. Son appel pour les blessés.

Hurley parcourait les kilomètres comme seul un homme aux commandes d'une dépanneuse avec des droits clairs pouvait le faire. Un long cri du sifflet qui résonna dans les montagnes au-dessus de la course assourdissante et martelante du train ramena Holman à son environnement immédiat. Une minute plus tard, ils avaient contourné le virage et tonné sur le chevalet qui marquait l'approche du col.

Un demi-mile devant eux, sur la piste, ils ont vu l'horreur. Hurley accrocha l'accélérateur et commença à vérifier. Alors que les mâchoires de frein mordaient les pneus, Holman glissa de son siège et fit face à Rafferty. Il y avait un regard curieux dans les yeux de l'autre, et Holman comprit. Il comprenait qu'ici Rafferty était son maître – et il le savait. Voilà donc le sens de cela. C'était ainsi qu'il avait touché la meilleure nature de l'autre ! Rafferty avait astucieusement saisi l'occasion de le placer dans une situation encore plus désavantageuse qu'auparavant. Il hésita un instant en se mordant la lèvre, puis il annula l'équation personnelle. « Vas-y, Rafferty, » dit-il doucement, répondant au défi tacite, « tu es meilleur que moi dans ce genre de choses. Tu es responsable."

Et Rafferty, sans un mot, se jeta hors du taxi.

Pour Holman, les cinq premières minutes ont été déconcertantes. C'était sa première mauvaise épave. Dans l'Est, il n'avait jamais été dans son domaine de sortir avec l'équipage – et ce n'était pas non plus ici, pensa-t-il sombrement, et à ce moment-là il était reconnaissant envers le vétéran Rafferty. Pour lui, c'était comme un horrible cauchemar. Tout au long de la ligne des décombres en feu gisaient les morts, leur silence étant d'autant plus affreux qu'il contrastait avec les cris et les cris des blessés encore emprisonnés dans l'épave. Et puis le sentiment est passé et il a travaillé – travaillé comme un fou.

Un jour, une femme lui avait attrapé le bras et, en sanglotant, l'avait traîné vers l'extrémité de la cabine d'un des Pullman. À travers la fumée et la chaleur torride des flammes, il s'était frayé un chemin, puis était revenu avec l'enfant. La femme avait jeté hystériquement ses bras autour de son cou.

Tout cela n'était qu'une agitation folle et furieuse, et il s'en glorifiait. Le craquement de la hache à travers le verre et les boiseries, la course sauvage au cœur des choses pour reculer aveuglé et étouffé par son fardeau impuissant. La joie féroce si la vie s'attardait encore ; la tendre révérence si la vie avait disparu.

Sur la piste, en direction du moteur, il y eut un fracas et un chœur de cris excités. Il s'est précipité dans cette direction. Une demi-douzaine de dépanneurs étaient regroupés autour du fourgon à bagages avant. Alors que Holman les atteignait, échevelé, les vêtements déchirés et roussis, le visage noirci par la fumée et barbouillé de sang là où du verre et des éclats l'avaient coupé, les hommes reculèrent consternés, le visage blanc.

"Par Dieu!" on a pleuré. « C'est *lui !* »

« Bien sûr que c'est moi ! Êtes-vous fou? Quel est ton problème?"

L'homme montra la voiture en feu. " Quelqu'un a dit que tu étais là-dedans, et il est entré après toi juste avant qu'elle ne s'effondre."

"OMS?" » a crié Holman.

" Rafferty. "

Holman s'est précipité vers la voiture. Les hommes l'ont retenu. « N'essayez pas, monsieur ; il est trop tard pour faire du bien.

Il les secoua et, les bras croisés devant sa tête pour protéger son visage, il trébucha à moitié, tomba à moitié par l'ouverture qui avait autrefois été une porte. La voiture était à moitié renversée sur le côté. Les malles, jetées les unes sur les autres lorsque la voiture avait quitté la piste, étaient tout ce qui soutenait les charpentes en feu. Entre les coffres et le bord de la voiture, il y avait un petit espace avec le plancher formant un angle de quarante-cinq degrés, et le long de cet espace, la tête baissée, Holman rampait aveuglément. Le sol commençait déjà à couver, les bords métalliques des malles lui couvraient les mains lorsqu'il les touchait. Ses sens étaient ébranlés, mais il rampait encore et encore, et dans son esprit, encore et encore, la seule pensée : « Rafferty ! Mon Dieu, Rafferty !

Puis ses mains touchèrent quelque chose de doux, et lentement, douloureusement, centimètre par centimètre, il recula, entraînant Rafferty après lui. D'une manière ou d'une autre , il atteignit la porte, puis un fouillis confus de bruits et rien de plus jusqu'à ce qu'il reprenne conscience et sache qu'il était de retour dans sa chambre à Big Cloud avec le factotum aux yeux en amande présent.

« Le ventre va beaucoup mieux ? Tu aimes manger ? » a demandé cet individu avec sollicitude.

Holman sourit malgré la douleur. «Non», répondit-il; puis, en fermant à nouveau les yeux , il marmonna : « Dites à Carleton que j'avais raison.

Et il a abdiqué publiquement pendant deux jours après. Il rassembla les hommes dans l'atelier de montage et monta dans la cabine d'un moteur surélevé à mi-hauteur du plafond comme auparavant, mais cette fois-ci, c'était à midi et non pendant les horaires de l'entreprise. Ses paroles étaient peu nombreuses et précises, prononcées avec une force et une éloquence qui lui étaient propres :

«Je pensais que c'était un foutu mec au visage rose, alors je l'ai fait. Eh bien, je le reprends , n'est -ce pas moi ? Et de plus , j'aplatirai le visage de n'importe quel homme, quelle que soit la raison pour laquelle je le ferai !

II—LE PETIT SUPER

Tommy Regan a poussé le grand magnat de l'arc à poulies devant la file d'autocars vert foncé qu'il avait tirés sur cent cinquante milles, a pris la table avec une légère secousse et s'est arrêté dans la rotonde. Alors qu'il descendait du taxi, Healy, le tourneur, s'approcha de lui.

« C'est un grand garçon, celui-là, » commença Healy en secouant la tête , « un grand garçon ; mais attention, Tommy Regan, il y aura des ennuis pour moi, pour toi, pour lui et pour nous tous, si vous ne le surveillez pas.

"Qu'est-ce qu'il y a cette fois, John?"

«C'est important», dit Healy avec regret; « il y a assez de matière. Ce petit connard a été accusé d'avoir failli faire entrer le 429 dans la fosse il y a quelque temps, c'est ce qu'il a fait.

"Où est-il maintenant?" » demanda Regan avec un sourire.

« Diable un peu, je sais. Je l'ai chassé et il est parti vers les magasins. Et il y a environ une heure, votre femme est venue et a dit que le garçon était introuvable et que vous deviez le chercher. Regan sortit sa montre. "Six heures et demie. Eh bien, dit-il, je vais y aller et voir si Grumpy sait quelque chose à son sujet. La prochaine fois que le gamin se présente par ici, John, tu lui donnes le côté doux d'une barrette et tu le renvoies chez lui.

Healy se gratta la tête. «Je le ferai», dit-il; «Je vais le faire. C'est un brave garçon.

Regan traversa la cour jusqu'aux portes des grands magasins. Ils étaient toujours ouverts et il entra dans le bureau du commerçant. Grincheux triait les contrôles horaires des cuivres. Il leva les yeux lorsque Regan entra.

"Je suppose que tu cherches encore ton enfant," dit-il avec aigreur .

"C'est ce que je suis, Steve," répondit Regan, renonçant diplomatiquement au surnom de l'autre.

"Eh bien, il n'est pas là", annonça Grumpy en retournant à ses chèques. "Je viens de faire le tour des magasins, et je l'aurais vu s'il l'avait fait."

Le visage de l'ingénieur s'assombrit. « Il doit être quelque part, Steve. John a dit qu'il l'avait vu venir ici, et que sa femme était descendue à la rotonde pour le chercher, alors il n'est pas rentré chez lui. Parcourons les magasins et voyons si nous ne pouvons pas le trouver.

"Je n'ai pas droit à des heures supplémentaires pour courir après des enfants perdus", grogna Grumpy.

Néanmoins, il se leva et franchit la porte menant à la forge, que Regan lui tenait ouverte. L'endroit était sombre et désert. Çà et là, un feu de forge, mourant, brillait encore faiblement. Au fond de la pièce, les hommes s'arrêtèrent et Grumpy, remarquant l'anxiété croissante de Regan, le réconforta d'un air maussade.

« De toute façon, je ne serais probablement pas là », dit-il. « Aménagement d'un magasin pour lui ; mais nous essaierons d'abord l'atelier d'usinage en chemin.

Les deux hommes avancèrent, fouillant derrière les raboteuses, les perceuses, les façonneuses et les tours. Les machines prirent des formes grotesques dans le crépuscule de plus en plus profond, et dans le silence, si incongru avec le bruit et le choc habituels de son environnement, la nervosité de Regan augmenta.

Il se précipita vers l'atelier d'essayage. De tous côtés, les moteurs se trouvaient au-dessus de leurs fosses respectives à toutes les étapes de la démolition, certains sur roues, certains bloqués haut vers les chevrons, certains démontés jusqu'à la coque nue de la chaudière. Regan montait et descendait des taxis, tandis que Grumpy regardait dans les stands.

« Oh ! il n'est pas là, dit Grumpy avec dégoût en s'essuyant les mains sur un déchet. « Je vous ai dit que non. Il est à la maison, mabbe , maintenant.

Regan secoua la tête. « Bunty ! Ho, Buntee, *appela* -t-il. Et encore : « Buntee *!* »

Il n'y eut pas de réponse, et il se retourna pour revenir sur ses pas lorsque Grumpy l'attrapa par l'épaule. La grande porte en fer du moteur devant eux s'ouvrait lentement sur ses gonds, et de l'avant sortait une petite paire de chaussures, surmontée de petites chaussettes courtes qui étaient autrefois blanches, mais qui pendaient maintenant en plis crasseux sur le dessus des voitures. les bottes. Une paire de jambes nues, robustes mais très sales, apparut progressivement tandis que leur propriétaire se propulsait en avant sur le ventre. Ils se balancèrent un instant, cherchant à prendre pied sur l'assiette en dessous ; puis un très petit garçon, âgé de quatre ans, vêtu d'un costume de marin en lin autrefois immaculé, se tenait debout sur le repose-pieds. Les boucles jaunes étaient emmêlées avec de la graisse de moteur et cimentées avec des cendres et de la suie. Ici et là, par endroits sur son visage, la peau conservait encore sa couleur naturelle.

Bunty s'arrêta un instant après ses efforts pour reprendre son souffle, puis, tenant toujours un marteau dans son petit poing, il chevaucha la barre de traction et glissa le pilote jusqu'au sol.

Grincheux éclata de rire.

Bunty cligna des yeux d'un air de reproche et se tourna vers son père.

«J'ai réparé le ' iger -'ed», annonça-t-il gravement.

Regan observa son fils d'un air sombre. "Réparer quoi?" il a ordonné.

"Le ' iger -'ed", répéta Bunty. Puis avec reproche : « Je ne sais pas ce qu'est un ' iger -'ed ?'

« Oh, » dit Regan, « la tête de nègre, hein ? Eh bien, je suppose qu'il y a un autre nègre qui se fera soigner quand ta mère te verra, mon fils.

Il prit le garçon dans ses bras et Bunty se blottit avec confiance, un bras autour du cou de son père. Sa petite tête fatiguée tomba sur l'épaule paternelle, et avant qu'ils aient atteint les portes, Bunty dormait profondément.

Dans les jours qui suivirent, Bunty ne trouva pas facile d'échapper à la vigilance de sa mère ; mais ce n'était que le début de ses ennuis. Les portes des magasins étaient toujours fermées et le loquet était hors de sa portée. Une fois, il les avait trouvées ouvertes et les avait traversées hardiment, pour se retrouver barré par le seul homme qui le craignait. Grincheux lui avait sèchement ordonné de s'éloigner, et Bunty avait pris ses talons et couru jusqu'à ce que son petit corps soit essoufflé.

La rotonde n'était pas meilleure. Le vieux John ne voulait rien de lui, et Bunty s'émerveillait de ce changement.

C'était un cheminot et les magasins étaient son héritage. Son âme protestait vigoureusement contre l'outrage qui lui était infligé.

Il lui a fallu du temps pour résoudre le problème, mais il a finalement trouvé le chemin. Chaque après-midi, Bunty parcourait péniblement la voie pendant un quart de mile jusqu'à l'extrémité supérieure des ateliers, où les grandes et larges portes des moteurs étaient toujours ouvertes. Ici, quatre voies ferrées aboutissaient à l'atelier de montage, et Bunty n'eut aucune difficulté à y entrer. Une fois en sécurité parmi l'équipe d'essayage, le petit Super, comme l'appelaient les hommes, se pavanait d'un air important, inspectant le travail d'un œil critique.

Bunty a appris une leçon. Se souvenant de sa dernière entrevue avec sa mère, il se gardait bien de se retrouver enfermé dans les magasins. Ainsi, chaque soir, lorsque le coup de sifflet retentissait, il se mettait en rang avec les hommes et, assuré de leur protection, il filait avec eux devant Grumpy alors qu'ils remettaient leurs contrôles horaires. Et Grumpy, indifférent aux voies ferrées, se demanda comment il était arrivé là et fronça les sourcils sauvagement.

Quand Bunty avait six ans, son père tenait le fauteuil pivotant dans le bureau du maître mécanicien de la division Hill, et l'allégeance de Bunty aux magasins a vacillé. Pas par sentiment de déloyauté ; mais avec la promotion de son père, un nouveau monde s'ouvrit à Bunty et le fascina. C'était maintenant le locotracteur et le quartier général qui retenaient son attention. Les années ont également apporté d'autres changements à Bunty. Les boucles avaient disparu et ses cheveux étaient désormais coupés comme ceux de son père. Des bas longs avaient remplacé les chaussettes, et il portait de vrais pantalons ; des pantalons courts, il est vrai, mais de vrais pantalons quand même, avec des poches.

Une fois l'école terminée, il volait dans la cour sur son petit moteur trapu, et Healy, faisant alors les manœuvres et oubliant les griefs du passé, laissait Bunty s'asseoir sur le siège du conducteur. Avec le temps, Bunty a appris à appuyer sur l'accélérateur, mais le levier d'inversion était trop difficile pour sa petite taille, et les subtilités de « l'air » le dépassaient encore un peu. Mais Healy a juré qu'il ferait de lui un chauffeur – et il l'a fait.

Les soirées au bureau, Bunty aimait aussi pleinement. Le quartier général n'avait pas grand chose à se vanter à l'époque. C'était avant que la concurrence n'impose un système à double voie, et que le répartiteur de train, avec ses feuilles de papier de soie, exerçait toujours une influence incontestée. Ils les appelaient « bureaux » à Big Cloud par courtoisie – juste le grenier au-dessus de la gare, avec une pièce. L'espace au sol occupé par le bureau de chaque homme était son bureau.

Ici, Bunty s'asseyait recroquevillé dans le fauteuil de son père et écoutait les hommes parler. S'il s'agissait d'une locomotive, il comprenait ; s'il s'agissait de circulation, de ponts, de plate-forme de route ou de répartition, il fronçait les sourcils avec perplexité et posait d'innombrables questions. Mais par-dessus tout, il tenait Spence, le répartiteur en chef, dans une profonde révérence.

Un jour, à sa grande joie, Spence, lui tenant la main, l'avait laissé passer une commande. Il est vrai qu'avec le OK est revenue une demande de renseignements sur la marque à laquelle le répartiteur s'était livré ; mais le sarcasme fut perdu pour Bunty, car lorsque Spence lut la réponse avec un petit rire, Bunty demanda gravement s'il y avait une réponse. Spence secoua la tête et rit. "Pas de fils; Je suppose que non », a-t-il déclaré. "Nous devons préserver notre dignité, vous savez."

Cet hiver-là, en plus du trafic régulier, et qui n'était pas léger, ils ont commencé à acheminer des fournitures de l'est vers la division Hill, se préparant à doubler la route depuis le côté ouest des contreforts dès l'ouverture du printemps. Et tandis que le thermomètre descendait progressivement jusqu'à zéro, la Division Hill étouffait.

Tout le monde et tout l'ont reçu, les magasins et les plates-formes, les équipes des trains et le matériel roulant. Le peu de sommeil que Carleton, le super, avait, il le consacrait à formuler des plans de rêve pour gérer l'entreprise. Ceux qui lui semblaient bons à son réveil furent promptement opposés par les barons de la Direction générale du lointain Est.

Regan n'a pas dormi. Il a couru d'un bout à l'autre de la division et il a fait de son mieux. Les équipages des machines devaient bricoler eux-mêmes autre chose qu'une blessure grave : il n'y avait pas de place pour eux dans les ateliers.

Mais ce sont surtout les hommes aux clés qui l'ont compris. À mesure que les jours passaient et les mois, le visage de Spence devenait soucieux et hagard ; et l'irritabilité due au surmenage des hommes qui l'entouraient ajoutait à son inconfort. La nature humaine a besoin d'une soupape de sécurité, et une nuit vers la fin janvier, alors que Regan, Carleton et Spence étaient réunis au bureau, avec Bunty à sa place habituelle dans le fauteuil de son père, le maître mécanicien s'est déchaîné.

« C'est à vous de décider, Spence », cria-t-il sauvagement en abattant avec fracas son poing sur le bureau. « Il n'y a pas une paire de roues dans la division capable de tirer une draisine. Chaque moteur est paralysé et s'améliore chaque jour. Le moteur n'est pas construit, et ne le sera jamais, pour résister au programme que vous leur imposez dans les collines, en particulier dans le Gap. C'est trois pour cent, avec le lit comme un S. On ne peut pas y passer du temps ; tu dois ramper. Vous retirez les boulons de fixation de mes moteurs, c'est ce que vous faites.

Carleton, n'étant pas d'humeur angélique et heureux d'exprimer ses sentiments, grogna son assentiment.

Spence releva la tête des touches, une teinte rouge de ressentiment sur ses joues. Il ramassa sa pipe, la remplissant lentement tout en regardant Regan et le concierge. « Je prends tout ce qu'ils envoient, » dit-il doucement. Il tendit la main vers la feuille de train et la tendit au concierge. « Vous et Regan ici présents grognez à propos du programme. C'est votre division, Carleton; mais je ne suis pas sûr *que vous* sachiez exactement ce que nous traitons toutes les vingt-quatre heures. Il s'agit de les pousser les uns sur les autres d'une manière ou d'une autre, ou de leur dire dans l'Est que nous ne pouvons pas les gérer. Veux-tu le faire?"

« Non », a déclaré Carleton, « je ne le fais pas ; et en plus, je ne le ferai pas.

Spence hocha la tête. «Je pensais plutôt que c'était ton idée. Eh bien, nous faisons tout ce que nous pouvons faire sans nous harceler. Je suis proche maintenant, et vous et Regan ici aussi, vous deux. Je dois gagner du temps,

Gap ou pas Gap. Il y a tellement de mouvements qu'il n'y a pas suffisamment de voies de contournement pour les traverser.

« Vous avez raison », dit Carleton ; « Nous ne pouvons pas nous permettre de nous sauter dessus. Nous faisons tous de notre mieux et chacun de nous le sait. Comment vont les numéros un et deux ce soir ? »

Spence étudia un moment avant de répondre : « Le numéro un est à quarante minutes de retard, et le numéro deux est à une heure de moins. »

Carleton gémit. L'Imperial Limited West and East, officiellement connu sur les feuilles de train sous le nom de One and Two, transportait à la fois le courrier transcontinental et les passagers de luxe. Dernièrement, l'Est avait fait des suggestions pertinentes au surintendant de division selon lesquelles il serait préférable que ces trains quittent la division Hill en tenant un peu plus compte de leur horaire établi. Alors Carleton gémit. Il se leva et enfila son chapeau et son manteau pour rentrer chez lui. « Écoutez, » dit-il depuis la porte, « ils défendront presque tout si nous n'abusons pas de Un et Deux. Ils deviennent très sauvages à ce sujet, et ils tomberont durement d'ici peu. Vous devez vous occuper de ces trains, si rien d'autre dans la division ne bouge. Ce sont des ordres. J'assumerai tous les coups de pied qui arriveront sur le reste du trafic. Bonne nuit."

Lorsque Bunty quitta le bureau ce soir-là et rentra chez lui avec son père, il avait appris qu'il y avait une autre facette du chemin de fer que la construction et la réparation de locomotives et la livraison de feuilles de mouchoirs magiques pour former les équipages qui leur disaient quand et où s'arrêter. , et comment se frayer un chemin à travers les collines et les plaines sur une route à voie unique, avec des tas d'autres trains, certains allant dans un sens, d'autres dans un autre. Il comprenait vaguement et d'une manière floue que quelque part, à des kilomètres de là, se trouvaient des hommes qui jugeaient les actes de son père, de Spence et de Carleton ; que ces hommes devaient être obéis, que leur parole faisait loi et que leurs noms étaient président et directeurs.

Alors Bunty, trottant aux côtés de son père, réfléchit à ces choses. Trop lourd pour lui, il a lancé un appel : « Papa, qu'est-ce que le président et les directeurs ? »

Le caractère de Regan étant toujours ébranlé, il répondit brièvement : « Des imbéciles, pour la plupart. »

Bunty hocha gravement la tête et son éducation de cheminot était presque terminée. Le reste est venu rapidement, et Gap l'a fait.

Le trou! Il n'y avait pas un homme dans la division, depuis le pisteur jusqu'au surintendant, qui ne sauterait comme un poulain nerveux si vous disiez « Gap

! pour eux, de manière désinvolte et courte. Il semblait qu'il s'agissait d'un tronçon de piste paisible, un peu tordu, comme le disait Regan, longeant le flanc de la montagne au point culminant de la division. Les environs étaient indéniablement grandioses. Une chute abrupte de dix-huit cents pieds jusqu'au canon en contrebas, avec les montagnes environnantes élevant vers le ciel leurs sommets enneigés, complétait une image dont la route avait des électrotypes et qu'elle utilisait dans sa publicité dans les magazines. Ce que l'image ne montrait pas, c'était la dénivellation de trois kilomètres, où la plate-forme prenait une pente droite de trois pour cent et parfois mieux, jusqu'aux niveaux inférieurs. Ainsi, lorsque Carleton, Spence ou Regan, lisant leurs magazines, voyaient la photo, ils frissonnaient et, se souvenant de l'histoire passée et craignant l'avenir, tournaient la page en toute hâte.

Mais pour Bunty, le Gap possédait la fascination de l'inconnu. Il fut réveillé tôt le lendemain matin par la voix de son père parlant avec enthousiasme sur le fil spécial du quartier général du Gap et d'une épave. Il se redressa et écouta de toutes ses forces ; puis il rampa sans bruit hors du lit et commença à s'habiller à la hâte. Il entendit son père parler à sa mère, et aussitôt la porte d'entrée claqua. Bunty était habillé à ce moment-là et il descendit les escaliers et ouvrit doucement la porte.

Il commençait à peine à faire jour qu'il commença à courir vers la cour. Le bureau n'était pas loin , une centaine de mètres, et Bunty y arriva en un temps record. De l'autre côté des voies, près de la rotonde, ils s'attelaient à la dépanneuse ; et répondant à des sommations précipitées, des hommes, courant de toutes parts, se rassemblaient rapidement.

Bunty hésita une minute sur le quai, puis entra dans la gare et monta doucement les escaliers sur la pointe des pieds. La porte du bureau était ouverte et, depuis le dernier escalier, Bunty pouvait voir la pièce. La lampe de nuit était toujours allumée sur le bureau du répartiteur, et Spence était assis là, travaillant avec une hâte frénétique pour libérer la ligne. Au centre de la pièce, se tenaient le concierge, son père et Flannagan, le chef du démolition.

« C'est un fracas de fret », disait Carleton à Flannagan , « à l'est de Gap. Vous aurez des droits et aucune limite sur votre permis. Dites à Emmons que s'il n'arrive pas dans moins de quatre-vingt-dix minutes , il me parlera après. Le temps que vous y arriviez, le numéro deux gravira les échelons. Elle tire la voiture du Vieil Homme, ce qui signifie qu'elle pourra s'en sortir d'une manière ou d'une autre si vous devez laisser tomber l'épave par-dessus la falaise. Vous pouvez redescendre chez Riley pour la laisser passer. Nous ferons le rafistolage par la suite. Comprendre?"

Flannagan hocha la tête et jeta un coup d'œil impatient à Spence.

Le concierge ouvrit et ferma sa montre. "Prêt, Spence?" » demanda-t-il brièvement.

"Juste une minute," répondit doucement Spence.

Bunty n'attendait pas d'en entendre davantage. Il se tourna et descendit les escaliers et traversa les voies ferrées aussi vite que ses jambes le lui permettaient. À bout de souffle, il gravit les marches du wagon-outil et se fraya un chemin parmi les hommes groupés près de la porte. Il était déjà à l'intérieur avant qu'ils ne le remarquent.

« Bonjour », s'écria Allan, l'ami intime de Bunty à l'époque des essayages, « voici le petit Super ! Qu'est- ce que tu fais ici, gamin ?

"Je monte à l'épave", annonça Bunty avec vigueur.

Les hommes ont ri.

"Eh bien, je suppose *que pas* grand-chose, vous ne l'êtes pas", a déclaré Allan. "Que penses-tu que ton père dirait?"

«Rien», dit Bunty d'un ton léger. "Je reviens tout juste du bureau", ajouta-t-il astucieusement, "et je te raconterai l'épave si tu veux."

Les hommes se groupèrent autour de lui en cercle.

"C'est à Gap", commença Bunty, luttant pour gagner du temps alors qu'à travers la fenêtre, il aperçut Flannagan arrivant du bureau en courant. "Et c'est un train de marchandises, et—et tout est détruit, et——"

Le train démarra avec une secousse qui faillit faire tomber les hommes. Au même moment, le visage de Flannagan apparut à la portière de la voiture.

« Tous sont là, les garçons ? » il a appelé. Puis il annonça gaiement : « C'est au diable de payer la file d'attente !

Pendant ce temps, Bunty, profitant de l'interruption, s'était frayé un chemin à travers les hommes jusqu'à l'extrémité du wagon, et le train avait heurté les aiguillages de la ligne principale avant qu'ils ne se souviennent de lui. Puis il était trop tard. Ils le sortirent de derrière un rempart d'outils, où il s'était retranché, et Flannagan brandit son poing, mi-en colère, mi-espiègle, au visage de Bunty.

« Espèce de petit diable, qu'est-ce que tu fais ici, hein ? il a ordonné.

Et Bunty répondit comme auparavant : « Je monte à l'épave. »

« Humph ! » dit Flannagan avec un sourire. "Eh bien, je suppose que tu l'es, et je suppose que tu le regretteras aussi, quand tu reviendras et que ton père te prendra en charge."

Mais Bunty était désormais en sécurité et il ne faisait que rire.

Sans petit-déjeuner , il partageait la nourriture des hommes et écoutait les yeux écarquillés parler des épaves d'autrefois ; mais il écoutait surtout l'histoire de la façon dont son père, alors qu'il retirait le numéro un, avait sauvé le Limited en restant fidèle à son poste presque face à une mort certaine. Le père de Bunty était son héros, et sa petite âme rayonnait de bonheur à cette histoire. Il a tellement supplié qu'on recommence l'histoire qu'Allan l'a racontée, et quand il a eu fini, il a giflé Bunty dans le dos. « Et j'imagine que vous êtes un fragment du vieux bloc », dit-il.

Et Bunty était très fier, redressant ses épaules et plantant fermement ses pieds pour se balancer avec le mouvement de la voiture.

La vitesse du train a ralenti lorsqu'ils ont heurté la pente menant au côté est de Gap. Flannagan a mis les hommes au travail pour réviser le kit. Il s'arrêta un instant devant Bunty. « Écoute, gamin, dit-il en agitant un doigt d'avertissement, reste à l'écart et ne t'attire pas d'ennuis.

Il aurait fallu plus que des paroles de la part de Flannagan pour freiner l'empressement de Bunty ; alors , lorsque le train s'est arrêté et que les hommes sont sortis précipitamment du wagon, il l'a suivi. Ce qu'il a vu l'a amené à pincer les lèvres et à crier avec enthousiasme : « Eh bien !

Juste devant lui, un grand magnat s'était transformé en tortue. Abandonnée par un rail écarté, elle avait tiré trois wagons couverts avec elle et les avait entassés, pour la plupart en éclats, sur le annexe. Ils avaient pris feu et brûlaient furieusement. Derrière eux se trouvaient huit ou dix wagons encore sur la plate-forme, mais gravement démolis à force de heurter les traverses lorsqu'ils avaient quitté les rails. Encore plus loin sur la piste, à l'arrière, se trouvait le reste de la chaîne, apparemment indemne. La neige arrivait jusqu'aux genoux sur le côté de la piste, mais Bunty la laboura vaillamment, grimpant le talus jusqu'à un endroit panoramique.

Ses yeux brillaient d'excitation alors qu'il regardait la scène devant lui et écoutait les cris rauques des hommes, le fracas des pioches et des haches et, par-dessus tout, le crépitement aigu du feu alors que les flammes, grandissant en volume, mordaient. de plus en plus profondément dans l'épave. Alors que les hommes combattaient avec acharnement, le feu, avec son long départ, les empêchait de progresser. Il avait déjà atteint certaines voitures stationnées sur la piste.

D'où Bunty se tenait, il pouvait voir la piste s'éloigner en une longue pente jusqu'à la vallée en contrebas. Ils appelaient cette pente le Devil's Slide, et l'épave se trouvait au bord, avec le fourgon de queue et une demi-douzaine de voitures reposant toujours sur la pente. En regardant, loin en dessous de lui, il aperçut une traînée de fumée. C'était le numéro deux qui gravissait les échelons. À ce moment-là, l'excitation de son environnement s'était un peu dissipée et l'arrivée du Limited offrait une nouvelle attraction.

Il descendit de son perchoir et commença à se frayer un chemin à travers l'épave. Flannagan, crasseux et sale, parlait à Emmons. « Je n'aime pas faire ça, » Bunty entendit Flannagan dire, « mais nous devrons faire exploser ce wagon couvert si nous ne pouvons pas arrêter l'incendie d'une autre manière, sinon nous aurons un incendie dans tout le pays. toute la ligne. L'équipe du train dit qu'il y a de la térébenthine – deux wagons – à côté de l'appartement là-bas, et si ça accroche… Salut, là, gamin, » il s'interrompit pour crier en apercevant Bunty, « tu retournes à l'outil… voiture, et reste là !

Et Bunty a couru dans l'autre sens. Il savait que le Numéro Deux s'arrêterait un peu de l'autre côté de l'épave, et qu'il y aurait un gros camion à dix roues qui le tirerait, tout aussi brillant qu'un dollar neuf et luisant de peinture et de feuilles d'or. Lorsqu'il arriva, essoufflé et heureux, à côté du numéro deux, Masters, l'ingénieur, donnait un coup d'huile au moteur 901, touchant les tourillons d'un air critique du dos de sa main tout en avançant.

A la vue de Bunty, l'ingénieur posa son bidon d'huile sur les barres coulissantes et sourit en lui tendant la main. "Comment vas-tu, Bunty?" Il a demandé.

Et Bunty, acceptant la main tendue, répondit gravement : « Je vais plutôt bien, M. Masters, merci.

« Je suis content de l'entendre, Bunty. Comment es-tu arrivé là?"

« J'ai inventé le train de dépannage. C'est un "horrible smash".

« C'est vrai, maintenant ! Vous pensez que la ligne sera bientôt libérée ? »

"Oh, non," répondit Bunty, regardant la cabine du gros moteur avec mélancolie. "Pas pour toujours et très longtemps."

Les yeux de Masters suivirent le regard de Bunty. "Tu veux monter dans le taxi, Bunty ?"

"Oh s'il te plait!" Bunty a pleuré à bout de souffle.

"Très bien", dit Masters en poussant le garçon à travers la passerelle. Puis d'avertissement : « Ne touchez à rien. »

Et Bunty a promis.

Il n'y avait que quatre cents mètres jusqu'à l'épave ; mais c'était suffisant. Masters et ses pompiers descendirent de leur train et allèrent voir de près. Quand tout fut fini, le choix revenait au chef de démolition et à l'équipe des machines du Numéro Deux. Flannagan a juré avoir bloqué les camions des voitures dans la pente ; mais Flannagan a menti et il a été clair. Masters et son compagnon n'avaient aucune chance de mentir, car ils avaient enfreint les règles et ils avaient eu leur temps.

Quoi qu'il en soit, Bunty s'est assis sur le siège du conducteur de l'Imperial Limited et a regardé l'ingénieur et le pompier démarrer la piste. Il a perdu de vue les hommes bien avant qu'ils n'atteignent l'épave. Ils étaient toujours en vue, mais il était très occupé : il jouait à « faire semblant ».

L'imagination de Bunty était suffisamment vive pour rendre le jeu fascinant chaque fois qu'il s'y adonnait, et c'était souvent le cas. Mais maintenant c'était presque la réalité, et son imagination n'était guère sollicitée pour suppléer à ce qui manquait. Il était ingénieur du Limited et ils venaient de s'arrêter à une gare. Il s'est penché par la fenêtre de la cabine pour recevoir le signal « feu vert ». Puis sa main entreprit le mouvement de lancer le levier d'inversion et d'ouvrir l'accélérateur. Et maintenant il était parti ; de plus en plus vite. Il balançait son corps d'avant en arrière pour accompagner le mouvement de la cabine. Il était assis très sombre et déterminé, regardant droit devant lui. Il avançait maintenant à toute vitesse. Ils arrivaient à un passage à niveau. « *Trop -oo -o, toot, toot !* " s'écria Bunty au sommet de ses aigus stridents, car les règles stipulaient qu'il fallait siffler à chaque passage à niveau, et Bunty connaissait les règles. Ils arrivaient maintenant à la station suivante et il commença à ralentir. " *Ding-dong, ding— "*

CLAQUER!

Bunty faillit tomber de son siège de peur. Devant lui, sur la piste, il y eut une colonne de fumée tandis qu'une masse d'épaves s'élevait dans les airs, puis un crash. Flannagan avait fait exploser une voiture. Bunty regardait, fasciné, non pas l'explosion, mais l'arrière de l'épave, au niveau du sol. Il se frotta les yeux avec perplexité, puis se précipita sur le côté du siège. Il s'arrêta à mi-chemin, regardant à nouveau par la fenêtre de devant pour s'en assurer. Cela ne faisait aucun doute : les voitures commençaient à rouler vers lui sur la piste. Il n'attendit plus et se précipita vers la passerelle pour sauter. Puis il s'arrêta lorsque l'histoire qu'Allan avait racontée à propos de son père lui revint. Le cœur de Bunty battait à tout rompre alors qu'il devenait pâle et déterminé. Aucun véritable ingénieur ne quitterait son train ; ni son père, ni Bunty.

Le levier d'inversion se trouvait dans l'encoche arrière, là où Masters l'avait laissé lorsqu'il avait arrêté le train. C'était la tâche de Bunty d'atteindre et d'ouvrir la manette des gaz. Il monta sur le siège et se mit sur la pointe des pieds. Se penchant, il saisit le levier à deux mains et l'ouvrit. Le peu de science que Bunty possédait en matière de conduite automobile se perdait dans la terreur qui l'envahissait. Les wagons en fuite n'étaient plus qu'à quelques centaines de mètres maintenant et, prenant de la vitesse à chaque rail qu'ils empruntaient, cela signifiait la mort et la destruction de l'Imperial Limited, si jamais ils l'atteignaient. Les hommes en haut de la classe criaient à pleins poumons et agitaient les bras en signe d'avertissement frénétique.

Le train démarra avec une secousse qui rejeta Bunty sur le siège. Pendant un instant, les gros conducteurs coururent comme des moulinets, puis ils mordirent dans les rails et, aidé par la pente, le Numéro Deux commença à reculer lentement sur la colline.

Bunty se releva, sa petite silhouette tremblante de sanglots secs. Les wagons de marchandises l'avaient rattrapé au dernier moment et avaient failli l'atteindre. Il se pencha de nouveau vers l'accélérateur, s'y accrocha sinistrement et l'ouvrit d'un cran, puis d'un autre, puis grand ouvert. 901 l'a pris comme un pur-sang effrayé. Se redressant hors de la piste sous ses deux cent dix livres de vapeur, elle sauta dans les voitures derrière elle pour commencer avec un choc qui fit des ravages dans les nerfs des passagers. Puis elle s'est décidée à voyager. Le Devil's Slide est long de deux milles, et des parcours assez honnêtes ont été effectués dessus en période de stress ; mais Bunty détient le record, c'est déjà bon, et Bunty n'était qu'un amateur !

C'était au coude à coude pendant un moment, et il y a eu presque un carambolage sur le nez de la pilote du 901 avant qu'elle ne commence à se débrouiller. Peu à peu, elle commença à s'éloigner, et au moment où ils furent à mi-chemin de la colline, la distance entre elle et les wagons de marchandises qui faisaient l'école buissonnière s'élargissait. La vitesse était formidable.

Pâle et terrorisée, Bunty s'accroupit désormais sur le siège du conducteur. À maintes reprises, le sifflet du mécanicien dans la cabine au-dessus de sa tête le signalait, tantôt avec une insistance suppliante, tantôt avec une insistance frénétique. Mais Bunty n'y prêta aucune attention ; sa seule pensée était pour les voitures devant lui qui étaient toujours là. » s'écria-t-il avec de petits gémissements.

Il y eut une insulte écoeurante alors qu'ils volaient dans un virage. La 901 s'est inclinée sur la tangente, un groupe de pilotes assez soulevé de la piste. Lorsqu'elle retrouva son empattement, Bunty, secoué, s'accrochait au levier d'inversion. Il ferma les yeux en se replaçant vers son siège. Lorsqu'il regarda de nouveau, il vit les wagons de marchandises prendre le virage au-dessus de lui, puis dévier en franchissant la voie et, avec un fracas qui l'atteignit au-dessus du rugissement et du cliquetis du train, le vrombissement retentissant des grands conducteurs au-dessous de lui. , fonce tête baissée sur le talus.

Bunty se mit à genoux et, pour la première fois, regarda par la fenêtre latérale, pour y découvrir une nouvelle terreur alors que les rochers, les arbres et les poteaux défilaient vertigineusement à côté de lui. Il se tourna et regarda derrière lui. Un homme s'accrochait à la rampe du wagon-poste, et un autre, allongé à plat, rampait sur le charbon entassé haut sur le wagon-poste. Bunty essuya les larmes de ses yeux ; ce n'était pas un enfant « effrayé ». Il se releva et, s'accrochant au cadre de la fenêtre, se dirigea en titubant vers l'accélérateur. Alors qu'il l'atteignait, le 901 fit une embardée folle et Bunty perdit l'équilibre et tomba tête baissée sur la plaque de fer du plancher de la cabine. Puis tout fut sombre.

Le Numéro Deux est arrivé à Big Cloud cette nuit-là, avec dix heures de retard, et il a amené Bunty. Son père, Carleton, Spence et les ouvriers du magasin étaient sur l'estrade. De la voiture privée qui transportait les feux arrière, un homme âgé descendit avec Bunty dans ses bras. Les hommes applaudirent et tandis que le maître mécanicien se précipitait pour prendre son fils, le concierge et Spence reculèrent respectueusement.

"M. Regan, dit le vieux gentleman les larmes aux yeux, tu devrais être assez fier de ce petit garçon.

Regan essaya de parler, mais les mots s'étouffèrent d'une manière ou d'une autre.

Le vieux monsieur se renversa sur la voiture. « Au revoir, Bunty ! » il a appelé.

Et Bunty, du fond de la couverture qu'ils avaient enroulée autour de lui, rappela : « Au revoir, monsieur ! Lorsque Bunty fut calé dans son lit, son père lui raconta comment le messager express avait arrêté le train et l'avait ramené dans les Pullman.

Bunty écoutait gravement. « Oui, » dit-il en hochant la tête ; "Ils ont été terriblement gentils avec moi, et l'homme qui m'a fait descendre du train m'a raconté des histoires, et ensuite je lui en ai raconté quelques-unes aussi."

"Que lui as-tu dis?" » a demandé Regan.

"Oh, à propos des trains, des magasins, des présidents et des directeurs et— et de plein de choses."

« Présidents et directeurs ! » » dit Regan surprise. « Que lui as-tu dit à leur sujet ?

"Je lui ai dit ce que tu as dit : qu'ils étaient imbéciles, et que tu le savais parce que tu les avais vus."

Regan siffla doucement.

"Et", a poursuivi Bunty, "il a ri, et quand je lui ai demandé de quoi il riait, il m'a donné un morceau de papier et m'a dit de te le donner, et tu me le dirais."

Regan gémit. «Je suppose que c'est mon heure, d'accord», marmonna-t-il. «
Où est le journal, Bunty ?

"Il l'a mis dans ma poche."

Regan a attiré vers lui la chaise sur laquelle étaient les vêtements de Bunty et
a commencé une recherche rapide. Il sortit un petit bout de papier et le déplia
sur son genou. C'était un chèque de mille dollars payable à Maître Bunty
Regan et signé par le président de la route.

———————————————

III — « SI UN HOMME MEURT »

à l'est et à l'ouest, le Transcontinental est doté d'une double voie, sauf la division Hill – et cela, dans la nature des choses, ne le sera probablement jamais. Si vous connaissez les montagnes, vous connaissez la Hill Division. Depuis le point de division, Big Cloud, qui se blottit contre les contreforts orientaux, l'emprise, comme la trace d'un grand serpent nerveux, se tord et se courbe à travers les montagnes, à travers les Rocheuses, à travers les Sierras, et émerge finalement pour relier ses acier avec une division sœur, qui s'étend jusqu'au grand bleu de l'océan Pacifique.

C'est un morceau de piste magnifique. Cela a coûté des sommes fabuleuses et la vie de nombreux hommes ; il a fait la renommée de certains et a été le cimetière d'un plus grand nombre. L'histoire du monde, en grandes choses, en petites choses, en batailles, en conflits, en morts subites , en paix, en progrès et en réalisations, a sa contrepartie, en miniature, dans l'histoire de la division Hill. Il y a une page de cette histoire qui appartient à « Angel » Breen. C'est l'histoire de Breen.

Il a été beaucoup écrit, et répété plus souvent, que les hommes de tous les horizons, sauf un, peuvent commettre des erreurs et les oublier, mais que le répartiteur qui tombe une fois est damné pour toujours. Et c'est vrai. Je suis répartiteur. Je sais.

D'où lui vient le surnom « Ange » est plus que ce que je peux vous dire, et je me suis posé la question assez souvent moi-même. Contraste, je suppose que oui. Contraste avec les hommes turbulents, brutaux et prêts qui l'entouraient, car cela s'est produit au début, lorsque les hommes étaient ce qu'une vie de difficultés et d'absence de confort leur faisait. Non, Breen n'était pas doux, loin de là. Il était juste calme et doux. Ce devait être ça : le contraste. Quoi qu'il en soit, il était « Angel » quand je l'ai connu pour la première fois, et vous pouvez tirer vos propres conclusions quant à ce qu'il est maintenant – je ne dis rien du tout à ce sujet.

D'où est-ce qu'il venait? Qu'était-il avant de venir ici ? Je ne sais pas. Je ne crois pas que quiconque le savait ou ait jamais réfléchi à cette question. Ce genre de question n'a jamais été posée, elle était trop délicate et pointue dans la majorité des cas. Un homme était ce qu'il était ici, pas ce qu'il avait été ; il a réussi, ou il n'a pas réussi. Non pas que je veuille insinuer qu'il y avait quelque chose de tordu ou d'anormal dans le passé de Breen, je suis sûr que ce n'était pas le cas, mais j'essaie juste de vous faire comprendre que lorsque je dis que Breen a eu le truc de la nuit. le bureau du répartiteur ici à Big Cloud, je commence par le début.

Breen n'était pas populaire. Il n'était pas assez bon mixeur pour ça. Personnellement, ce n'est pas quelque chose que je lui reprocherais, ni à aucun autre homme. La popularité est trop souvent bon marché, et être un « bon garçon » n'est pas toujours une autorisation pour un homme de gonfler sa poitrine – même si la plupart d'entre eux le font, et c'est le signe évident que ce que je dis est juste. Non, je ne moralise pas, je raconte une histoire, vous verrez ce que je veux dire avant d'en finir. Je dis que Breen n'était pas populaire. Il a eu la réputation de se croire un peu au-dessus de la base de son entourage, coincé, pour le dire dans un anglais froid, et c'est là qu'on lui a fait une injustice. C'était la nature de cet homme, discret, réservé – différente de la leur, si vous comprenez ce que je veux dire, et ils ne pouvaient pas comprendre simplement parce que c'était différent. Les limitations ne dépendaient pas uniquement de Breen.

S'ils avaient su, ou pris la peine d'en savoir autant sur lui qu'ils auraient pu en savoir avant de le juger, peut-être que les choses auraient été un peu différentes ; peut-être pas, je ne le dirai pas, car il est assez généralement admis dans le droit ferroviaire que la faute d'un répartiteur est une infraction passible de la peine de mort, et il n'y a pas de cour d'appel, pas de sursis à exécution, rien du tout, et à toutes fins pratiques, il est mort de au moment où ce glissement est commis. Il y a eu beaucoup de cas comme celui-là, beaucoup d'entre eux, et il n'y a aucune classe d'hommes que je plains plus : un lapsus, et damné pour le reste de sa vie ! Je ne dis pas cela parce que je suis moi-même répartiteur. Nous ne sommes que des humains, n'est-ce pas ? De telles erreurs, Dieu le sait, ne sont pas commises intentionnellement. Parfois, un homme est surmené, parfois des problèmes cérébraux étranges lui arrivent comme à tout autre homme. Nous sommes considérés comme humains dans tout sauf dans notre travail. Je ne dis pas que ce n'est pas bien. En dernière analyse, je suppose qu'il doit en être ainsi. Cela fait partie du jeu, et nous connaissons les règles lorsque nous « nous asseyons ». Nous n'avons aucune raison de nous plaindre, seulement j'ai un frisson chaque fois que je lis un titre de journal qui, je le sais, en plus d'être un arrêt de mort, arrache le cœur à un pauvre diable. Vous en avez vu des dizaines, je veux dire, lisez-en des dizaines – « La bévue du répartiteur coûte de nombreuses vies » – ou quelque chose du même genre. Peut-être que vous trouverez cela bizarre, mais pendant des jours, je ne peux pas gérer un carnet de commandes ou une feuille de train lorsque je suis de service sans que mon cœur soit dans ma bouche la moitié du temps.

Qu'est-ce que ça a à voir avec Breen ? Eh bien, d'une certaine manière, cela n'a rien à voir avec lui ; et, là encore, d'une autre manière, c'est le cas. Je veux que vous sachiez qu'une erreur signifie quelque chose pour un répartiteur, outre la perte de son emploi. Pensez-vous qu'ils ont le sang froid et des gens durs ? Je veux que tu saches qu'ils s'en soucient. Oh, oui, ils sont humains.

Ils ont un cœur et une âme ; l'un pour casser, l'autre pour saisir. Mon Dieu! pensez-y : un lapsus. C'est là l'horrible horreur de tout cela : un *lapsus !* tu ne penses pas qu'ils peuvent *ressentir ?* ne pensez-vous pas que leur propre agonie mentale est une punition suffisante sans les reproches supplémentaires, et pire encore, de la part de leurs semblables ? Mais laissez tomber, c'est la Loi du Jeu.

J'ai dit qu'ils ne savaient pas grand-chose de Breen ici à l'époque, sauf qu'il était un très bon répartiteur, mais en ce qui concerne cela, cela ne l'a pas aidé, bien au contraire, lorsque le smash est arrivé. Plus l'homme est bon, plus la chute est dure, quoi ? C'est généralement comme ça, n'est-ce pas ? Peut-être vous demandez-vous ce que je sais de lui. Je te le dirai. Si quelqu'un connaissait Breen, c'est moi qui le connaissais. Je n'étais qu'un enfant à l'époque, je suis un homme maintenant. Je n'avais même pas de manteau – Breen m'en a donné un. Je suis un répartiteur – Breen me l'a appris, et aucun meilleur homme sur la « clé » que Breen n'a jamais vécu, un meilleur homme que je ne pourrais jamais espérer être, et pourtant il a glissé. Vous vous demandez si je frissonne quand je lis ces choses ? Je ne suis pas un homme religieux, mais j'ai demandé à maintes reprises à Dieu, à genoux, de me préserver de l'horreur, de la souffrance, de la vie foudroyante qui ont frappé Breen et bien d'autres hommes – à cause d'une erreur. Oui, si quelqu'un connaissait Breen, c'est bien moi. Tout ce que je sais, tout ce que j'ai, tout dans ce vaste monde, je le dois à Breen – « Angel » Breen.

Vous avez probablement entendu parler de l' épave de l'Elktail au moment où elle s'est produite, mais vous l'avez déjà oubliée. Ces choses ne vivent pas longtemps dans l'esprit à moins qu'elles ne se rapprochent de vous ; il se passe trop d'autres choses chaque heure dans ce grand monde palpitant pour en faire autre chose que la sensation du moment. Mais ici, les détails ont suffisamment de raisons d'être fixés dans l'esprit de la plupart d'entre nous, non seulement sur le naufrage lui-même, mais aussi sur ce qui s'est passé après - et je ne sais pas lequel des deux était le pire. Vous pouvez juger par vous-même, je ne rentre pas dans les détails techniques. Vous comprendrez mieux si je ne le fais pas. Vous vous souviendrez que j'ai dit que la Division Hill n'avait qu'une seule voie. Cela veut dire, je n'ai pas besoin de vous le dire, que c'est au répartiteur de décider à chaque seconde, et que tout ce qui se dresse entre les trains et l'éternité, c'est le morceau de tissu rentré dans la blouse du mécanicien et son double fourré dans la poche latérale du conducteur. Commandes, points de rendez-vous, single track, vous comprenez ? Le répartiteur les détient tous, jusqu'au dernier, pour leur vie ou leur mort, hommes, femmes et enfants, équipes de train et biens de l'entreprise, tous – et Breen a glissé !

Personne ne sait à ce jour comment cela s'est produit. J'ose dire qu'une autorité éminente en psychologie pourrait l'expliquer, mais l'explication serait trop sophistiquée et trop au-dessus de ma tête pour la comprendre, même s'il le faisait. Je connais seulement les faits et le résultat. Breen envoya un ordre de passage sur le Numéro Un, l'Imperial Limited, en direction ouest, et le Numéro Quatre-Vingt-Deux, un fret rapide, périssable, sillonnant l'est. Tous deux n'étaient pas programmés, et il les soignait pendant chaque seconde qu'il pouvait passer. En traversant les montagnes, dans les deux sens, toute la nuit, il leur avait donné le meilleur de tout : les droits impériaux clairs, et Quatre-Vingt-Deux à peu près, sinon tout à fait, aussi bons. Puis il fixa le point de rendez-vous des deux trains.

J'ai lu une fois une histoire dans laquelle le répartiteur envoyait un ordre de tour sur deux trains et son erreur le regardait tout le temps depuis son carnet de commandes. Je suppose que c'était une erreur de plume, et il ne l'a jamais remarqué. C'était déjà assez étrange, mais ce que Breen a fait était encore plus étrange. Son carnet de commandes apparaissait droit comme un fil. Le fret devait être retenu à Muddy Lake, à dix milles à l'ouest d' Elktail , pour le numéro un. Numéro un, bien sûr, comme je vous l'ai dit, courir librement. D'une manière ou d'une autre, je ne sais pas comment, c'est une de ces choses qu'on ne peut pas expliquer, une rupture subconsciente entre l'esprit et l'action mécanique et physique, vous l'avez remarqué dans les petites choses que vous avez faites vous-même, Breen a câblé le mot « Elktail » au lieu de « Muddy Lake » – et je ne l'ai jamais su – je n'ai jamais eu la moindre idée que quelque chose n'allait pas – je ne l'ai jamais compris à la répétition et j'ai rendu son OK. L'ordre, l'ordre écrit dans le livre, était exactement comme ça devrait être. Il était écrit Muddy Lake – c'était vrai, Muddy Lake. Vous voyez ce qui s'est passé ? Le fret n'a pas eu le temps d'atteindre Elktail , mais il s'en est approché à moins de trois milles - et c'est tout ce qu'il a jamais atteint ! Dans un vilain morceau de chemin, plein de chevalets et de gorges, où le droit de passage courbe plus que la lettre S, ils se rencontrèrent, tous deux, de front : le numéro un et le numéro quatre-vingt-deux !

Et Breen ne savait pas ce qu'il avait fait, même après que les détails aient commencé à affluer. Comment pouvait-il le savoir ? Que faisait Quatre-Vingt-Deux à l'est de Muddy Lake ? Elle aurait dû attendre là que le numéro un la dépasse. Le carnet de commandes le montrait clairement. Et tout le reste de la nuit, alors qu'il travaillait comme un fou à dégager la voie, à lever des secours à l'hôpital et à détruire des trains - avec Carle-ton, il était alors super, le visage gris et hagard, comme le maître d'une tempête. - jeta un paquebot sur son pont en donnant des ordres, en arpentant la pièce, maudissant parfois sa propre impuissance - Breen ne savait pas, ni l'un ni l'autre ne savait, où était le blâme. Mais l'horreur de la chose tenait Breen déjà sous son emprise. J'étais là cette nuit-là et je le vois maintenant penché sous la lampe à abat-jour vert. Je peux voir le visage de Carleton, et ce n'était pas un visage agréable à voir. Une chose dont je me souviens que Breen a dit. Un jour, alors que le sondeur cliquait impitoyablement sur un message plus horrible que tous ceux qui avaient été publiés auparavant, ajoutant au nombre de ceux dont la vie avait disparu pour toujours, ajoutant à l'histoire des blessés, à l'histoire sauvage et folle du chaos et de la ruine, Breen leva la tête de la clé pendant un moment, repoussa ses cheveux de ses yeux d'un mouvement nerveux et tremblant de la main et regarda Carleton.

« C'est horrible, horrible », murmura-t-il ; " *Mais pensez à l'homme qui l'a fait* . La mort serait facile comparée à ce qu'il devait ressentir. Cela me rend aussi faible qu'un chaton d'y penser, Carleton. Mon Dieu, mec, tu ne vois pas ! Moi, ou tout autre répartiteur, pourrions faire la même chose demain, le lendemain ou après-demain. Répétez-moi, Carleton, répétez-moi, cet ordre est clair.

«Ne perdez pas votre sang-froid», répondit sèchement Carleton. "Celui qui a fait une gaffe, ce n'est pas vous."

Ironie? Non, c'est au-delà de tout ça, n'est-ce pas ? Cela se rapproche le plus possible de la tragédie de la vie d'un homme. Cela devient aussi profond et tapant aussi près du substrat rocheux que nous ne le ferons jamais de ce côté de la Grande Division. Penses-y! Pensez à Breen ce soir-là : c'est trop gros pour l'avoir, n'est-ce pas ? Dieu ait pitié de lui ! Ces paroles ont résonné dans mes oreilles pendant toutes ces années, et cette scène, je peux la revoir dans les moindres détails à chaque fois que je ferme les yeux.

Dans les quelques heures qui restaient avant l'aube ce matin-là, nous n'avions pas le temps de prêter beaucoup d'attention à la cause. Il y avait suffisamment d'autres choses à penser, assez pour donner tout ce qu'ils pouvaient à tous les hommes de la division, du bricoleur de voitures au surintendant, et plus encore, l'enquête pourrait avoir lieu plus tard. Mais cela n'est jamais venu.

Il n'y en avait pas besoin. Comment l'ont-ils découvert ? C'est arrivé comme le coup du malheur, et Breen l'a compris — l'a compris — et cela a semblé ouvrir les vannes de sa mémoire, a semblé toucher cette corde endormie, et il savait, savait comme il savait qu'il avait un Dieu, quoi. il l'avait fait.

Ils trouvèrent l'ordre qui faisait le point de rendez-vous. Elktail était rentré dans le pull de Mooney quand, après avoir mis la grue au travail, ils le sortirent de sous son moteur. Qui était Mooney ? Ingénieur du fret. Ils l'ont trouvé avant même l'équipage du train, ni même son pompier, d'ailleurs. Mort? Oui. Je suis répartiteur, regardez les choses de l'autre côté si vous le souhaitez, c'est tout à fait juste. Ce morceau de tissu a effacé Mooney, bien sûr, mais cela l'a envoyé à la mort. Oui, je sais, mon Dieu, tu ne crois pas que je *sais* ce que signifie glisser ?

C'était juste avant que Davis, le relève de Breen, n'entre en jeu pour le tour du matin. En fait, Davis était dans la pièce lorsque Breen reçut le rapport. Il l'a griffonné sur un bloc-notes, mot par mot au fur et à mesure de son arrivée, pour que Carleton puisse le voir. Pendant un instant, cela n'a semblé rien lui dire, puis, comme je l'ai dit, il a compris. Je n'ai jamais vu un tel regard sur le visage d'un homme auparavant, et je prie Dieu que je ne le puisse plus jamais. Il semblait dépérir, foudroyé comme le chêne est foudroyé par un coup de foudre. L'horreur, le désespoir, l'agonie dans ses yeux sont au-delà de mes mots pour décrire, et vous ne voudriez pas l'entendre si je pouvais vous le dire. Il étendait pitoyablement les bras, comme un enfant suppliant. Ses lèvres remuèrent, mais il dut essayer encore et encore avant qu'un son ne sorte d'elles. Il n'était pas question de rejeter la faute sur quelqu'un d'autre. Breen n'était pas si gentil. Oh, oui, il aurait pu le faire. Il aurait pu imputer l'erreur à l'homme de nuit à Gap où Mooney a reçu son ordre de détention Elktail , et le carnet de commandes de Breen aurait laissé la question ouverte de savoir lequel des deux avait commis l'erreur - il l'aurait probablement laissé sortir et damné l'autre. Vous dites que, vu la manière dont il s'est comporté, il n'y a pas pensé et que la tentation ne lui est donc pas venue. Oui je sais ce que vous voulez dire. Pas tellement à l'honneur de Breen, quoi ? Eh bien, je ne sais pas, cela dépend de la façon dont vous voyez les choses. Je préfère croire que cette pensée ne m'est pas venue parce que l'âme de cet homme était trop *propre* . C'était pour eux de les nettoyer, peu importe ce qu'il faisait par la suite.

Il y a déjà eu des scènes de mort de répartiteurs, en grand nombre — il y en aura d'autres dans les jours à venir, en grand nombre. Aussi longtemps qu'il y aura des chemins de fer et aussi longtemps que les hommes seront fragiles comme les hommes, dépourvus de l'infaillibilité d'une puissance supérieure, ils seront inévitables. Mais aucune scène de mort dans la carrière d'un répartiteur n'a jamais été aussi belle que celle-ci. Breen était son propre juge, son propre jury, son propre bourreau. Pensez-vous que je pourrais un jour oublier ses paroles ? Il pointa sa main vers la fenêtre qui faisait face au tronçon ouest de la voie ferrée, vers les contreforts, vers les puissants sommets des Rocheuses qui les dominaient, et la vie, l'être de l'homme était dans sa voix. Ils venaient lentement, ces mots, arrachés à un cœur brisé, arrachés à une âme frémissante.

«Je souhaite à Dieu que ce soit moi à leur place. Christ, sois miséricordieux ! Je l'ai fait, Carleton. Je ne sais pas comment. Je l'ai fait."

Personne ne lui a répondu. Personne n'a parlé. Pendant un moment qui semblait durer une éternité, il y eut un silence, puis Breen, les bras toujours tendus devant lui, traversa la pièce comme un aveugle marche dans son obscurité totale, se dirigea vers la porte et sortit — seul. Ces quelques pas à travers la pièce... seul ! J'y ai pensé assez souvent depuis — ils semblaient si horribles, sinistres, en accord significatif avec ce qu'il restait de vie à l'homme frappé — *seul* . C'est un mot assez dur , ça, parfois, et parfois ça fait pleurer.

Je ne sais pas comment je l'ai laissé partir comme ça. J'étais trop abasourdi pour bouger, je suppose, mais je l'ai atteint au pied des escaliers alors qu'il sortait sur la plate-forme. Je ne pouvais rien dire, n'est-ce pas ? Qu'auriez-vous dit ?

Personne ne savait mieux que Breen lui-même ce que cela signifierait pour lui. Il était détruit, pire que cette autre catastrophe, car il était mort-vivant. Il n'y avait pas de grands jurys ou autres choses de ce genre ici à l'époque, même si cela n'aurait fait aucune différence pour Breen s'il y en avait eu. Vous ne pouvez plus mettre d'eau dans un seau lorsqu'il est déjà plein, n'est-ce pas ? Vous ne pouvez pas ajouter au maximum, n'est-ce pas ? ne pensez-vous pas que la punition de Breen était hors de portée de l'homme ou des hommes pour l'augmenter, ou, d'ailleurs, pour la réduire d'une infime fraction ? C'était, Dieu sait que c'était le cas – sauf un dernier pincement au cœur, qui, je crois, l'a maintenant calmé, même si je dirai ici que quoi que cela ait fait à Breen, ce n'est pas à moi de la juger. Qui suis-je pour que je le devrais ? C'est entre elle et son Créateur. J'y reviendrai dans une minute.

Oui, Breen savait très bien ce que cela signifiait pour lui, mais ce matin-là, alors que nous marchions dans la rue, ses pensées n'étaient pas, je le sais très bien, tournées vers lui-même : il pensait à ces autres. Et moi, eh bien, je pensais à Breen. N'est-ce pas ? Je t'ai dit que je devais à Breen tout ce que j'avais au monde. Aucun de nous n'a dit un mot jusqu'à sa pension. C'était presque comme si je n'étais pas avec lui malgré toute l' attention qu'il me portait. Mais il savait quand même que j'étais là. J'aime y penser. Je n'étais pas très vieux à l'époque – je ne donne pas cela comme excuse, car je n'ai pas honte d'admettre que j'étais au bord des larmes – si j'avais été plus âgé, j'aurais peut-être pu dire ou faire quelque chose pour aider . Dans l'état actuel des choses, tout ce que je pouvais faire était de retourner et de retourner cette pensée noire encore et encore dans mon esprit. La mort vivante de Breen, la mort, la mort, la mort. C'est comme ça que ça m'a frappé, comme ça m'a attrapé, et le mot s'est accroché et s'est répété alors que je continuais à marcher à côté de lui.

Il était mort, mort à l'espoir, à l'ambition, à l'avenir, à tout, aussi mort que s'il gisait devant moi dans son cercueil. Il me semblait que je pouvais le voir de cette façon. Et puis, ne me demandez pas pourquoi, je ne sais pas, je sais seulement que de telles choses arrivent, vous arrivent inconsciemment, tout à coup, ce bout de verset de la Bible m'est venu à l'esprit, vous le savez - " si un Un homme meurt, revivra-t-il ? J'ai dû le dire à haute voix sans le savoir, car il s'est précipité sur moi avec la rapidité de l'éclair, a posé ses deux mains sur mes épaules et m'a regardé avec un regard surpris dans les yeux. dis-je surpris. C'était le cas, mais il y avait plus. Il sembla pendant une seconde qu'une lueur d'espoir s'éveillait, affamée, oh, comme elle était affamée, pitoyable dans son désir, puis l'inutilité, la futilité de cet espoir l'écrasa, l'écrasa, et la lumière dans ses yeux devint terne et est mort.

Nous nous étions arrêtés à la porte de sa pension et j'avais voulu monter avec lui dans sa chambre, mais il m'a arrêté.

"Pas maintenant, Charlie, mon garçon," dit-il en secouant la tête et en essayant de sourire. "Pas maintenant. Je veux être seul."

Et donc je l'ai quitté.

Seul! *Il voulait être seul* . Y a-t-il jamais eu de paroles plus pleines de moqueries cruelles ! Cela semble parfois difficile à comprendre, n'est-ce pas ? Et nous remettons en question des choses que nous ferions mieux de laisser de côté. Je sais qu'au début , je me demandais pourquoi Dieu Tout-Puissant avait laissé Breen faire cette erreur. Il aurait pu l'arrêter, n'est-ce pas ? Mais c'est tout à fait vrai. Nous fonctionnons grâce aux ordres de train du Grand Répartiteur, et le fini ne peut pas s'étendre sur l'infini.

Peut-être que tu trouveras bizarre que j'aie laissé Breen comme ça, le laisser aller seul dans sa chambre. Vous pensez que dans son état, il pourrait se faire du mal, en finir, pour parler franchement. Eh bien, cette pensée ne m'est pas venue à l'esprit à ce moment-là, elle m'est venue après, mais pas à ce moment-là. Pourquoi? Cela devait être simplement dû à sa conscience innée qu'il ne ferait pas ce genre de chose. Certains hommes voient les choses d'une manière, d'autres d'une autre. C'est une question d'individualité et de tempérament. Je ne pense pas que Breen aurait pu faire quelque chose comme ça, je sais qu'il semblait si éloigné de tout cela dans mon esprit que, comme je l'ai dit, l'idée ne m'est pas venue. C'était un homme trop grand, assez grand pour avoir affronté ce qui était devant lui, affronté les conditions, affronté les hommes, même si Dieu sait qu'ils l'avaient traité comme un coyote furtif, sans elle. Je veux avoir raison là-dessus. Breen n'aurait jamais fait ce qu'il a fait si elle avait agi différemment . C'est ce que je sais. Mais je tiens à le répéter, je n'ai pas le droit de la juger.

Peut-être avez-vous lu cette histoire de Kipling sur le Black Tyrone Regiment qui a vu ses morts ? Eh bien, Breen, comme je vous l'ai dit, au début, n'était pas populaire, et les garçons avaient vu leurs morts. Est-ce que tu comprends? Paria, paria, ce que tu veux, ils l'ont fait, tout sauf la pitié qu'ils lui ont donnée, et je dis qu'il aurait tout pris, tout accepté, seulement il y a des choses trop lourdes à supporter pour un homme, n'est-ce pas ? Limite de charge, comme l'appellent les ingénieurs lorsqu'ils construisent leur pont. Eh bien, il y a une limite de charge sur le cœur, le cerveau et l'âme d'un homme, tout comme il y en a sur un pont ; et tandis que l'un, tendu au-delà du point de rupture, s'écrase dans une horrible masse d'épaves tordues au fond du canon, au fond de la gorge, dans les eaux tumultueuses et bouillantes de la rivière en contrebas, l'autre s'écrase, un foutu âme, au fond de l'enfer. Kitty Mooney l'avait vue morte. Kitty Mooney, la sœur de l'ingénieur ! Et Breen l'aimait, il allait l'épouser. C'est tout.

Comment puis-je savoir? Comment savez-vous? Peut-être était-ce du chagrin, peut-être de l'hystérie, peut-être était-ce selon la lumière que Dieu lui avait donnée et qu'elle ne pouvait pas comprendre, peut-être n'était-ce qu'une passion sauvage, irraisonnée et frénétique. Je ne sais pas. Je sais seulement qu'elle l'a traité de *meurtrier*. Elle n'aurait pas pu l'aimer, dites-vous. Peut-être non, peut-être oui. Cela fait-il une différence? Breen le pensait, et Breen *l' aimait*. Je ne sais pas. Je sais seulement que là où il cherchait un rayon de miséricorde, *sa* miséricorde, pour éclairer les profondeurs noircies, le contact, *son* contact, qui l'aurait retenu du gouffre, la parole de réconfort, *sa* parole, qui l'aurait retenu. lui ont ordonné de se tenir comme un vaillant soldat face à des obstacles incalculables, il a reçu, à la place, une condamnation plus terrible que toutes celles qui l'avaient précédé, et un cœur saignant séché amer comme du fiel, un homme patient et affligé est devenu un loup vicieux et cassant, et « Angel » Breen – un diable.

Aurais-je été un homme plus fort que Breen ? Voudriez-vous? Aurais-je fait différemment de Kitty Mooney si j'avais été à sa place ? Voudriez-vous? Nous ne le savons pas, n'est-ce pas ? Personne ne sait. Dieu nous garde de jamais le savoir. Le pauvre diable dans les caniveaux, les vies misérables et ruinées des femmes qui ont perdu prise et ont bu la lie, les épaves humaines, échouées, meurtries que nous voyons autour de nous, étaient autrefois comme vous et moi. Nous ne le savons pas, n'est-ce pas ? Dieu les plaint ! Dieu nous garde du ricanement ! Notre force n'a jamais été mesurée. Ce n'est peut-être pas plus grand que le leur. Demain, ce sera peut-être toi ou moi.

C'était plutôt anarchique ici à cette époque. Nous avions la racaille de l'Est, et pire encore ; et il n'y avait rien pour les retenir, rien pour les tenir sous contrôle, et ils faisaient ce qu'ils voulaient. Ils ont apporté à l'image de l'Occident une touche que l'Occident n'a pas encore vécue, et je ne suis pas sûr qu'il le fera jamais. Le type bagarreur, joueur, manieur d'armes, le voleur, le desperado, le méchant, pourri, méchant jusqu'à la moelle. La plupart d'entre eux ont été éradiqués aujourd'hui, mais c'était différent à l'époque. *Ils* n'ont pas fait preuve d'une attitude froide envers Breen. Pourquoi le devraient-ils ? Ils étaient aussi des parias et des parias, n'est-ce pas ? Et Breen, eh bien, je suppose que tu comprends aussi bien que moi, et tu sais comme moi que quand un homme comme lui va , il dépasse les limites. Il n'y a pas de juste milieu pour certains hommes, ils ne sont pas faits ainsi.

Tout ce qui les tient pour le bien, ou ce qui les tient pour le mal, les tient tous, de toute façon, tous, corps, esprit et esprit, tous. Et cela est vrai en dépit du fait que, assez souvent, il y a une chose, cela peut être une petite chose, cela peut être une grande chose, mais quelque chose à laquelle les pires d'entre nous rechignent et ne peuvent pas faire. Ce n'est pas une question de moralité, ce n'est pas une question de conscience, un homme va bien au-delà de tout cela ; c'est peut-être un souvenir du passé, quelque chose qui lui est né depuis son enfance. Je ne sais pas. Vous ne pouvez pas traiter la nature humaine comme un spécimen sur une lame de verre sous un microscope. Il n'y a aucun spécimen. Comme il existe des millions de personnes, chacune d'entre elles est différente les unes des autres. Vous ne pouvez pas classer, vous ne pouvez pas regrouper les différents problèmes dans une liste et l'apprendre par cœur, n'est-ce pas ? L'homme qui dit connaître la nature humaine dit qu'il est aussi sage que Dieu qui l'a créé, et cet homme est un pauvre insensé. C'est vrai, n'est-ce pas ? Et c'est pourquoi je dis que, aussi étrange que cela puisse paraître, chez le pire d'entre nous, même si nous tombons aussi bas que nous le souhaitons, il y a généralement quelque chose contre laquelle notre âme, ce qu'il en reste, se révolte. Breen était un cheminot. Le chemin de fer était dans son sang. Je veux que tu comprennes ça. Cela faisait partie de lui. Tout homme digne de ce nom dans ce métier est comme ça. C'est dans le sang ou ce n'est pas le cas ; vous êtes un cheminot ou vous ne l'êtes pas.

Breen a disparu de Big Cloud et je ne l'ai pas vu depuis le jour où Kitty Mooney l'a fait sortir de sa porte jusqu'à la nuit - mais j'y arrive - c'est la fin. Il y a un mot ou deux qui précèdent, pour que vous compreniez. Il a disparu de Big Cloud, mais il n'a pas quitté les montagnes. Peut-être qu'en arrière-plan, une théorie presque impossible si vous voulez, mais je peux le comprendre, quelque chose en lui ne le laissait pas s'enfuir. Il s'est enfui, dites-vous. Oui, mais il y a encore une fois cette étrange bizarrerie cérébrale. Peut-être a-t-il temporisé. Vous temporiser. Je temporise. Nous essayons parfois de tromper et de leurrer, de saisir des failles, de saisir des pailles, pour renforcer notre estime de soi, n'est-ce pas ? C'est ce que je veux dire quand je dis qu'il est possible qu'il n'ait pas pu s'enfuir. Il s'accrochait à la paille, à la meurtrière, dont la fuite se mesurait en *kilomètres*. Je ne dis pas que c'était ça, car je ne sais pas. C'est possible. Nous entendions parler de lui de temps en temps au fil des mois, et les choses que nous entendions n'étaient pas agréables à entendre. Il a dérivé de mal en pis, jusqu'à ce que quelque chose qu'il ne pouvait pas faire l'arrête – mette fin.

Ne me demandez pas quand Breen a rejoint Black Dempsey et la bande de démons qui l'appelaient chef – le groupe de démons le plus laid et le plus noirci qui ait jamais pollué l'Occident, et cela utilise un langage assez fort. Ne me demandez pas comment Breen est arrivé à Big Cloud cette nuit-là, loin des autres qui attendaient de commencer leur travail infernal. Ne me demandez pas. Je ne sais pas. *La raison pour laquelle* il l'a fait est différente. Ça, je peux vous le dire. Ce qu'ils voulaient qu'il fasse, qu'il participe, c'était la chose dont je parlais, la seule chose qu'il ne pouvait pas faire. Breen était un cheminot, le chemin de fer était dans son sang, c'est tout – mais c'est tout – le chemin de fer était dans son sang. Pour le reste, peut-être n'a-t-il pas su ce qu'ils faisaient réellement jusqu'au dernier moment, puis il s'est éloigné d'eux. Peut-être qu'ils l'ont découvert, qu'ils l'ont soupçonné, et que certains d'entre eux l'ont suivi, ont essayé de l'arrêter, de l'empêcher d'arriver ici. Mais à quoi bon spéculer ? Je ne l'ai jamais su, je ne le saurai jamais. Breen ne peut pas me le dire, n'est-ce pas ? Et tout ce que je peux vous dire, c'est ce que j'ai vu et entendu cette nuit-là.

J'avais alors le truc de la nuit – le travail de Breen – ils m'ont donné le travail de Breen. Au début, cela me semblait être un sacrilège de le prendre - comme si je le lui volais, le lui enlevais, lésant, dépouillant, appauvrissant l'homme à qui je devais même les connaissances qui me rendaient apte, qui rendaient cela possible, maintenir enfoncée une clé – sa clé. Bien sûr, ce n'était que de la sensibilité, mais vous comprenez, n'est-ce pas ? Cela m'a pris durement la première fois que je me suis « assis », mais peu à peu, ce sentiment s'est dissipé ; non pas que je l'aie jamais oublié, d'ailleurs je ne l'ai pas encore fait, seul le temps émousse les arêtes vives, et la routine, l'habitude et la coutume font le reste. Je n'ai pas besoin de vous dire que je me souviens de cette nuit. Souviens toi!

C'était avant la construction de cette gare, et à cette époque nous avions ici une vieille cabane en bois qui servait de dépôt de marchandises, de gare, de quartier général de division et tout le reste, tout en un. La chambre du répartiteur était à l'étage.

Les choses allaient très bien cette nuit-là. Pas de trafic supplémentaire, pas de problèmes de route, entrée-sortie, entrée-sortie, tout au long de la ligne les trains roulaient comme sur des roulettes d'un bout à l'autre de la division. S'il y avait quelque chose qui me préoccupait, c'était bien le Limited, numéro deux, en direction est. Nous manipulions beaucoup d'or à l'époque, une grande partie était alors expédiée vers l'Est — c'est toujours le cas depuis le Klondyke aujourd'hui, vous savez — et nous récupérions une bonne part du commerce de la concurrence du Sud. Nous n'avions eu aucun problème, nous n'en recherchions pas, mais il était assez généralement admis que toutes les expéditions de ce genre devaient faire l'objet d'une attention particulière. Le numéro deux transportait une voiture express supplémentaire avec un envoi pour la menthe ce soir-là, aussi, naturellement, je l'avais surveillé de plus près que d'habitude tout au long du trajet à travers les montagnes depuis le moment où je l'avais récupéré de la division Pacifique. À l'heure dont je parle, quatre heures du matin, j'étais presque loin d'elle, car elle n'était pas très à l'ouest de Coyote Bend, à quinze milles d'ici, et elle avait des droits jusqu'au bout. encore une heure au maximum, et elle ne serait plus entre mes mains et serait confiée aux répartiteurs de la Division des Prairies. Elle avait tenu son emploi du temps sous contrôle à chaque instant du trajet, et tout ce que j'attendais était l'appel de Coyote Bend qui la signalerait à nouveau à Big Cloud. Coyote Bend est la première station à l'ouest d'ici, tu comprends ? Il n'y a rien entre. Elle devait arriver à Coyote à 16 h 05, et je veux que vous vous en souveniez – je l'ai déjà dit, mais je veux le répéter. Je veux que tu aies du *mal* – elle avait couru vers la seconde toute la nuit.

Ma montre était ouverte sur la table devant moi et je regardais l'aiguille des minutes parcourir le cadran. 4.03, 4.04, 4.05, 4.06, 4.07, 4.08. J'étais seul au bureau. L'appelant de nuit était sorti environ dix minutes auparavant pour appeler l'équipe du train du service local de cinq heures. Il n'y avait pas de quoi être nerveux. Je ne l'attribue pas à cela. Trois minutes, ce n'était rien. Peut-être s'agissait-il simplement d'impatience, d'irritation. Tu sais ce que c'est quand on attend que quelque chose se passe, et je m'attendais à ce que le sondeur s'interrompe à chaque seconde avec ce rapport de Coyote Bend. Quoi qu'il en soit, mets-le sur le compte de ce que tu veux, même si je ne voulais pas boire un verre. en particulier, j'ai repoussé ma chaise, je me suis levé et je me suis dirigé vers la fontaine à eau. La table du répartiteur se trouvait du côté est de la pièce, la porte s'ouvrait du côté sud et la fontaine à eau se trouvait dans le coin opposé. Je vous explique cela pour que vous compreniez que la porte était *entre* la fontaine à eau et la table. Cette vieille cabane était prête à l'emploi, et je me suis demandé plus d'une fois ce qui l'avait empêchée de tomber en morceaux. Il ne fallait pas plus d'un souffle de vent pour faire vibrer chaque châssis de fenêtre de l'équipement comme un corps de caisse claire. C'est pourquoi, je suppose, je n'ai entendu personne monter les escaliers. Il soufflait assez fort cette nuit-là. Mais j'ai entendu la porte s'ouvrir. Je pensais que c'était encore celui qui m'appelait et je me demandais comment il avait pu faire sa tournée en si peu de temps. Le verre à moitié porté à mes lèvres, je me suis retourné, puis le verre a glissé de mes doigts et s'est écrasé en éclats sur le sol. Ma bouche est devenue sèche, mon cœur a semblé s'arrêter. Je ne pouvais pas parler, je ne pouvais pas bouger. C'était Breen – « Ange » Breen !

Je l'ai vu sursauter au bruit des éclats de verre, mais il ne m'a pas regardé. Il s'accrocha un instant au montant de la porte, le visage blanc comme de la craie, puis il traversa la pièce en titubant *et se laissa tomber sur sa vieille chaise* . Je l'ai vu jeter un coup d'œil à ma montre et son visage semblait devenir plus blanc qu'avant, puis il a saisi le drap du train et a souri - non, ce n'était pas exactement un sourire, on ne pouvait pas appeler ça comme ça, tout son visage semblait changer, s'éclairer, et ses lèvres ont bougé - je le sais maintenant dans une prière de gratitude. Vous comprenez, n'est-ce pas ? Il connaissait la carte de pointage, savait que le numéro deux, après avoir vu ma montre, aurait dû *quitter* Coyote Bend quatre, peut-être cinq minutes plus tôt, mais la feuille de train l'indiquait : toujours pas signalée. Ses doigts se refermèrent sur la clé et il commença à passer l'appel de Coyote Bend. Encore et encore, rapide, précis, clair, incisif, avec toute la vieille touche magistrale de son envoi, Breen lançait l'appel - cc,cx - cc,cx - cc,cx - cc,cx .

Et puis j'ai trouvé ma voix.

« Dieu au paradis, Breen ! » J'ai balbutié et je me suis dirigé vers lui. "Toi! Quoi---"

Le sondeur est tombé en panne. Coyote Bend répondit. Et à l'instant même, Breen a diffusé cet ordre par fil.

« Gardez le numéro deux. Tenez le numéro deux » : l'expéditeur a épelé les mots à deux reprises.

Puis Coyote Bend a répété l'ordre et Breen a rendu le OK.

« Breen ! » J'ai crié. "Que fais-tu? Êtes-vous fou! Que faites-vous ici? Parle, mec, quoi… »

Il s'était redressé sur sa chaise et une sorte de halètement bas et accrocheur sortit de ses lèvres. Il semblait qu'il lui fallait toute sa puissance, toute sa force, pour lever les yeux vers les miens. Je me précipitai vers la clé, mais il se jeta brusquement en avant et me repoussa désespérément. Et puis il m'a appelé par l'ancien nom, à peine plus qu'un murmure, j'avais du mal à comprendre les mots, et je ne comprenais pas, je ne savais pas que l'homme devant moi était un homme blessé et *mourant* . Mon cerveau tournait, plein de cette autre nuit, plein des jours et des mois qui avaient suivi. Je ne pouvais pas réfléchir. JE--

« Charlie… mon garçon, tout va bien. Black Dempsey dans la coupe. J'avais peur d'arriver trop tard, trop tard. Ils m'ont tiré dessus ici » – il déchirait son gilet avec ses doigts.

Et puis j'ai compris – trop tard. Alors que je tendais la main vers lui, il a basculé en avant et s'est renversé, tout en tas, sur la clé, sur le carnet de commandes, sur le bulletin de train qui lui avait autrefois coûté la vie et qui la lui avait maintenant rendue – mort.

Qu'y a-t-il à dire? Quoi qu'il ait fait, aussi loin qu'il ait pu tomber, derrière tout cela, à travers tout cela, plus grand que lui, plus fort que tout autre lien était le chemin de fer qui était dans son sang. Breen était un cheminot.

Je ne sais pas pourquoi, n'est-ce pas ? Vous ne savez pas pourquoi, alors que Numéro Deux avait fonctionné comme prévu toute la nuit, cela s'est produit exactement au moment où cela s'est produit. Cela aurait pu se produire à un autre moment, mais cela ne s'est pas produit. Chance ou chance si vous voulez, plus que cela si vous préférez y penser d'une autre manière, mais à quelques kilomètres à l'ouest de Coyote Bend, quelque chose s'est mal passé dans le taxi du Numéro Deux. Rien de grand-chose, je ne me souviens plus de ce que c'était, je ne sais pas ce que j'ai jamais su, rien de grand-chose. Juste assez pour la retenir quelques minutes, les quelques minutes qui ont permis à Breen de s'asseoir à nouveau sur le tour du répartiteur de nuit, de s'asseoir à nouveau à la clé, de conserver son ancien travail une fois de plus avant de quitter définitivement le chemin de fer avec l'ordre qu'il lui a donné. sa vie à envoyer, pour empêcher Numéro Deux de se précipiter vers la mort et la destruction contre les rochers et les rochers que Black Dempsey et sa bande s'étaient entassés sur la piste dans le Cut, à huit kilomètres à l'est de Coyote Bend.

Je ne sais pas. « Si un homme meurt, revivra-t-il ? Je te le laisse. Je sais seulement qu'ils pensent beaucoup à lui ici, pensent beaucoup à Breen, « Angel » Breen – maintenant.

IV—SPITZER

Spitzer est né naturellement méfiant. Parfois, ce genre de choses s'estompe avec l'âge, parfois non. Quand ce n'est pas le cas, c'est pire que la maladie la plus virulente : elle a été virulente chez Spitzer pendant l'ensemble de ses vingt-deux ans.

Spitzer n'avait pas grand-chose à voir, et il n'avait pas non plus beaucoup d'importance dans la division Hill. Certains hommes se montrent à la hauteur, d'autres non ; quant à Spitzer, eh bien, c'était un petit bonhomme au nez retroussé, au visage pointu, aux cheveux ébouriffés, aux yeux bleus délavés qui semblait toujours porter au fond de lui des excuses pour l'existence de son propriétaire, et cette idée était étayée . un bon morceau par la voix de Spitzer. Spitzer avait une voix faible et cela militait contre lui. La voix ordinaire de l'homme ordinaire de la division Hill n'était pas faible : elle était affirmée. Spitzer en souffrait parce que tout le monde rampait sur lui. Personne ne pensait à Spitzer. Bien sûr, ils le connaissaient tous, c'est-à-dire ceux dont les fonctions les amenaient dans la zone de l'orbite de Spitzer, qui était limitée à Big Cloud ou, plutôt, à la rotonde de Big Cloud. Personne ne lui a jamais attribué le courage d'avoir le courage de s'approprier son âme. Même le jour de la paie, il prenait son chèque comme si c'était une erreur et qu'il ne lui était pas vraiment destiné. Il se contentait d'accompagner, faisant son travail jour après jour comme un chien fidèle, sauf qu'il était un pendu moins intrusif. En résumé, Spitzer était considéré comme une nullité, physiquement, mentalement et professionnellement.

Bien sûr, il n'a jamais progressé. Il continuait simplement à balayer la rotonde et à jouer le chasseur à chaque Tom, Dick et Harry qui levait le doigt. Année après année, il balayait et essuyait la rotonde. En ce qui concerne l'ancienneté, il l'était, mais pas en matière de promotion. Promotion et Spitzer étaient si manifestement, si ostensiblement en désaccord l'un avec l'autre que personne n'a jamais pensé à une telle chose. Lorsqu'il y avait un poste vacant, d'autres l'obtenaient. Spitzer les vit avancer, tirant, conduisant en réserve, jusqu'aux réguliers à part entière sur le côté droit des taxis, des hommes qui avaient démarré après lui ; mais Spitzer a quand même essuyé et balayé la rotonde.

Carleton, le super, l'a qualifié de point de repère, et cela a fait mouche. Été, hiver, automne, printemps, beau temps, mauvais temps, Spitzer mesurant cinq pieds cinq pouces avec ses bottes, traînant un petit seau en fer-blanc, marchait péniblement dans Main Street à Big Cloud aussi régulièrement que sur des roulettes, et se présentait à la rotonde exactement à la même heure chaque matin – sept heures moins cinq. Jamais un raté, jamais un faux pas : sept heures moins cinq. Les équipes de train ont commencé à régler leurs montres à côté de lui, et les régulateurs ont câblé l'observatoire météorologique chaque fois que leurs chronomètres ne correspondaient pas – c'est-à-dire qu'ils correspondaient avec Spitzer – et la foule météorologique a placé Spitzer en premier sur la bande à chaque coup.

La nuit, c'était exactement la même chose, seulement à ce moment-là, Spitzer sonnait le coup de sifflet de six heures. Dix heures par jour, le dimanche libre – parfois – essuyant, balayant, balayant, essuyant, de sa pension à la rotonde le matin, de la rotonde à sa pension le soir – c'était Spitzer, effacé, effacé. - Spitzer effacé, inoffensif et modeste.

Les horaires de nuit ? Spitzer n'existait pas, il n'y avait pas de Spitzer, on n'attendait pas ça de lui ! Si quelqu'un avait été interrogé , il aurait été étonné, mais alors personne n'a jamais été interrogé – ou interrogé, ce qui revient au même dans l'autre sens. Spitzer était comme un outil rangé après la journée de travail et oublié absolument et profondément jusqu'au lendemain matin. Personne ne savait rien de Spitzer après le coup de sifflet de six heures, personne ne le savait et ne s'en souciait pas du tout - c'est-à-dire que personne parmi les cheminots ne le savait, et eux, en fin de compte, étaient Big Cloud, ils en étaient propriétaires, il l'a dirigé, l'a absorbé, et à juste titre, puisque Big Cloud était le point de division de la Division Hill.

Dans l'ineffable perversité des choses se trouve le piment et la variété de la vie. Tommy Regan, le maître mécanicien, était un homme difficilement secoué, ni facilement dérangé. Il était très petit, très large, avec de petits yeux noirs et une longue moustache brune, hirsute et tombante aux coins. En outre, il était doté d'un ventre bien défini et bien nourri, ce qui est un signe irréfutable de contentement, d'une vision calme et sereine de la vie en général et en particulier, et d'une liberté à l'égard des maux de la hâte et de l'inquiétude. Un homme avec un ventre est un homme à part et grandement enviable, même lorsque ce ventre, comme ce fut le cas de Regan, est d'origine irlandaise, car alors la touche de tempérament celtique qui l'accompagne le fait ressembler davantage à un homme ordinaire et au grain croisé. , irritable, mortel de tous les jours et moins curieux de caractère. Regan était à juste titre fier des deux : de son ventre et de sa nationalité. Regan l'a exprimé autrement : sa nationalité et son ventre. Mais c'est une question de décision individuelle et l'importance relative des choses est telle qu'on la voit ; l'essentiel est que l'un lui permettait d'employer des paroles enflammées à l'occasion, et l'autre lui permettait de conserver, d'ordinaire, un état d'équanimité très recommandable.

Perversité des perversités ! C'est Spitzer qui a secoué Regan – pas une fois, plus d'une fois. Et avant qu'il n'en finisse, cela l'a secoué si fort que Regan ne s'en est pas encore remis.

« Pensez-y », dira-t-il lorsque le sujet sera abordé. "Penses-y! Vous connaissez Spitzer, hein ? Eh bien, *pensez* -y ! SPITZER ! » Et si c'est l'été, il s'épongera le front perlé, et si c'est l'hiver, il se tournera les pouces avec ses doigts croisés sur son *embonpoint*, c'est-à-dire sur le bouton inférieur de son gilet.

La première secousse de Regan lui vint un matin alors que, après une inspection critique de ses animaux de compagnie dans la rotonde – de gros moteurs de montagne à six et huit roues – il sortait d'un pas tranquille et s'appuyait contre la barre de poussée du plateau tournant, débattant mentalement du choix respectif. mérites d'un joint de rouille et d'une pièce droite comme spécifiquement appliqués au numéro 583 qui avait été introduit dans les ateliers la veille pour réparation.

Une silhouette sortit des portes des moteurs, à l'extrémité de la rotonde, et se dirigea vers lui. Les yeux de Regan, attirés, regardèrent à peine dans cette direction, puis redescendirent en méditation, alors qu'il faisait un petit trou dans les cendres avec le bout de sa botte – ce n'était que Spitzer.

Lorsqu'il releva la tête, Spitzer était plus proche, tout à fait proche . Spitzer s'était arrêté devant lui et se tenait là patiemment, une rougeur embarrassée sur les joues, s'essuyant nerveusement les mains sur un morceau d'emballage extrêmement sale que, dans son abstraction, car Spitzer était manifestement distrait, il avait ramassé pour un déchet.

"Hein!" » dit Regan en regardant les mains de Spitzer, « qu'est-ce que tu essaies de faire ? Black pour un spectacle de ménestrel ?

Spitzer laissa tomber l'emballage comme s'il s'agissait d'une poignée de chardons et se frotta les mains de haut en bas sur les jambes de sa combinaison.

"Bien?" Regan a invité.

Spitzer commença à parler rapidement, précipitamment, c'est-à-dire que ses lèvres remuèrent rapidement, précipitamment.

Regan écoutait attentivement et avec une expression tendue et désespérée, alors qu'il s'efforçait de saisir un mot et donc la dérive des remarques de Spitzer.

"Comment?" » demanda-t-il lorsqu'il vit que Spitzer était terminé. « Parle, mec. Vous ne réveillerez pas le bébé.

Spitzer a tout recommencé. Cette fois, il a fait un peu mieux.

"Un dollar vingt-cinq", répéta le maître mécanicien d'un ton hébété.

Spitzer s'éclaira visiblement et hocha la tête.

Regan le regardait, perplexe et abasourdie. Peu à peu, aussi impossible, incompréhensible, incongru que cela paraisse, il se rendit compte que Spitzer, même Spitzer, *Spitzer* demandait une *augmentation* !

"Un dollar vingt-cinq." » C'était tout ce que Regan pouvait répéter, et les mots repartirent avec un halètement.

Spitzer, interprétant mal le ton, son visage devint triste et plein d'ennuis. Il était consterné par sa propre témérité en abordant le sujet, mais maintenant il avait dépassé les limites : il en avait trop demandé !

« Vingt dollars », hasarda-t-il, dans un timide compromis – Spitzer recevait quinze dollars.

« Depuis combien de temps travaillez-vous ici ? » s'enquit Regan, récupérant un peu et commençant à se ressaisir.

"Quatre ans", dit faiblement Spitzer.

"Bon dieu!" marmonna Regan. "Quatre années. Un dollar vingt-cinq, hein ? Eh bien, je ne sais pas , je suppose que nous pouvons gérer ça. Et puis, alors qu'une nouvelle pensée lui vint soudain à l'esprit : « Que feriez- *vous* avec plus d'argent, hein ?

Mais Spitzer se contenta d'un sourire penaud et, après avoir murmuré ses remerciements, il revint sur ses pas et disparut dans la rotonde.

"Bon dieu!" marmonna Regan en s'occupant de lui.

« Quatre ans, et un dollar et quart, *et* Spitzer ! Bon dieu!"

Regan est restée plus ou moins hébétée toute la journée. Il a commandé le patch sur 583 alors qu'il avait définitivement choisi le joint de rouille comme le meilleur tonique pour le problème du moteur, et il a calculé combien un dollar et quinze cents par jour revenait pendant un an sauf le dimanche, puis il a fait le Idem avec un dollar vingt-cinq comme multiplicande et j'ai comparé les résultats. La demande de Spitzer n'était pas exorbitante, et ce n'était pas grand-chose pour contrarier qui que ce soit – c'était juste cela – c'était Spitzer, et Spitzer n'était pas grand-chose. L'effet, psychologique ou autre, ne doit en aucun cas être mesuré par la simple ampleur de la cause, c'est le phénoménal et l'inhabituel qui doit être traité avec un respect sain, et pour une manipulation sûre, il faut un système de blocage à double voie. avec les signaux d'avertissement du début à la fin - le maître mécanicien l'a trouvé de toute façon, et il devrait le savoir.

Ce soir-là, après le dîner, il se délesta de Carleton et de quelques-uns des autres au quartier général de la division, qui avait été déplacé à l'étage au-dessus de la gare, où les chefs se réunissaient régulièrement chaque soir autour d'une pipe, avec une ronde de pedro jetée à la gare . animez un peu les choses – Big Cloud n'ayant pas beaucoup d'attractions dans la gamme de divertissement.

Carleton sourit.

« Mauvaise compagnie », suggéra-t-il. « C'est dur, celui de la rotonde, Tommy. Ils gâchent ses manières. Cela a mis du temps à venir, mais vous connaissez la vieille histoire de l'eau et de la pierre. Quoi?"

"Que ferait- *il* avec plus d'argent?" » demanda Spence, le répartiteur en chef, avec un étonnement non feint.

Regan lui lança un regard dédaigneux. Il avait posé exactement la même question à Spitzer lui-même, mais depuis lors, il avait perfectionné ses mathématiques.

"Fais avec ça!" il s'étouffa. « Trente dollars et quatre-vingts cents *par an* . » C'est un sacré problème, n'est- ce pas ?

"Eh bien, vous n'avez pas besoin de dépasser votre emploi du temps", dit Spence, un peu acerbe. "C'est toi qui fais le plus de bruit à ce sujet."

"Dites-vous quoi, Tommy", remarqua Carleton, toujours souriant, "vous voulez désormais faire attention à Spitzer. Je suppose que son émancipation a commencé – rien de tel qu'un début. Avant que vous vous en rendiez compte , il va piétiner le département de la force motrice, y compris le maître mécanicien.

"Je lui donne l'augmentation", a déclaré Regan, plus pour lui-même qu'à voix haute. « Ça venait à lui, quoi ? Quatre ans, et c'est la première fois que je l'entends crier.

« Vous en entendrez davantage », prophétisait Carleton ; "même s'il ne parle pas très fort."

"Je le pense?" dit Regan en plissant les yeux.

«Oui», a déclaré Carleton.

Et Regan l'a fait.

Pas tout de suite, pas avant plusieurs semaines. Mais entre- temps , un changement s'est produit chez Spitzer. Il balayait, essuyait et rapportait chaque matin à sept heures cinq minutes et restait tout autant en retrait, tout aussi à l'écart de tout le monde, tout aussi discret qu'avant, mais Spitzer n'en était pas moins changé.

Cela a commencé le lendemain de l'obtention de son augmentation. C'était une sorte de changement indéfini, insaisissable et négatif, pas du genre qu'on pouvait mettre la main sur et décrire avec autant de mots. Regan a essayé et a abandonné. Le jour où il s'est le plus rapproché de quelque chose de concret a eu lieu lorsqu'il est arrivé à la fin d'un appel d'offres et, de manière inattendue, sur Spitzer. Spitzer balayait comme d'habitude, mais Spitzer sifflait aussi, ce qui n'était pas habituel. Regan, il est vrai, ne pouvait pas en tirer grand-chose, mais Regan avait aussi ses limites.

Conscient des paroles de Carleton, Regan gardait un œil légèrement curieux sur le petit esclave fané aux yeux bleus , et alors qu'il remarquait le premier changement sans pouvoir le définir, il remarqua maintenant, après environ une semaine, un deuxièmement, à la différence que cette fois, le diagnostic était douloureusement évident : le retour de Spitzer à son état normal. Spitzer cessa de siffler.

Regan commença à croiser les yeux de Spitzer fixés sur lui avec un regard hésitant, irrésolu et anxieux à chaque fois qu'il entrait dans la rotonde. Et même s'il ne l'avait pas bien compris, une partie de la vérité lui vint à l'esprit. Spitzer rassemblait son courage jusqu'au point de friction, en préparation d'un nouveau pas en avant dans sa marche tardive vers l'émancipation.

Un mois s'était écoulé jour pour jour depuis le premier entretien lorsque Spitzer s'adressa de nouveau au maître mécanicien, et comme auparavant, près du plateau tournant devant la rotonde, et, en fait, d'une manière encore plus nerveuse et mal à l'aise que lors de la première entrevue. la première occasion. Il balbutia une ou deux fois pour tenter de commencer — et son effort fut un échec total.

Regan le regardait avec une profonde méfiance. Une fois tous les quatre ans, ce n'était pas grand-chose, et après tout, même Spitzer, maintenant que le choc était passé, pouvait s'attendre à ce qu'il fasse cela. Mais encore une fois dans un mois — et de Spitzer ! Quelque chose n'allait pas — peut-être que Carleton avait raison.

"Eh bien," dit-il sèchement, "vous avez eu votre augmentation. N'es- tu pas satisfait ?

Spitzer hocha bêtement la tête.

"Eh bien, qu'as-tu si tu es satisfait ?" explosa le maître mécanicien.

«Je veux avoir…» Le dernier mot se perdit dans une incohérence tremblante et tremblante.

« Tu veux obtenir quoi ? » grogna Regan. « Ne bafouille pas comme si tu avais avalé tes dents. Qu'est-ce que tu veux obtenir ?

« Tir », lâcha Spitzer après une lutte désespérée.

Regan haleta. Spitzer! SPITZER… dans un taxi ! Il n'aurait pas pu entendre clairement.

« Répétez-le », murmura le maître mécanicien.

« Tir », répéta Spitzer, avec plus de confiance maintenant que le grand saut était franchi.

«Oui», se dit faiblement Regan. "C'est ça. J'ai bien compris : je tire ! Il veut se faire *virer !* »

«Je… je peux le faire», balbutia Spitzer. "Je dois."

« Hein ? Qu'est ce que c'est?" dit Regan. "Tu dois? Dis, toi, Spitzer, qu'est-ce que tu as, de toute façon ?

Spitzer se tortillait comme un ver sur un hameçon, et son visage prenait la couleur d'un bras de sémaphore – un rouge foncé. Spitzer souffrait énormément.

"Eh bien, eh bien", a poussé Regan. « Libérez l'air ! Enlevez les freins ! »

«Je suis», commença Spitzer honteusement, «je suis…» Il avala durement sa pomme d'Adam, à deux reprises, puis elle repartit précipitamment: «Je vais me marier avec Merla Swenson . »

La mâchoire de Regan s'affaissait comme une branche cassée d'un arbre, et ses yeux sortaient et pendaient sur le roulement de ses joues. Puis peu à peu, très progressivement, il commença à se plier et des contorsions inesthétiques affligèrent ses muscles du visage. Spitzer! Spitzer suffisait ! Mais Spitzer *et* Merla Swenson ! Merla , jeune fille suédoise de six pieds, aux os lourds et aux bras longs ! Ô contrariété, variété, perversité de la vie !

"Aubépine!" » rugit-il soudainement. « Ha, ha ! Ha, ha, ha ! Et encore une fois, mais plus fort. Le tourneur et un ou deux assistants ont sorti le nez par les portes de la rotonde pour avoir une idée de la perturbation.

Une pierre peut-elle flotter ? Une plume peut-elle couler ? Étonnant, déroutant, ahurissant, impossible, oh oui ; mais c'était aussi très drôle. C'était la chose la plus drôle que Regan ait jamais entendue de sa vie.

« Ha, ha ! » il a crié. « Hé, hé ! Ha, ha !

Sa panse tremblait comme de la gelée et il leva les deux mains sur les côtés pour soulager la douleur. Il se redressa en prévision d'un nouvel éclat de rire, puis, la bouche déjà ouverte pour commencer, il s'arrêta comme s'il avait été abasourdi. Spitzer était toujours debout devant lui, et la tête de Spitzer était détournée, mais Regan l'attrapa, attrapa les deux grosses larmes qui coulaient lentement sur ses joues crasseuses. Et à ce moment- là , il réalisa ce que ni lui ni aucun autre homme de la Division Hill n'avait jamais réalisé auparavant : que Spitzer, lui aussi, était *humain* .

Regan toussa, s'étouffa et s'éclaircit la gorge. Voilà Spitzer sous un nouveau jour, mais le Spitzer des années passées n'était pas si facilement relégué au fond de l'oubli. Spitzer dans un taxi était toujours aussi une anomalie, les aspirations conjugales étant au contraire.

"Cuisson?" » dit-il en pensant sérieusement qu'il entendait, par contre, servir de palliatif à l'aiguillon de sa gaieté. "Cuisson? J'ai bien peur que non. Vous n'êtes pas fait pour ça. Tu n'es pas assez grand.

Spitzer se passa les mains sur les yeux.

« Je *peux* tirer », annonça-t-il avec une surprenante démonstration d'entrain, « et je *dois* le faire. Il y en a des plus petits que moi qui le font.

« Qu'entendez-vous par « je dois » ? demanda le maître mécanicien.

Spitzer se déplaça avec inquiétude et donna un coup de pied au sol.

" Merla et moi nous réconcilions depuis un bon moment ", balbutia-t-il : " mais elle ne dirait rien dans un sens ou dans l'autre jusqu'à ce que j'obtienne une augmentation. "

"Eh bien, vous l'avez compris", a déclaré Regan.

Spitzer hocha misérablement la tête.

"Oui, et maintenant elle dit ' ce n'est pas assez pour se marier, et'—et' nous devrons attendre que je sois viré."

"Bon dieu!" » murmura Regan, et il s'épongea le front avec une profonde perplexité. Le destin des mortels était entre ses mains, tout comme le département de la force motrice de la division Hill. Il ne pouvait pas plus voir Spitzer dans un taxi qu'il ne pouvait voir le chameau séculaire passer par le trou d'une aiguille. Puis l'inspiration lui est venue.

« Écoutez ici, Spitzer, » dit-il d'un ton apaisant. « Cela ne sert à rien de parler de licenciement, et je ne vais pas vous laisser créer de faux espoirs. Mais je vais vous dire, vous n'avez pas besoin de vous sentir maussade à ce sujet. Elle t'aime, n'est-ce pas ?

Les lèvres de Spitzer bougèrent.

"Hein?" » demanda Regan avec sollicitude en se penchant en avant.

"Oui; elle dit que oui, répéta Spitzer d'une voix fine.

"Oui; eh bien, quand vous connaîtrez les femmes, et autant que moi à leur sujet, vous saurez que rien d'autre ne compte, rien que l'amour, je veux dire. C'est leur nature et ils sont tous pareils. C'est comme ça avec eux tous » – Regan agita largement la main.

"Tout va aller bien. Tu verras. Elle ne tiendra pas sur cette ligne.

Certains hommes profitent beaucoup de peu d'expérience, d'autres profitent peu de beaucoup d'expérience. Spitzer, peut-être, avait eu peu, très peu, mais l'affaissement de ses épaules, alors qu'il se dirigeait vers la rotonde, laissait entendre qu'en matière de connaissance appliquée à l'éternel féminin, il était peut-être, dans la mesure où il se trouvait entre lui et le maître mécanicien, le plus qualifié des deux pour parler. Et cela, certainement, lorsqu'il est appliqué concrètement, c'est-à-dire appliqué à Merla Swenson.

Regan n'aurait pas pu garder l'histoire pour sauver sa vie, et il n'a pas fallu longtemps à la division pour l'obtenir. Ils l'ont tous compris : les équipes de train et les équipes de locomotives sur les marchandises en route, les marchandises perdues, les locaux, les figurants et les habitués, le personnel, les ouvriers d'atelier, les chemineurs et les équipes de section jusqu'au dernier wagon . Au début, la division parut incrédule, puis elle sourit, puis elle hurla, et son hurlement se résumait en un seul mot : « Spitzer ! avec dix-sept points d'exclamation après pour que le tempo et le rythme pendent d'une manière digne et proportionnée à l'occasion.

C'est un vent mauvais qui ne souffle du bien à personne. Dutchy Damrosch a fait l'affaire de sa vie – il a fait plus d'affaires qu'il n'avait jamais rêvé de faire dans ses envolées les plus folles de son imagination, car Dutchy avait les droits au comptoir du déjeuner chez Big Cloud. Qu'est-ce que cela a à voir avec Spitzer et son ambition conjugale ? Eh bien, beaucoup ! Merla Swenson était la deuxième fille de l'établissement de Dutchy , et Merla était la « fiévreuse » de Spitzer – ce qui était un mauvais jeu de mots de Spider Kelly, le chef d'orchestre, et cela était plus dû au tour de langue de sa langue qu'à une quelconque malveillance. prémédité.

Voir une fille amoureuse de Spitzer valait le prix du café et des plombs à tout moment. Le comptoir du déjeuner prenait des airs de musée à dix sous, et les visiteurs interrogeaient Merla avec anxiété, un peu méfiants à l'idée qu'après tout il puisse y avoir un nègre dans le tas de bois quelque part sous la forme d'un « coup monté » avec le canular contre eux-mêmes.

Merla a dissipé tous les doutes à ce sujet. Imperturbable, calme, stoïque, sans passion, elle répondait cinquante fois par jour à la même question, et chaque fois de la même manière.

"Ouais, j'interdis mon amour Spitzer", fut sa réponse infaillible, sur un ton qui faisait que la simple possibilité qu'elle aurait pu faire autre chose paraisse le summum de l'absurdité. L'inflexion de Merla frappa profondément à la racine des choses inévitables.

Après, il n'y avait plus rien à dire. Quelques-uns, très peu nombreux, et au fur et à mesure que les jours passaient, leur nombre diminuait avec une rapidité étonnante, eurent l'audace de ricaner de manière audible. Ils ne l'ont fait qu'une seule fois, alors que les bras sur les hanches et les mains sur les hanches, Merla s'avança vers le bord du comptoir avec un regard dans ses yeux bleus inébranlables, qui était loin d'être invitant, et demanda : « Lui, ban goot mans, je tank ? »

Elle était posée sous forme de question, il est vrai, mais la « pose » était d'une telle froide intransigeance que le résultat était toujours le même. L'agresseur s'est hâté d'enfouir le nez dans sa tasse de café, a cherché un sou pour régler son compte - avec Dutchy - et s'est dirigé vers la plate-forme.

Tout cela était très bien, mais à moins que Regan ne meure et que quelqu'un avec un peu moins – ou un peu plus, selon la façon dont vous voyez les choses – d'imagination prenne sa place, les chances de Spitzer de monter dans un taxi étaient toujours aussi bonnes, ce qui c'est-à-dire qu'ils étaient à peu près aussi bons que la qualité d'un nickel branché. Et le problème était que, d'après Spitzer, le maître mécanicien ne présentait aucun signe visible de décomposition prématurée. De plus, comme il l'avait soupçonné et qu'il avait découvert maintenant, Regan *n'avait pas* le dernier mot en matière de femmes ; non peut-être que Merla faisait passer le tir avant l'amour, mais elle était exceptionnellement forte en tir. Spitzer était mécontent.

Tout arrive à celui qui attend, dit-on. C'est peut-être le cas ; mais la manière dont ils viennent est parfois incompréhensible ou insondable. L'histoire d'un homme qui est tombé de la fenêtre du dix-huitième étage d'un immeuble de bureaux et qui s'est cassé le cou n'a pas sa place ici, sauf de manière générale. Un ami qui s'intéressait passagèrement à l'événement était assez curieux pour en rechercher la cause, et il en remontait pas à pas, logiquement, sûrement, inévitablement, au-delà de toute possibilité de réfutation, jusqu'au fait que le deuxième crochet d'en haut le dos de la robe de la femme de l'homme – et non la robe de l'homme, mais la robe de la femme de l'homme – manquait le matin du jour de son décès prématuré. Cet homme – et non son ami – était un inventeur. Mais peu importe. Cela se voit. Regan étant encore en vie, les chances sont meilleures que mille sur une pour que Spitzer ait connu une vieillesse froide et désespérée, comme le dit Robert Louis, et Merla n'aurait jamais eu une deuxième édition d' elle-même sans quelques misérables pommettes non mûres. Quoi? Oui, c'est ça : des pommettes. C'est ainsi que Spitzer est arrivé là où il est aujourd'hui : juste des pommes sauvages. C'est drôle comme les choses arrivent parfois quand on y pense, n'est-ce pas ? Spitzer et l'homme qui s'est cassé le cou ne sont pas les seuls à avoir connu des hauts et des bas de cette façon, pas plusieurs. Il n'y a aucune morale à cela, sauf que vous trouverez ici et là un homme qui n'est pas aussi modeste sur ses propres capacités qu'il devrait l'être !

Les habitudes nocturnes de Spitzer, qui étaient si indifférentes et dont les cheminots de Big Cloud ignoraient si profondément, y ont un rôle à jouer.

La vérité est qu'entre le comptoir du déjeuner et la gare se trouve le hangar à bagages et à marchandises, et derrière le hangar à marchandises il fait très sombre ; et aussi, non moins pertinent, le fait que Merla ne possédait pas d'autres logements que ceux que partageaient ses sœurs d'armes au service de Dutchy – qui n'étaient ni propices ni commodes. Donc, mais le lien est évident.

Le soir de congé de Merla , à huit heures, Spitzer se faufilait à travers champs et sur la plate-forme, si le temps le permettait, et ces nuits- là, Merla a enfilé son bonnet « pour une promenade » – à la même heure. Lorsque l'horloge de la gare sonna dix heures et que, par coïncidence, le doux carillon du Numéro Un retentit dans la gorge, Merla revint sur ses pas jusqu'à l'arrière du comptoir-repas, et Spitzer retraçait les siens à travers le quai jusqu'aux champs en direction de la ville. et sa pension ; seulement, ces derniers temps, Spitzer avait pris l'habitude de s'attarder sur la plate-forme tout en haut, là où elle était également très sombre et tout aussi déserte.

Ici, il regardait avec mélancolie le gros nabab avec ses soupapes qui claquaient et la vapeur tambourinant sur ses jauges, tandis qu'elle attendait sur la voie d'évitement juste en face de lui – Big Cloud étant un point divisionnaire où les moteurs étaient changés – pour reculer sur Number. Un pour le premier tronçon de la course en montagne : la course de Burke avec 503, et le grand Jim MacAloon qui s'occupe de la pelle.

Il n'y avait rien de nouveau dans ce spectacle, mais cela ne semblait pas paraître monotone à Spitzer, même si, quand tout était fini et qu'il regardait les feux arrière disparaître, il soupirait toujours. C'était à chaque fois la même performance. Dix minutes environ avant l'arrivée du numéro un, en direction ouest, MacAloon courait sur la 503 hors de la rotonde, sur la plaque tournante, remontait la ligne et revenait sur la voie d'évitement. Ensuite, Burke apparaissait sur les lieux, allumait une torche et fouillait avec un bidon d'huile à long bec.

Spitzer atteignait généralement sa position sur la plate-forme à temps pour voir le dernier coup de l'ingénieur avec la torche entre les conducteurs ou dans le mouvement de liaison avant de se balancer à travers la passerelle jusqu'à la cabine, comme le Limited avec des camions claquants et des sabots de frein hurlants. roulé dans la gare; mais une nuit, les choses se sont passées un peu différemment. L'horloge de la gare avait sonné dix heures, Merla s'était précipitée vers son domicile et Spitzer, comme d'habitude, à l'extrémité du quai, mais le numéro un était en retard.

Soudain, Spitzer sursauta et son cœur sembla battre dans sa bouche. Il y eut un cri d'agonie sauvage et perçant. C'est revenu. Le sang a quitté les joues de Spitzer. Il vit Burke contourner l'extrémité du pilote, la torche dansant à la main, et se diriger vers le taxi. Spitzer sauta involontairement de la plate-forme sur la piste et courut dans la même direction, puis la soupape de sécurité explosa avec un rugissement terrible, couvrant tous les autres sons. Il monta prudemment dans la cabine. Sur le sol, MacAloon assistait à une performance qui aurait demandé les efforts d'un python se tordant, et pendant ce temps, il gémissait et criait.

Tandis que Spitzer l'observait, Burke, qui se penchait sur MacAloon avec un visage anxieux, tendit soudain la main et ramassa un petit objet rond qui roulait de la poche du pull du pompier, puis un autre et encore un autre. Spitzer se pencha instinctivement en avant et, ce faisant, attira l'attention de Burke pour la première fois. Le regard anxieux de Burke céda la place à un sourire et il tendit les objets à Spitzer, comme si ce n'était pas du tout Spitzer mais un homme ordinaire - l'humour, comme la mort, est un grand niveleur, mais peu importe, laissons tomber ça. . Burke les tendit à Spitzer, Spitzer les prit et même Spitzer sourit. Il n'avait pas besoin d'un médecin pour diagnostiquer la plainte de MacAloon – et la plainte n'était pas poétique ! Des crampes, des crampes à l'ancienne, pures – de simples crampes et des pommettes vertes ! Il y a peut-être des choses pires pour un homme, mais il n'y en a pas beaucoup.

Le sourire de Burke ne dura pas longtemps, car à ce moment-là retentit la longue et claire note de sirène du numéro un, et de retour au-dessus du tendre, une traînée de lumière jaillit en un large cercle autour d'une butte, puis dansa le long des rails et commença à s'éclairer. sur la plate-forme, alors que le Limited tonnait, avec cinq minutes de retard, dans la ligne droite.

« Éclisses sacrées ! » » a crié Burke. « Je dois demander à un homme de tirer. Spitzer, tu cours comme un diable jusqu'à la rotonde et… »

Burke s'arrêta. Spitzer l'a arrêté. Il y a des moments dans la vie de chacun où chacun s'élève au-dessus de lui-même, au-dessus de ses habitudes, au-dessus de son environnement, au-dessus de tout, ne serait-ce que pour un bref instant. Une telle opportunité ne se reproduirait plus jamais. S'il pouvait déclencher un seul voyage, peut-être que Regan changerait d'avis. Spitzer s'y accrocha frénétiquement, désespérément.

"Burke, je *peux* tirer", a-t-il crié. « Donnez-moi une chance, Burke. Je n'en aurai jamais si tu ne le fais pas. Burke haleta un instant comme un homme à bout de souffle, puis quelque chose comme un rire sec résonna dans sa gorge. Personne ne sait, à part Burke, ce qui l'a décidé. Cela aurait pu être deux choses, ou une combinaison des deux – le visage suppliant de Spitzer ou le désir de se démarquer de Regan – Burke et Regan n'ayant pas été dans les meilleurs termes depuis les dernières élections générales. Quoi qu'il en soit, Burke désigna le pompier qui se tortillait. « Prends ses pieds », grogna-t-il.

Ensemble, ils ont soulevé et traîné Mac- Aloon hors de la cabine et jusqu'au sol. Le 1108, tirant le numéro un, s'était déjà arrêté à leur hauteur, et Burke a crié à l'équipage du moteur.

"Ici!" il a braillé. "Donner un coup de main!"

Et alors que les deux hommes sortaient la tête de la passerelle, lui et Spitzer poussèrent le pompier vers eux.

«J'ai des crampes», expliqua laconiquement Burke. « Vous pourrez le soigner à la rotonde. Cinq minutes de retard, hein ? Eh bien, dépêchez-vous, vous êtes clair. Voilà votre « feu vert ». Sortez et laissez-moi vous tenir.

Burke se tourna vers Spitzer, alors que 1108 s'éloignait du fourgon à bagages et remontait la voie, et désigna la passerelle de son propre moteur.

"Montez", dit-il sombrement. "Tu auras l'occasion de tirer, et, crois-moi, tu n'auras plus jamais l'occasion de faire ça ou quoi que ce soit d'autre de ce côté des joyeux terrains de chasse, mon mâle, si tu me jettes à terre."

Et tandis que Regan se disputait amicalement à propos d'une partie de pedro à l'étage de la gare avec Carleton, 503, avec Spitzer, aux cheveux ébouriffés , aux yeux doux, au cœur battant comme un marteau de voyage, Spitzer, dans le taxi, reculait sur l'Imperial Limited et couplé pour la course en montagne. Il y eut un test rapide de « l'air », une course précipitée de haut en bas de la plate-forme, puis Burke, penché à la fenêtre, les bras tendus à l'intérieur de la cabine et les doigts sur l'accélérateur, ouvrit un cran et la plate-forme commença à fonctionner. pour glisser devant eux.

Spitzer fronça le visage et fixa l'aiguille de la jauge – deux cent dix livres, tout le temps, tout le temps – deux cent dix livres. C'était à lui de décider. D'un coup de chaîne, il ouvrit grand la porte du four et une pelletée de charbon fut projetée, soigneusement éparpillée, sur la grille.

Il y a de l'art en toutes choses ; il y a la quintessence de l'art dans la tâche prosaïque et laborieuse du démarrage d'un moteur. Spitzer n'était pas sans art, car d'une certaine manière, il avait des années d'expérience ; mais allumer un feu dans la rotonde et entretenir un foyer de flammes rugissantes à son plus haut degré d'efficacité dans une cabine oscillante et vacillante, sont deux opérations différentes et distinctes qui ne doivent en aucun cas être confondues. 503 commença à vaciller et à se balancer. Petit à petit, Burke l'ouvrait, et l'aboiement de son échappement retentissait comme le crépitement rapide d'une Gatling. Cinq minutes de retard dans les montagnes sur un horaire déjà balisé à une hauteur vertigineuse qui demandait plus de chances que ce que les passagers ont payé, c'est... enfin, c'est cinq minutes, juste cinq minutes, c'est *tout* . Certains hommes l'auraient laissé à la foule de la Division Pacifique le lendemain sur une piste plane et un balayage droit, mais pas Burke.

L'initiation de Spitzer s'est déroulée sous une forme ample et il a bénéficié pleinement de tous les rites et cérémonies avec chaque détail du rituel travaillé - et aucune faveur n'a été accordée. Jusqu'à présent, tout allait bien, le pays accidenté était devant le pilote et Spitzer était entièrement occupé. Son pouls ne battait qu'en fonction d'une seule chose : l'aiguille dansante de la jauge. Il ouvrit de nouveau la porte, et la fusée rouge illumina le ciel et joua sur des traits que Regan n'aurait jamais connus pour ceux de Spitzer : ils étaient figés, sombres et déterminés, couverts de petites perles de sueur qui brillaient comme des diamants . Le chant chantant du vent résonnait dans ses oreilles alors qu'il levait sa pelle. Il y a eu une insulte écoeurante. 503 a tiré autour d'une tangente - et la pelletée de charbon a tiré comme des balles partout dans la cabine et, y compris Burke, a touché à peu près tout ce qui était en vue sauf le point objectif visé. Simultanément, Spitzer a rapidement effectué une giration qui ressemblait à quelque chose comme un ressort arrière et a atterri bien en haut sur l'annexe, pour revenir sur le plancher de la cabine avec une avalanche de charbon qui l'accompagnait.

Il se releva et jeta un regard inquiet à l'ingénieur. Il n'y avait pas un air renfrogné, pas même un sourire sur le visage de Burke, juste un flirt encourageant de la main, mais le flirt était capital. Burke était sage et plein de ruse, car avec ce petit acte, Spitzer, selon la Bible, ceint ses reins et trouva son second souffle.

Ils étaient désormais bien au pied des contreforts, et le droit de passage était une merveille incroyable. Plongeant, se tordant, se courbant, il tournait, s'ennuyait et se frayait un chemin à cheval, et les buttes, les canons, les gorges et les coulées rugissaient comme des envolées fantaisistes.

La vitesse était formidable. Pour Spitzer, tout cela n'était qu'un mélange sauvage et fou de choses qu'il n'avait jamais connues auparavant, de choses qui n'avaient ni début ni fin. Le vertige alors que le grand coureur de montagne frappait les courbes, le craquement des brides alors qu'un instant elle se soulevait de son empattement, le tangage, le roulis, le moulinet chancelant, le halètement, le battement des camions. , le vrombissement des pilotes de course, le souffle du vent, le tonnerre résonnant des voitures volantes derrière - tout était là, tout séparé, tout soudé en un seul, une création, une vie nouvelle, printanière, la vie du rail , qui battait dans ses tympans et accélérait les battements de son cœur.

Au début, de temps en temps, Burke se penchait sur ses leviers pour jeter un coup d'œil au manomètre, mais après un moment, il s'accroupit un peu plus en avant sur son siège et ses yeux restèrent fixés sur la piste devant lui, où le faisceau du phare électrique inondait la route. rubans d'acier scintillants. Il recevait ce que MacAloon ou aucun autre homme ne lui avait jamais donné auparavant : deux cent dix livres *en tout* . SPITZER tirait sur le numéro un, l'Imperial Limited, en direction ouest, sur la piste de montagne, avec *trois* minutes de retard !

La sueur coulait à flots du petit bonhomme maintenant, et il s'accrochait à la passerelle pendant un instant pour respirer, se penchant vers l'extérieur, regardant devant lui quelques lumières brillantes au loin. Vint le cri rauque du sifflet, le fracas des interrupteurs de triage brisés, une vision floue de contours sombres parsemés de minuscules points scintillants, et la gare, le triage, les lumières, les interrupteurs et tout était derrière lui.

Spitzer passa sa manche sur son front et se tourna de nouveau vers son travail alors qu'ils tonnaient sur un long tréteau en acier – Thief Creek. Spitzer connaissait assez bien la route, sinon par expérience personnelle. Juste devant se trouvait The Pass – Sucker Pass – assez droit pour s'étendre sur un quart de mile, mais où les parois rocheuses s'élevaient de chaque côté si près qu'elles rayaient presque la peinture du matériel roulant. Soulagé pendant un moment, peu respectueux des interrupteurs et du tréteau qui venait de passer, Spitzer sentit le bond en avant du coureur alors que Burke l'ouvrait à nouveau. Il se pencha vers sa pelle – et puis, aussi rapide qu'un clin d'œil, soudain comme une catastrophe, se produisit un fracas déchirant et déchirant, un cri de Burke, et le côté droit du taxi parut littéralement déchiré en deux.

Un morceau de bois volant qui le frappa aux yeux, une secousse terrible lorsque le moteur se souleva et retomba, envoya Spitzer tête baissée au plancher de la cabine. Abasourdi, à moitié fou de douleur, le sang coulant de son front, il se releva en titubant. Burke gisait en tas inerte juste devant lui, près de la porte du four. Un morceau d'acier sifflant s'est élevé, a crié, a glissé, a entaillé une trace de ruine et a disparu. Il n'avait raté Burke que d'un cheveu – la prochaine fois, il n'y aurait peut-être même plus cette limite de sécurité. Avec un cri, Spitzer bondit en avant et traîna l'ingénieur inconscient à travers la cabine. Encore une fois la secousse, l'insulte, le chancelage, la déchirure désespérée. Cela parut des années, une éternité à Spitzer. Il vivait toute une vie en une seconde, cela n'avait duré que cela, pas plus de deux ou trois tout au plus.

Il y a des choses pires, bien pires, dans les chemins de fer qu'un maneton cassé et une bielle folle, mais pas quand cela arrive à The Pass, où un déraillement à leur vitesse de course a entraîné la mort, rapide et soudaine. Il n'y avait qu'une seule chance pour la dernière rangée d'entraîneurs, une seule pour chaque âme à bord : Spitzer. Mais entre le Spitzer, l'accélérateur et le loquet pneumatique, il y avait un objet d'acier qui montait et descendait, tantôt dessinant un arc meurtrier et éclatant à travers le côté brisé de la cabine, tantôt broyant les traverses de la plate-forme, menaçant à chaque révolution de tanguer. 503 et le train derrière elle s'est précipité des rails pour s'effondrer comme de fragiles coquilles d'œufs contre les étroites parois rocheuses qui bordaient The Pass. Une seule chance pour l'équipage du train et les passagers, *une sur mille pour Spitzer* . Et le petit Spitzer de cinq pieds cinq pouces, Spitzer timide, réservé, effacé, discret, avec un sanglot sec et étouffant dans la gorge, se précipita en avant pour arrêter le train. Ses mains s'accrochaient désespérément aux leviers, il y avait un sifflement, des éventualités vicieuses, et c'était comme ça avec environ neuf cent quatre-vingt-dix-neuf colons sur mille. L'entreprise, bien sûr, a pris *des* risques : elle a misé sur le millième homme. L'entreprise avait du sang sportif.

V—LA CHANCE DE SHANLEY

Si Shanley avait seulement su ce qui allait se passer, il aurait pu économiser une partie de son argent sur ce billet. Dans l'état actuel des choses, il dispose toujours d'un moyen de transport qui lui parvient de la division Little Dance on the Hill à Bubble Creek, en Colombie-Britannique. Cela peut être un atout, ou non – Shanley ne l'a jamais demandé.

Troisième classe, colon, escale interdite, cheveux roux, visage tacheté de rousseur, le nez relevé, la mâchoire carrée comme le côté d'une maison, les épaules comme celles d'un taureau et un poing qui ferait tomber un bœuf - c'était Shanley. . C'était Shanley jusqu'à ce que le rail à ressorts qui a abandonné le train à Little Dance lui ait fait perdre deux choses : son ancien statut au sein du département de l'agent général des passagers, et une ronce bien-aimée et puante.

Tous deux furent perdus à jamais – son statut en partie pour les raisons mentionnées précédemment, et en partie parce que Shanley n'était pas particulièrement intéressé par Bubble Creek ; sa bruyère parce qu'elle est devenue une partie, une partie intégrante, de cette épave mémorable, puisque Shanley, qui fumait paisiblement dans le compartiment avant de l'autocar des colons lorsque les ennuis sont survenus, a laissé la pipe derrière lui pendant qu'il se catapultait à travers la porte ouverte. - c'était l'été et il faisait une chaleur torride - et il atterrit, Shanley très hébété, déconcerté, mais pas autrement blessé, à mi-hauteur du talus, à l'écart d'une scène de désordre des plus étonnants.

Les possibilités offertes par un rail suspendu sont de quoi s'émerveiller. Devant, la machine avait rapidement tourné en tortue et, tout en laissant libre cours à son mécontentement face à l'indignité qui lui était infligée, elle s'était enveloppée dans un nuage de vapeur furieux et sifflant ; derrière, les wagons à bagages et à courrier semblaient avoir rivalisé d'affection pour l'offre. Seuls les Pullman en laiton poli et nickelés à l'arrière maintenaient encore les rails ; le reste n'était qu'une file de voitures folles, inclinées, renversées, commençant déjà à fumer alors que les flammes les léchaient.

Les cris de ceux qui s'étaient échappés, les cris de ceux qui étaient encore emprisonnés dans les décombres, la vue des autres rampant à travers les portes et les fenêtres ramenèrent Shanley à ses sens. Il se leva, cligna des yeux furieusement, comme c'était son habitude dans toutes les occasions malheureuses, et l'instant d'après il descendit le talus et se lança dans le jeu – pour commencer sa carrière de cheminot. C'est là qu'il a commencé : dans l'épave de Little Dance.

Entrer et sortir du bûcher flamboyant, après une femme ou un enfant ; le fracas de sa hache à travers des boiseries éclatées ; la chaleur torride ; arrachant quelque pauvre diable coincé sous les débris ; le tintement des vitres alors que la chaleur fissurait les fenêtres ou qu'il frappait une vitre avec son poing - tout était brumeux, tout un rêve pour Shanley alors que, des heures plus tard, une silhouette sombre et décharnée au visage noirci et ensanglanté, ses vêtements suspendus en rubans, il est entré dans les chantiers Big Cloud sur le wagon derrick.

Certains hommes auraient demandé une participation à l'agent des sinistres ; Shanley a contacté Carleton pour un emploi. Mais par souci de modestie, avant de se présenter devant le bureau du commissaire, il emprunta à l'un des ouvriers de démolition le seul vêtement disponible à portée de main : une salopette très sale et de mauvaise réputation. Sale et peu recommandable, mais… entier.

«Je veux un emploi, M. Carleton», dit-il sans ambages, une fois admis au super.

"C'est vrai, hein?" répondit Carleton en le regardant de haut en bas. « C'est vrai, hein ? Tu es un cinglé plutôt dur, hein ?

Shanley cligna des yeux, mais, étant douloureusement conscient qu'il avait sans aucun doute l'air de tout, sinon plus, et n'étant pas non plus trop sûr de ce qu'il devait penser du super, il se contenta de la remarque :

"Je ne suis pas une image, je suppose."

"Hmm!" dit Carleton. "J'ai été sur l'épave, j'ai entendu dire... quoi ?"

"Oui", dit brièvement Shanley. Pas de longue histoire, pas de récit de ce qu'il avait fait, rien du tout – juste « Oui », et c'est ce qui a attiré Carleton.

"Que pouvez-vous faire?" demanda le surveillant.

"Rien. Je ne suis pas difficile », a répondu Chanley .

"Hmm!" dit Carleton. "Tu n'en as pas l'air." Et il favorisa Shanley d'un autre regard prolongé.

Shanley, d'abord mal à l'aise, se balança nerveusement d'un pied sur l'autre ; puis, alors que le regard continuait, il commença à s'irriter.

«Regardez ici», lança-t-il soudainement. «Je ne suis pas exposé. Je viens pour un travail. Je n'ai reçu aucune lettre de recommandation de pasteurs d'églises de l'Est. Je n'ai rien. Je m'appelle Shanley et je n'ai même rien pour *le prouver*

.

« Vous avez du courage », a déclaré Carleton, se penchant en arrière dans son fauteuil pivotant et glissant son pouce dans l'emmanchure de sa veste. « Avez-vous déjà travaillé sur un chemin de fer ?

"Non", répondit Shanley, un peu moins assuré, alors qu'il voyait ses chances d'obtenir un emploi s'évanouir dans les airs et regrettait déjà son discours précipité - quelques nickels bizarres n'étaient pas un très gros enjeu pour un homme qui débutait dans une entreprise. nouveau pays, et cela représentait la somme totale de la richesse mondiale de Shanley. "Non, je n'ai jamais travaillé dans un chemin de fer."

«Hmm», a poursuivi Carleton. "Eh bien, mon ami, tu peux te présenter au chef de train demain matin et lui dire que j'ai dit de te mettre en pause. Sortir!"

C'est arrivé si soudainement et de manière inattendue que cela a coupé le souffle de Shanley. Les manières de Carleton n'étaient pas celles de Shanley, ni celles auxquelles Shanley était, par hasard, habitué. Un instant auparavant, il n'aurait pas échangé un de ses cinq cents contre ses chances d'obtenir un emploi, c'est pourquoi sa réponse s'est transformée en un sourire penaud ; de plus – mais à propos de cela par la suite – Shanley, dans l'Est, avait décidément plus l'habitude de voir ses candidatures refusées sans cérémonie que de recevoir une considération favorable, ce qui était une autre raison pour laquelle il ne se montrait pas à la hauteur avec des paroles de remerciement appropriées.

À propos, Shanley, comme quelques-uns de ses semblables, avait ses défauts ; concrètement, ses écarts particuliers du chemin droit et étroit, n'ayant pas été cachés sous le boisseau, en étaient responsables, avec les conseils et l'assistance d'un ou deux parents éloignés - les conseils étant toujours bon marché, et l'assistance, dans ce cas, un en bas de gamme - pour sa migration vers l'Ouest, aussi loin que les fonds disponibles le permettraient - Bubble Creek, en Colombie-Britannique, les parents éloignés y ont veillé. Ils ont acheté le billet.

Shanley, toujours souriant d'un air penaud et obéissant aux instructions du surveillant de « sortir », était à mi-chemin de la porte lorsque Carleton l'a arrêté.

"Shanley!"

"Oui Monsieur?" dit Shanley, trouvant sa voix et se balançant.

« Vous avez de l'argent ?

La main de Shanley plongea machinalement dans la salopette et fouilla dans la poche de son pantalon déchiré et rubané – la poche n'avait pas été épargnée – les pièces de cinq cents avaient disparu. L'expression de son visage ne nécessitait évidemment aucune interprétation.

Carleton tendait deux billets : deux billets de dix.

« Nettoyé, hein ? Eh bien, je ne blâmerais personne s'il vous demandait votre facture de pension à l'avance. Ici, je suppose que vous en aurez besoin. Vous pourrez le rembourser plus tard. Il y a un gars qui tient un magasin de vêtements dans la rue et ça ne te ferait pas de mal de visiter, hein ?

Avec de la gratitude dans son cœur et les meilleures résolutions exsudant de tous ses pores – il était toujours long en résolutions – Shanley, embarrassé, et donc maladroit, sortit quelque peu disgracieusement de la présence du super.

Mais ni la gratitude ni les résolutions, même celles en acier , à double rivetage, ne sont d'une grande utilité contre des circonstances et des conditions sur lesquelles on n'a absolument, indéniablement et catégoriquement aucun contrôle. Si le magasin de vêtements Dinkelman avait occupé un emplacement entre la gare et le salon Blazing Star de MacGuire , au lieu que ledit salon Blazing Star occupe lui-même cette position tout à fait inappropriée, et si Spider Kelly, le conducteur du train accidenté, n'était pas tombé sur Shanley avant de S'il avait été à dix mètres du bureau du concierge, les choses auraient sans doute été très différentes. Shanley a adopté ce point de vue par la suite, et il était certainement justifié. Il est reconnu qu'il n'a eu aucune part dans l'aménagement de Big Cloud ni dans le contrôle de ses biens immobiliers, de ses locations ou de ses baux.

Les cheminots n'ont aucune imagination pour être considérés comme des adorateurs de héros, mais si un homme fait une chose décente , ils n'hésitent pas à le lui dire. Shanley avait fait plusieurs choses très décentes sur l'épave. Spider Kelly l'a invité au Blazing Star.

Shanley s'y opposa. «Je dois me procurer des vêtements», expliqua-t-il.

« Récupérez- les après », dit Kelly ; "plein de temps. Allez; c'est juste l'heure du dîner, et il y aura beaucoup de garçons là-dedans. Ils seront heureux de vous rencontrer. Si vous avez faim vous trouverez le meilleur aménagement gratuit de la division. Il n'y a rien de petit chez MacGuire .

Shanley hésita et, proverbialement, fut perdue.

Il n'est en aucun cas nécessaire d'écrire une description intime et particulière des événements de cette nuit. Ils n'auraient pas choqué, surpris ou étonné les parents éloignés de Shanley, mais tout le monde n'est pas un parent éloigné. Shanley s'en souvenait par endroits, seulement par endroits. Il a combattu et fouetté Spider Kelly, qui était un homme beaucoup plus grand que lui, et a ainsi cimenté une amitié éternelle ; il participa à l'hospitalité qui lui était accordée et la rendit d'une main somptueuse — aussi longtemps que dura les vingt ans de Carleton ; il fit de nombreux discours sur les épaves, sur la nature des épaves et sur sa participation particulière à ces épaves, ce qui était convenable puisqu'à la fin, vers trois heures du matin, il se glissa avec quelque dignité sous la table, et , avec la profonde conviction qu'il tenait à nouveau une hache et rendait un service héroïque et noble, enroula ses bras sombrement, sans remords, avec ténacité, comme une pieuvre, autour du pied de la table - et s'endormit.

MacGuire, avant de verrouiller la porte d'entrée, étudia attentivement la situation et le laissa là – pour le bien de la table.

Le soleil du lendemain matin n'était pas charitable envers Shanley. Alors qu'hier il portait les marques d'une épave, il en portait maintenant les marques de deux : les siennes au-dessus de celles de la compagnie. En haut de la rue, le magasin de vêtements Dinkelman affichait une pancarte en toile annonçant des offres inhabituelles sur les vêtements pour hommes. Cela a semblé à Shanley un acte méchant qui ne pouvait être exprimé en termes meilleurs que « le frotter ». Il regarda le panneau avec une expression désolée, cligna furieusement des yeux et se dirigea d'un pas qui manquait d'assurance vers la gare de triage et le bureau du chef de train.

Il n'était nullement sûr de l'accueil qui l'attendait. S'il est une caractéristique commune à la nature humaine, parmi toutes les autres, c'est la faculté, bien que ce soit un mot plutôt imposant, de s'inquiéter comme un péché de quelque chose qui peut arriver, mais qui n'arrive *jamais* . Shanley aurait tout aussi bien pu s'épargner l'inquiétude mentale liée à l'attitude possible du chef de train. Il ne s'est pas présenté au chef de train ce matin-là et n'a revu ce monsieur que longtemps, très longtemps après. Au lieu de cela, il s'est présenté à Carleton - à la sollicitation urgente de ce dernier sous la forme d'un call-boy souriant, qui a intercepté sa marche vers la gare.

"Salut, toi, là, visage de chérubin !" brailla poliment le gamin. « Le super vous veut, en route ! »

Shanley s'arrêta net et, recourant à son habitude favorite, cligna des yeux.

« Carleton. L'obtenir? Carleton, répéta le messager, visiblement peu sûr d'avoir été bien compris ; puis, pour un dernier coup alors qu'il naviguait gaiement dans la rue : « Eh bien, mais tu es jolie !

Carleton! Shanley avait complètement oublié Carleton pour le moment. Sa main entra instinctivement dans sa poche, puis il gémit. Il se souvenait de Carleton. Mais le pire de tout, c'est qu'il se souvenait des vingt de Carleton.

Deux parcours lui étaient ouverts. Il pouvait se faufiler hors de la ville avec toute la modestie et la célérité possibles, ou il pouvait affronter la musique. Non pas que Shanley ait débattu de la question – l'occasion ne s'était encore jamais présentée lorsqu'il n'avait pas affronté la musique – il éprouvait simplement la tentation de « ramper », c'est tout.

«Il me semble», ruminait-il tristement, «comme si j'y étais pour de bon. Juste ma chance, juste ma foutue chance, toujours le même genre de chance, voilà quoi. « Ce n'est pas ma faute non plus, n'est-ce pas ? Je ne suis pas responsable de cette foutue épave. Sans cela , je ne serais pas là. Et Kelly, Spider, il a dit qu'il s'appelait, si ce n'était pas pour lui, je ne serais pas là non plus. Qu'est-ce que *j'avais* à voir avec ça ? Je dois toujours défendre les autres jurons. C'est moi à chaque fois, je suppose. Et c'est logique.

C'était. Il n'y avait pas non plus de défaut comme cela pourrait paraître à première vue, car le dernier test de la logique est son pouvoir de conviction. Shanley, d'être un homme avec des raisons raisonnables d'avoir des scrupules de conscience, est devenu, dans son propre esprit, un homme contre lequel il avait profondément péché, blessé et écrasé par le fardeau des autres qu'il était forcé de porter.

Il a expliqué cela à Carleton alors que la pensée de ses torts brûlants était encore brûlante, et avant que le super n'ait eu la chance de dire un mot. Il commença en ouvrant la porte du bureau, continua en traversant la pièce et termina alors qu'il se tenait devant le bureau du surveillant.

L'air renfrogné qui s'était installé sur le visage de Carleton, alors qu'il levait les yeux vers l'entrée de l'autre, céda peu à peu la place à une pointe d'humour qui se cachait aux coins de sa bouche, et il se pencha en arrière sur sa chaise et écouta avec un air exagéré de profonde attention. .

"Juste comme ça, juste comme ça", dit-il lorsque Shanley s'arrêta finalement, essoufflée. « Maintenant, peut-être *me* permettrez-vous de dire un mot. Il ne vous est peut-être pas venu à l'esprit que je vous ai envoyé chercher pour que *je* puisse parler… hein ?

Cela ne semblait vraiment nécessiter aucune réponse, alors Shanley n'en fit aucune.

« Hier, poursuivit Carleton, vous êtes venu me voir pour un travail et je vous en ai donné un, n'est-ce pas ?

"Oui", a admis Shanley en se léchant les lèvres.

"Juste comme ça", dit doucement Carleton. «Je t'ai alors embauché. Je te vire maintenant. Un travail assez rapide, quoi ?

"Vous êtes le médecin", a déclaré Shanley de manière assez égale. Malgré toute sa logique, il n'attendait ni plus ni moins : il croyait trop fermement à sa propre forme de chance, particulière et exclusive. « Vous êtes le médecin », répéta-t-il. "Il y a une question de vingt dollars———

«J'y venais», interrompit Carleton; « mais je suis content *que vous* en ayez parlé. Je serai assez honnête pour admettre que je ne m'attendais pas à ce que vous le fassiez. Un homme qui agit comme vous ne le fait généralement pas… hein ?

«Je vous ai dit que ce n'était pas ma faute», dit Shanley avec obstination.

Carleton attrapa sa pipe et alluma une allumette, tout en observant Shanley d'un regard à moitié perplexe, à moitié interrogateur.

« Vous êtes une carte bizarre », remarqua-t-il enfin. "Pourquoi n'arrêtes-tu pas l'alcool?"

« Ce n'était pas ma faute, je vous le dis », a persisté Shanley. "Tu es plutôt bon avec tes poings, quoi ?" » dit Carleton de manière hors de propos. "Kelly n'est pas en reste lui-même."

Shanley cligna des yeux. Il apparut que le surveillant était aussi intimement informé des événements de la soirée précédente que lui-même. La remarque suggérait une inspection des poings en question. Ils étaient crasseux et sales, et la plupart des jointures étaient aboyées ; fermés, ils ressemblaient à une paire de béliers miniatures.

"Plutôt bien", a-t-il admis modestement.

« Hum ! Environ une vingtaine. Vous avez l'intention de le rembourser, n'est-ce pas ?

"Je ne suis pas un voleur, quoi que je sois", a lancé Shanley. « Bien sûr, je le rembourserai. Ne vous inquiétez pas.

"Quand?" insista froidement Carleton.

"Quand j'aurai un emploi."

« Je vais vous en donner un », dit Carleton – « Royal », comme l'appelaient les garçons, Carle-ton, l'homme le plus carré qui ait jamais tenu une division. « Je vais vous en donner un où vos poings seront gardés à l'abri des ennuis et où vous ne pourrez pas frapper les articulations hautes aussi fort que vous l'avez fait la nuit dernière. Mais je veux que tu comprennes cela, Shanley, et que tu le comprennes bien et une fois pour toutes, c'est ta dernière chance. Vous vous êtes ridiculisé hier soir, mais vous avez agi comme un homme hier, c'est pourquoi vous obtenez un nouveau contrat. Vous allez au Glacier Canon avec McCann pour les travaux de construction. De toute façon, vous ne le trouverez pas luxueux, et peut-être que vous aimerez McCann et peut-être que non – il réclame à grands cris un homme blanc avec qui vivre. Tu peux l'aider à diriger des Italiens à une heure soixante-quinze par jour, et tu peux monter à vingt-neuf ce matin, cela s'occupera de ton transport. Que dites-vous?"

Shanley ne pouvait rien dire. Il regarda le super et cligna des yeux ; puis il regarda ses poings d'un air spéculatif – et cligna des yeux.

Carleton griffonnait sur un morceau de papier.

"Très bien, hein?" » dit-il en levant les yeux et en lui tendant le papier. « Il y a un ordre sur Dinkelman , demandez seulement à quelqu'un d' autre de vous montrer le chemin cette fois-ci, et prenez l'autre côté de la rue qui monte. Comprendre?"

"M. Carleton," lâcha Shanley, "si jamais je suis à nouveau rassasié, tu..."

"Je vais!" » dit Carleton sombrement. « Je vais te virer si fort et si vite que tu seras essoufflé pendant un mois. Ne vous y trompez pas. Aucun homme n'a plus de deux chances avec moi. La prochaine fois que tu seras ivre, tu mettras fin à ta carrière ferroviaire pour de bon, je te le promets.

«Oui», dit humblement Shanley; puis, après un instant d'hésitation nerveuse : « À propos de Kelly, M. Carleton. Je ne veux pas le mettre dans un mauvais état avec ça. Vous voyez, c'était comme ça. Il est parti tôt, c'est ce qui a déclenché la bagarre. Je l'ai traité de… de… lâcheur… ou quelque chose comme ça.

« Hum, oui ; ou quelque chose comme ça, répéta sèchement Carleton. « Alors je crois. J'ai eu une conversation avec Kelly. Vous n'avez pas besoin de laisser les rouages incompréhensibles de votre conscience vous piquer à cause de lui. Kelly sait quand s'arrêter. Son dossier est bon dans ce bureau. Kelly ne s'enivre pas. S'il le faisait, il serait renvoyé aussi vite que vous le serez si jamais cela se reproduisait.

« Si je ne suis jamais virée pour autre chose que ça », s'est exclamée Shanley dans un élan d'émotion fervente, « j'ai un travail pour la vie. Je vais vous le prouver, monsieur Carleton. Je vais arranger ça. Vous voyez si je ne le fais pas.

«Très bien», a déclaré Carleton. «J'espère que vous le ferez. C'est tout, Shanley. Je ferai savoir à McCann que vous venez.

La deuxième sortie de Shanley de la présence du super était différente de la première. Il sortit d'un pas ferme et les épaules carrées. Il était rajeuni et dynamique. Il était à sa hauteur – une tout autre affaire, une tout autre affaire, et nettement différente de la considération dérisoire d'un simple travail. Il avait dit à Carleton qu'il s'en sortirait. Eh bien, il le ferait – et il l'a fait. Carleton lui-même l'a dit, et Carleton n'avait pas l'habitude de faire beaucoup de pauses lorsqu'il s'agissait d'évaluer un homme – pas beaucoup. Il le faisait parfois, mais pas souvent.

Shanley n'a pas emprunté l'autre côté de la rue pour se rendre chez Dinkelman's – en aucun cas. Il passa délibérément aussi près que possible du salon Blazing Star, passa avec un mépris méprisant, passa avec vantardise en connaissant sa propre force. Un moteur de classe seize cents avec ses quatre paires de pilotes de quarante-six pouces peut tirer d'innombrables voitures sur une pente de montagne suffisamment raide pour donner le vertige, mais Shanley se serait soutenu pour gagner contre elle dans une lutte acharnée pour le peu de puissance. quelques centimètres qui le séparaient du dispensaire de MacGuire alors qu'il passait par là. Rien de MacGuire pour lui. Pas du tout. Shanley, aux cheveux roux, au visage tacheté de rousseur, aux jointures aboyées, au rempart et à l'armure contre la tentation, a eu affaire ce matin-là à M. Dinkelman, pourvoyeur de bonnes affaires en vêtements pour hommes.

Les relations étaient libérales, de la part des deux hommes. De la part de Shanley parce qu'il avait besoin de beaucoup ; de la part de M. Dinkelman parce que c'était l'affaire de M. Dinkelman , et sa nature, de vendre beaucoup – s'il le pouvait – en toute sécurité. C'était extrêmement sûr. Le nom de Carleton dans les montagnes était à tout moment plus élevé que les obligations en or garanties et dorées.

L'affaire finalement conclue, Shanley monta à bord du Twenty-nine, fret local, vers l'ouest, et le moment venu, dans l'après-midi, raisonnablement sobre, droit comme un fil, nettoyé, soigné et resplendissant dans un nouveau costume, il quitta le bateau. fourgon de queue à Glacier Canon alors que le train ralentissait suffisamment sa vitesse pour lui donner une chance de se battre pour sauver sa vie.

Il atterrit cependant sain et sauf, au milieu d'une bande de travailleurs italiens bavards, qui accueillit son arrivée soudaine avec patience et une certaine crainte. Un petit homme au visage louche l'accueillit avec un sourire.

« Je m'appelle McCann», dit-il à propos du visage louche. "C'est Glacier Canon, quoi ouais, vois- tu. Ce sont les Eyetaliens. Tu es là où je me perche et par la même occasion, où je me perche Vous aussi, vous vous percherez à partir de maintenant. Ci-dessus, la cabane des hommes. Est-ce que oui placé largeur ta présentation ? C'est un véritable enfer dans un trou où tu es arrivé. Shanley, c'est ton nom, hein ? Un bon souhait et je suis fier de faire la connaissance.

Shanley cligna des yeux alors qu'il tendait la main et se lia d'amitié avec son supérieur, et cligna à nouveau des yeux alors qu'il regardait d'abord dans une direction puis dans une autre dans le but de suivre et d'absorber la description graphique de l'environnement de l'autre.

Le résumé du contremaître routier était incontestable. Glacier Canon était un morceau de piste aussi sauvage que se vantait la division Hill, qui en allait un peu. L'emprise épousait le rocher gris et chauve des montagnes qui s'élevaient d'un côté en un mouvement abrupt, et les trains rampaient comme d'énormes mouches au pied d'un mur. De l'autre côté se trouvait la rivière Glacier avec son lit sablonneux dangereux qui avait fait l'objet de plus de rapports et de cheveux gris d'ingénieurs que tout le reste du système réuni. Le camp de construction se trouvait juste à l'est du Canon et au pied d'une longue et raide pente de trois kilomètres à quatre pour cent. C'était la raison pour laquelle le camp était là : ce niveau.

Verrouiller la porte de l'écurie lorsque le cheval est parti est une procédure très ancienne. Cela ne vient pas des dirigeants du Transcontinental – ils n'ont jamais prétendu que c'était le cas. Mais leur politique fixe, si elle était correctement présentée devant un tribunal d'arbitrage, aurait grandement contribué à établir un titre clair sur ce droit. S'ils avaient construit un lacet au pied de la pente en premier lieu, l'Extra numéro quatre-vingt-trois, lorsqu'elle a perdu le contrôle d'elle-même près du bas de la pente, aurait démontré tout aussi clairement la nécessité d'en avoir un là qu'elle l'a démontré. avec la plus grande force, ce qui se passerait s'il n'y en avait pas. Tout cela revient à dire que pierre ou pas, dépense ou pas de dépense, la porte devait désormais être verrouillée, et McCann et ses hommes étaient là pour la verrouiller.

McCann expliqua cela à Shanley alors qu'il le promenait, le long de la piste jusqu'aux cabanes des hommes, pendant les travaux, et redescendant la piste pour inspecter l'intérieur de la demeure qu'ils devaient partager en commun - une relique du défunt Extra numéro quatre-vingt. -trois en forme de wagon couvert sans camion avec des côtés bosselés et bombés – un côté bosselé et l'autre bombé, bien sûr.

"Mais", a déclaré Shanley, "je ne sais pas ce qu'est un retour en arrière."

"Qui s'y attendait?" » s'enquit McCann. « Et quelle différence cela fait -il ? Carleton n'a pas dit que tu étais vert. Vous n'avez pas besoin de savoir. Alors, vous pouvez faire ce qu'on vous dit et les obliger à faire ce qu'on leur dit, *et vous* pouvez jouer à quarante- cinq la nuit - c'est le point, le point principal avec moi, et c'est à moi de m'entendre avec moi. —— tout ira bien. Depuis que Meegan, celui qui m'aidait , est tombé malade il y a une semaine, je suis seule. Bégad, jouer au solytare , c'est... »

"Je peux jouer à quarante-cinq", a déclaré Shanley.

Le visage de McCann s'éclaira.

"Les pouvoirs soient loués!" il s'est excalmé. « Je vais donc vous éclairer sur la question des lacets, mon fils, afin que vous ayez une conception intelligente de l'ouvrage. Un lacets est un peu une piste en éperon qui dépasse comme les piquants d'un porcypine à des intervalles sur une mauvaise note comme le wan forninst vous. C'est à l'écart de la ligne principale, pensez-y , et au contraire jusqu'au creux du niveau. Lorsqu'un train qui descend devient incontrôlable et s'exprime ainsi au moyen de son sifflet, elle est éteinte et on lui donne la possibilité de monter la pente par divers moyens jusqu'à ce qu'elle s'arrête. Et la même chose est vraie si elle se détache en montant. Est-ce que c'est clair ?

"C'est vrai", a déclaré Shanley. « Quand dois-je commencer à travailler ? »

« Le matin . » Il est près de six heures maintenant, et les gars vont s'arrêter pour la nuit. Quarante- cinq est un grand jeu. Nous le jouerons ce soir devant notre meilleure connaissance. Je continue , c'est le jeu national du vieux fou.

Que l'affirmation de McCann soit confirmée par les faits ou par une considération encore plus importante de l'opinion publique n'a que peu d'importance. Shanley a joué quarante-cinq avec McCann ce soir-là et pendant de nombreuses nuits par la suite. Il a perdu un chiffre ou deux sur le chèque de paie qui allait lui parvenir, mais il a gagné l'opinion dorée du petit chef de la route, ce qui, éthiquement, et dans ce cas-ci, pratiquement, avait une bien plus grande valeur.

«C'est un garçon brillant », écrit McCann au pied d'un rapport hebdomadaire.

Et Carleton, voyant cela, fut très heureux, car Carleton n'avait pas l'habitude de faire beaucoup de pauses lorsqu'il s'agissait d'évaluer un homme – pas beaucoup. Il le faisait parfois, mais pas souvent. Shanley se rétablissait. Carleton était très satisfait.

Sur les trois semaines qui ont suivi l'arrivée de Shanley à Glacier Canon, cette histoire n'a pas grand-chose à voir de manière détaillée ; mais, dans l'ensemble, ces trois semaines sont pointues, éloquentes et importantes – très importantes.

Les ouvriers italiens ont de nombreux défauts, mais ils ont aussi de nombreuses vertus. Ils sont simples, démonstratifs, et leur capacité d'adoration, tant des hommes que des choses, est très grande.

De Jacko, le garçon d'eau, à Pietro Maraschino, le padrone, ils adoraient Shanley et l'intronisaient comme une idole dans leur cœur, pour la très simple raison que Shanley, n'étant pas un esclavagiste professionnel de métier, avait établi de nouveaux et jusqu'ici des relations insoupçonnées avec eux. Shanley était très vert, très ignorant, très inexpérimenté – il les traitait comme des êtres humains. C'était tout ce qu'il y avait à dire. Shanley est devenu populaire au-delà de la popularité de tout homme, avant ou depuis, qui a été appelé à gérer « l'élément étranger » dans la division Hill.

Et les travaux ont avancé. Jour après jour, la brèche s'enfonçait plus profondément dans le flanc tenace de la montagne ; jour après jour, la rivière Glacier gargouillait paisiblement sur son lit de sable perfide, l'un des plus jolis effets scéniques du système, si joli que la compagnie l'utilisait dans les magazines ; jour après jour, les réguliers et les figurants, les marchandises et les passagers, de l'est à l'ouest, reniflaient de haut en bas de la pente, les seules visites du monde extérieur ; soir après soir, Shanley jouait au quarante-cinq avec McCann dans le wagon couvert enfumé et sans camion .

De plus, le camp était sec, très sec, plus sec qu'un sanatorium, c'est-à-dire que *certains* sanatoriums. Carle-ton avait tout à fait raison. Il n'y avait aucune opportunité pour Shanley de frapper les articulations hautes aussi fort que cette nuit-là à Big Cloud – il n'y avait aucune opportunité pour lui de frapper les articulations hautes *du tout* . Shanley n'avait pas vu une bouteille depuis trois semaines. Shanley se sentait donc vertueuse, ce qui était normal.

Certains événements en suivent d'autres comme le résultat et la conclusion naturels et logiques des précédents ; d'autres, encore une fois, ne semblent pas pertinents, et le lien ne peut être expliqué ni par la logique, ni par la conclusion, ni autrement. La pluie, le départ de McCann pour Big Cloud et l'anniversaire de Pietro Maraschino en sont des exemples.

Lorsqu'une tempête s'installe dans les montagnes, c'est, si les éléments sont vraiment sérieux, torrentiels et prolongés, et cela a pour effet de bloquer les travaux de construction plus étroitement qu'une injonction de la Cour suprême ne pourrait s'en approcher.

McCann avait des affaires à Big Cloud, qu'elles soient personnelles ou liées à l'entreprise, sans conséquence, et le jour où la tempête s'est installée – la matinée ayant démontré que sa classification ne devait pas être considérée comme transitoire – il a saisi l'occasion pour signaler l'après-midi. fret en direction est. C'était naturel et logique, et c'était une opportunité à ne pas négliger.

Mais que ce jour soit l'anniversaire du jour où la mère de mémoire bénie du padrone avait donné naissance à Pietro Maraschino sous le soleil de Naples cinquante-trois ans auparavant est, bien qu'apparemment hors de propos, loin d'être le cas ; et puisque son événement particulier et coïncident ne peut être imputé à des conclusions logiques, naturelles, scientifiques ou philosophiques, et qu'il exige une explication quelconque, il doit nécessairement être attribué au métaphysique - ce qui est un nom . donné à toutes choses dont personne ne sait rien.

« C'est vous qui commandez », dit McCann avec grandiloquence, en agitant la main vers Shanley alors qu'il se dirigeait vers le fourgon de queue. « C'est vous qui êtes en charge du travail, mon fils. Prenez soin de vous. Je te fais confiance.

Comme les travaux étaient actuellement entièrement au point mort et qu'ils pourraient le rester jusqu'au retour de McCann le lendemain, c'était une très bonne chose de la part de McCann. Mais tous les hommes aiment les mots d'appréciation, la plupart d'entre eux, qu'ils les méritent ou non, alors Shanley retourna dans le wagon couvert à l'abri de la pluie pour réfléchir à l'hommage que McCann lui avait rendu, et pour réfléchir aussi au nouveau responsabilité qui lui incombait.

Il ne réfléchit pas très longtemps ; en effet, le fret qui transportait McCann pouvait à peine être hors de vue au-dessus du sommet de la pente, lorsqu'un coup à la porte fut suivi de l'entrée de la silhouette dégoulinante du padrone.

Shanley leva les yeux avec inquiétude.

« Bonjour, Pietro », dit-il nerveusement, car le temps n'était pas de genre à faire sortir un homme pour rien, et il était parfaitement conscient de cette nouvelle responsabilité. "Bonjour, Pietro," répéta-t-il. « Quelque chose ne va pas ?

Pietro sourit aimablement, secoua la tête, déboutonna son manteau et lui tendit une bouteille.

Shanley le regarda avec étonnement, puis commença à cligner des yeux furieusement.

"Ici!" a-t-il dit. "Qu'est-ce que c'est ça?"

"Chianti", dit Pietro, souriant plus fort que jamais.

"Tante-clé." Shanley fit la grimace. "Qu'est-ce que c'est que la clé, tante ?"

"Très bon vin d'Italie", dit le padrone rayonnant.

« C'est vrai, n'est-ce pas ? Eh bien, c'est contraire aux règles », a affirmé Shanley avec conviction. «C'est contraire aux règles. McCann'u t'écorcherait vivant. Il le ferait. Où l'as-tu eu ? Quoi de neuf, hein ? C'est contraire aux règles. Je suis en charge."

Pietro a expliqué. C'était son anniversaire. Il faisait très mauvais temps. Pour le reste de l'après-midi, il n'y aurait pas de travail. Ils fêteraient l'anniversaire, Meester McCann avait pris le train. Quant au vin — Pietro haussa les épaules —, son peuple adorait le vin. À moins qu'ils ne soient très pauvres, son peuple aurait peut-être un peu de vin dans ses sacs. Il ne savait pas exactement où ils l'avaient obtenu, mais c'était très gentil de leur part de se souvenir de son anniversaire. Chacun lui avait offert un peu de vin. Cette bouteille était l'expression de leur très grande estime de Meester Shanley. Peut-être que plus tard, Meester Shanley viendrait lui-même à la cabane.

"C'est contraire aux règles", cligna des yeux Shanley. «McCann, tu t'écorcherais vif. Peut-être que je passerai de temps en temps. Vous pouvez laisser la bouteille.

Pietro s'agita, sourit avec ravissement, tendit la bouteille et recula dans la tempête.

Shanley, toujours clignant des yeux, posa la bouteille sur la table et la regarda pensivement pendant quelques minutes – et ses pensées étaient tournées vers Carleton.

« S'il s'agissait de whisky, dit-il, je n'en aurais aucune part, pas une goutte, pas même une odeur. Je ne voudrais pas. Je n'y toucherais pas. Mais en l'état… » Shanley déboucha la bouteille.

Pas du tout. On ne s'enivre *pas d'une bouteille de vin du Chianti*. Une seule bouteille de vin du Chianti, c'est très peu. C'est là le problème : c'est *très* peu. Après trois semaines d' abstinence , c'est vraiment très peu, si peu que c'est franchement alléchant.

L'après-midi s'est rapidement écoulé, tout comme le Chianti. Dehors, la tempête, au lieu de s'apaiser, s'intensifiait : le tonnerre déferlait sur les montagnes, les éclairs coupaient des stries irrégulières dans le ciel noir, la pluie tombait en nappes qui remplissaient les ponceaux et les écluses. On s'installait pour une mauvaise nuit en montagne, ce qui, dans les Rocheuses, n'est pas une chose à négliger. « Ce n'est pas étonnant que McCann se sente seul », marmonna Shanley en pressant la dernière goutte de la bouteille. « C'est vraiment très solitaire » – il tenait la bouteille à l'envers pour s'assurer qu'elle était bien vidée – « une solitude très rare. C'est ça. Peut-être que ces Eyetaliens penseront que je suis coincé, peut-être – ce qui n'est pas le cas. C'est un nom bizarre que ce truc porte, même si c'est contraire aux règles, et je n'arrive pas à comprendre, mais j'ai goûté pire. Par souci de courtoisie , j'irai assister à la fête d'anniversaire.

Il s'est enfilé dans une paire de bottes en caoutchouc de McCann, a enfilé le manteau en caoutchouc de McCann et s'est mis en route.

« Et penser, » dit-il, tandis qu'il remontait les deux cents mètres de voie ferrée jusqu'aux chantiers, « penser que Pietro est sorti par un temps aussi cruel et cruel, tout cela pour présenter ses compliments et » demandez-moi! « Ce serait impoli de refuser l'invitation ; en plus, ma présence les maintiendra dans les limites et la retenue. J'ai entendu dire que les Eyetaliens, étant étrangers, ne font pas preuve de retenue, mais, étant étrangers, il ne faut pas leur en vouloir. C'est moi qui commande et j'y veillerai.

Ils l'ont accueilli dans le plus grand des trois dortoirs. Ils l'ont accueilli chaleureusement, sincèrement, avec enthousiasme et ferveur. Ils étaient franchement heureux de le voir, et s'il n'avait pas été un homme modeste de nature , il aurait compris que sa popularité était supérieure à celle jamais accordée à un patron. De même, leur hospitalité était sans faille. S'il y avait une quelconque rupture de stock – ce qui est décidément une question sujette à caution – ils se sont niés que Shanley pourrait ne pas en ressentir les conséquences. Shanley a été élevé du simple plan de l'homme : il est devenu roi.

Un peu de Chianti, c'est un peu ; une grande partie du Chianti est avec laquelle il faut compter et en aucun cas ne doit être méprisé. Shanley n'est pas seulement devenu roi, il est devenu ivre royalement, impérialement, royalement et majestueusement. Le Chianti prit enfin fin et Shanley, avec une dignité extravagante et des paroles appropriées - une exhortation à la retenue - se dandina jusqu'à la porte pour partir.

Il faisait très sombre dehors, très sombre, sauf lorsqu'un éclair intermittent faisait momentanément jour. Pietro Maraschino offrit à Shanley l'une des nombreuses lanternes qu'ils avaient réquisitionnées, sans distinction de couleur, dans les boîtes à outils, en l'honneur de l'occasion festive, et qu'ils avaient accrochées autour de la cabane. De plus, il a proposé de voir Shanley en chemin.

L'offre d'aide a touché Shanley – elle l'a touché à tort. Cela impliquait un handicap plus ou moins aigu, qu'il répudiait avec une expression blessée sur le visage et des paroles énergiques dans la langue. Il l'a refusé; et, mécontent, il refusa aussi la lanterne que Pietro lui tendait. Il en choisit un pour lui-même, celui le plus proche de sa main. Que ce soit rouge ne faisait aucune différence. Bleu, blanc, rouge, vert ou violet, tout cela ne faisait qu'un pour Shanley. Son cerveau confus ne faisait pas la différence. Une lumière était une lumière, c'était tout ce qu'il y avait à dire.

La courte distance entre la porte du bidonville et l'emprise, Shanley a négocié avec finesse et aplomb, puis il a commencé à emprunter la piste. Mais ceci était une autre affaire.

Les traverses de chemin de fer, au mieux, ne permettent pas la marche la plus douce au monde, et accomplir cet exploit dans certaines conditions est décidément digne de mention. La performance de Shanley dépasse la langue anglaise – il n'y a pas de métaphore. Pour chaque dix pieds qu'il avançait, il en parcourait vingt en latéraux, et, étant donné que les latéraux étaient limités aux dérisoires quatre pieds, huit pouces et demi qui constituaient l'écartement des rails, l'exploit était incontestablement plus que digne de simple remarque – c'était quelque chose d'étonnant. Il s'accrochait sombrement à la lanterne, de sorte que les girations de cette petite lumière rouge dans l'obscurité auraient fait honte à une démonstration d'expert avec un haltère lumineux. Pendant ce temps, Shanley se parlait sérieusement.

« Queshun , je suis ivre, c'est le queshun . Si je suis ivre, perdez mon emploi. C'est ce que Carleton a dit : perdez mon emploi. Si je ne suis pas ivre, tout va bien. J'aurais aimé savoir si je suis ivre ou pas.

Il retomba dans la communion silencieuse et le débat. Cela dura une très longue période pendant laquelle, chose merveilleuse à raconter, non seulement il avait atteint un point en face de son domicile de wagon couvert, mais, sans s'en rendre compte, il avait continué le long de la voie. Mais les progrès devenaient de plus en plus difficiles. Shanley occupait une position qui pourrait s'apparenter un peu à la lettre C, du fait que la force de gravité semblait exercer une influence indue sur sa tête. Shanley revenait sur terre.

Grâce à sa communion avec lui-même, il recommença à parler et ses paroles suggéraient qu'il soupçonnait la vérité.

« C'est juste ma chance », dit-il amèrement. « C'est juste ma chance. C'est le même genre de chance. Que devrais-je faire pour l'anniversaire de Peto Mara-Mars- Marscheeno ? Rien. Rien de grand. " Ce n'était pas ma faute. C'est juste ma chance. Juste mon… »

Shanley est revenue sur terre. De plus, sa tête est entrée en contact avec l'acier inflexible du rail de gauche et, par conséquent, il s'est étalé de manière inerte sur l'emprise, à moins de dix mètres à l'ouest de l'endroit où la rivière Glacier se jette pour encombrer la voie ferrée contre le base de montagne.

La Providence prend parfois soin de ceux qui sont incapables de prendre soin d'eux-mêmes. Selon la loi des probabilités , la lanterne aurait dû connaître un désastre rapide et absolu ; mais, au lieu de cela, lorsqu'il tomba des mains de Shanley, il atterrit à l'endroit juste à l'extérieur du rail entre deux traverses et, mis à part un scintillement momentané et hésitant incident à la secousse, continua de brûler sereinement. Et il brûlait encore quand, cinq minutes plus tard, au-dessus du bruissement des eaux jaillissantes de la rivière Glacier, maintenant un ruisseau bavard et colérique aux berges gonflées, au-dessus du gémissement du vent et du roulement du tonnerre à travers les montagnes, au-dessus des coups de tonnerre. l'éclaboussure de la pluie constante, retentit le cri rauque du sifflet du numéro un sur la pente.

Sanderson, dans le taxi, a attrapé le rouge contre lui sur la droite de la route et a sifflé avec insistance pour indiquer la voie. Cela n'ayant aucun effet, il grogna, enclencha l'accélérateur et appliqua « l'air ». Le rayon du phare se glissait entre les rails, planait au-dessus d'un objet noir à côté de la lanterne, repassait et restait, non pas sur les rails luisants mouillés de pluie - ils avaient disparu - mais sur une plate-forme en ruine *et* une tache sombre. des eaux, comme avec un cri final des mâchoires de frein grinçantes, le numéro un s'est arrêté.

"Saint MacCheesar !" s'exclama Sanderson en sortant du taxi.

Il passa devant les conducteurs jusqu'à l'endroit où le nez du pilote était curieusement pointé contre la lanterne, ramassa la lanterne et se pencha sur Shanley.

"Saint MacCheesar !" s'exclama-t-il encore en se redressant après un moment d'examen. "Saint MacCheesar !"

"Qu'est-ce qui ne va pas, Sandy?" » claqua une voix derrière lui, la voix de Kelly, Spider Kelly, le conducteur, qui s'était précipité pour enquêter sur l'arrêt imprévu.

«Fouillez-moi», répondit Sanderson. « On dirait que le Glacier était à la hauteur de ses vieux tours. Il y a un désastre à venir, et un désastre, je suppose. Mais le sens de ceci ici me dépasse. Le type était recroquevillé sur la piste au moment où on le voit avec la lumière allumée à côté, c'est ce qui nous a sauvés, mais il est ivre comme un seigneur.

Alors que Kelly se penchait sur la forme prostrée, d'autres membres de l'équipe du train sont apparus sur les lieux. Il jeta un coup d'œil au visage chaleureux de Shanley, qui ne pouvait être oublié en aucune circonstance, et ordonna à la hâte aux hommes d'avancer et d'enquêter sur les dégâts à venir. Puis il se tourna vers l'ingénieur.

« Cet homme n'est pas ivre, Sandy, dit-il.

"Il est glorieusement et magnifiquement ivre, Kelly", répondit l'ingénieur.

« Que ferait-il ici, alors ? Il n'est pas ivre.

«Je dors. Il est honteusement ivre.

« Ne voyez-vous pas le coup sur sa tête où il a dû trébucher dans le noir en essayant de sauver le train et heurter le rail ? Il n'est pas ivre.

"Tu ne peux pas sentir?" rétorqua Sanderson. « Il est ivre mort ! »

«Je me suis battu avec lui et il m'a léché. C'est un homme et un de mes amis. » Kelly pointa sa lanterne devant le visage de Sanderson. " *Il n'est pas ivre .* "

"Il *n'est pas* ivre", a déclaré Sanderson. «C'est un héros. Que ferons-nous de lui ?

« Nous allons le transporter, vous et moi, jusqu'au chantier de construction, qui n'est qu'à quelques mètres, et le mettre sur sa couchette. Il travaille ici, tu sais. McCann est à Big Cloud, car je l'y ai vu. Après cela, nous retournerons au Bend chercher des ordres et ferons notre rapport.

« Dépêchez-vous donc », dit l'ingénieur. « Prends ses jambes. Ce qui vous fait rire?"

«Je pensais à Carleton», a déclaré Kelly. « Carleton ? Qu'est-ce que Carleton a à voir avec ça ?

« Je te le dirai plus tard, quand nous arriverons au Bend. Allez."

"H'm", dit Sanderson, alors qu'ils titubaient avec leur fardeau vers la cabane à wagons couverts. « J'ai l'impression qu'un coup sur la tête est plus une saleté qu'un mal. Il fait un discours, n'est- ce pas ?

"C'est juste ma chance", marmonna tristement Shanley, ressuscité. « C'est juste ma chance. Alius a le même genre de chance.

"Peut-être", a déclaré Kelly. « Déposez-le et faites coulisser la porte. C'est exact. Avec lui maintenant. Nous n'avons pas le temps de le mettre à l'aise, mais je suppose qu'il le fera. Je peux mieux le soigner au Bend qu'ici.

« Au virage ? Que veux-tu dire ? » demanda Sanderson.

"Vous verrez", répondit Kelly avec un sourire. "Tu verras."

Et Sanderson a vu. Carleton aussi, d'une certaine manière. Le rapport de Kelly, lorsqu'ils arrivèrent au Bend, était une œuvre d'art. Il expliqua la nature et l'étendue du lessivage en dix mots brefs et bien choisis, mais l'opérateur eut une crampe avant que Kelly n'ait fini de couvrir Shanley de gloire. Les passagers, entassés dans la petite salle d'attente, réclamant des détails, hurlaient de délire pendant qu'il lisait le message à haute voix - et se sont empressés de faire une collecte, une collecte très généreuse, car toutes les collectes sont généreuses dans les moments psychologiques - c'est-à-dire, si pas trop tarder pour permettre une sortie de l'hystérie.

À Big Cloud, le répartiteur, parce que l'effondrement était un problème sérieux qui menaçait non seulement de bloquer la circulation, mais qui la bloquait, a envoyé un appel précipité à la maison de Carleton qui a amené le concierge en fuite au bureau. À ce moment-là, la collection avait été comptée et le total enregistré, comme détail supplémentaire : cent quarante dollars et trente-trois cents. Le changement étrange était une contribution d'un Suédois dans la voiture des colons qui ne parlait pas anglais et qui a payé parce qu'un homme en uniforme, serre-frein faisant office de solliciteur, en avait fait la demande. Un Suédois a un grand respect pour l'uniforme.

«Hmm», dit Carleton après avoir tout lu. «Je reconnais un homme quand j'en vois un. Dites à Shanley de se présenter ici. Je suppose que nous pouvons lui trouver quelque chose de mieux à faire que de diriger des ouvriers. Quoi? Oui, envoyez la lettre dans le train de construction. Cent quarante, trente-trois, hein ? Dis-lui ça aussi. Il se sentira bien quand il le verra le matin.

Mais Shanley ne se sentait pas bien quand il le vit le matin, car il souffrait d'un très mauvais mal de tête et d'un estomac qui avait tendance à avoir des nausées. La lettre gisait par terre, où quelqu'un l'avait soigneusement jetée sans le déranger. Ses yeux tombèrent dessus alors qu'il se débattait pour sortir de sa couchette. Il le ramassa, l'ouvrit, le lut et cligna des yeux. Son visage était marqué d'une expression très vide et perplexe. Il l'a relu encore et encore. Puis il se dirigea vers la porte et regarda dehors.

Un train de construction était sur la voie un peu en dessous de lui, et une bande d'hommes, ni les siens ni ceux de Pietro Maraschino, étaient occupés au travail. Alors qu'il le regardait, son visage se plissa. Le problème qui l'avait tellement obsédé lors de son voyage de retour de la fête d'anniversaire la veille au soir n'était plus un problème.

«J'étais *ivre* », dit-il avec conviction. "Je *dois* l'être."

Il revint à la lettre et l'étudia à nouveau en se grattant la tête.

« Quelque chose, marmonna-t-il, s'est produit. Qu'est-ce que c'est, je ne sais pas . J'étais ivre et je ne suis pas viré. J'étais ivre et je suis promu. J'étais ivre et je suis bien payé pour ça, très bien. J'étais ivre… et je vais me taire.

C'était exactement le conseil que Kelly prenait soin de lui donner une demi-heure plus tard, lorsque Numéro Un rampait jusqu'au Canon et s'arrêtait quelques minutes en face du wagon couvert démonté, pendant que le train de construction mettait les dernières touches à son travail.

VI—LE CONSTRUCTEUR

Il y a deux côtés à chaque histoire – c'est un proverbe si ancien qu'il est en lice avec Father Time lui-même. Cela est répété ici parce qu'il doit y avoir *une part* de vérité là-dedans - tout ce qui peut résister à l'usure des âges, aux cyniques et aux vieux hiboux philosophiques sages sans recevoir de coups de poing dans ses points vitaux doit avoir une certaine part de vérité. une sorte de mérite fondamentalement, quoi ? Quoi qu'il en soit, l'entreprise avait son côté, et la version masculine différait, bien sûr. Peut-être que chacun, d'une certaine manière, avait plus ou moins raison, et, également, d'une certaine manière, plus ou moins tort. Peut-être aussi que les deux parties se sont mises en colère et ont brûlé leurs feuilles de couronne avant que le pow-wow d'arbitrage n'ait eu la chance de clarifier la ligne et de donner à chacun des droits, un calendrier ou autre. Quoi qu'il en soit, qui avait raison ou qui avait tort, l'un ou l'autre, ou les deux, c'est la grève, et non son éthique, qui a à voir avec... mais un instant, c'est fini. -exécuter nos ordres de détention.

À partir du moment où le dernier rail a été cloué et le pont entre les Rocheuses était une réalité, pas un rêve. Depuis lors jusqu'à nos jours, il n'y a pas de meilleure façon de décrire la division Hill que de la qualifier de brute et prête. En ce qui concerne les cas, l'histoire de ce morceau de piste, l'histoire des hommes qui ont donné le dernier ce qu'il y avait en eux pour le construire, et l'histoire de ceux qui l'ont exploité depuis n'est pas loin d'être un exemple assez typique. et un exemple complet de l'esprit palpitant, dominateur, tenace et avant-gardiste d'un continent dont les progrès et les progrès sont la merveille du monde ; et, en outre, c'est un exemple si compact et si concret qu'à travers lui, on peut voir et voir le tableau dans son ensemble sous tous ses angles et dans toutes ses nuances. L'héroïsme, la gloire, la mort et l'échec – il les a tous connus – mais toujours et par-dessus tout, il a connu la patience indomptable, la persévérance indomptable, la détermination indomptable contre laquelle ni les temps, ni les conditions, ni les mœurs, ni les coutumes, ni les obstacles ne peuvent résister – l'esprit de la Nouvelle Race et de la Grande Terre Nouvelle, son essence et son germe.

Construire une route à travers les Rocheuses et exploiter les Sierras pour donner du piquant à l'arrivée n'était pas une performance d'enfant ; et l'exploiter, sur une seule voie, sur des dénivelés, des remblais, des tangentes, des courbes, des tunnels et des tréteaux délirants avec la nature à combattre et à combattre, n'est pas non plus la performance d'un bébé. La division Hill était prête et prête à intervenir. Cela a toujours été le cas, et c'est maintenant le cas – tout naturellement. Et Big Cloud, le point de division, blotti parmi les buttes des contreforts orientaux, l'est encore plus. Il se vante de toutes les nationalités classées dans certaines éditions érudites de petits livres avec de grands noms et, pour couronner le tout, il lui reste une ou deux anomalies supplémentaires dans sa manche pour faire bonne mesure ; mais, pour l'essentiel, il est, ou plutôt était — cela a changé avec les années — composé d'Indiens, de mauvais Américains, d'une poignée de Chinois et d'un mélange indescriptible d'humains venus des quatre coins de l'Europe, les Cockney, les Polack , le Suédois, le Russe et l'Italien, ouvriers des équipes de construction. Big Cloud était un peu plus que rudimentaire – ce n'était pas exactement ce qu'on pourrait appeler une station thermale pour les nerfs capricieux.

Donc, dans l'ensemble, la division Hill, d'un bout à l'autre, n'était pas la localité la plus calme ou la plus paisible de la carte, même avant l'arrivée des troubles. Après cela, eh bien, parlez du Big Strike à n'importe lequel des anciens et ils parleront assez vite et assez fort et en diront assez en une minute pour vous faire vous demander si les biographes ne s'étaient pas mélangés sur les dates et si Dante l'avait fait. Il n'a pas trouvé le matériel pour son petit raidisseur de cheveux pas plus loin que les Rocheuses, et il y a seulement quelques années. Mais peu importe--

L'histoire s'ouvre sur la grève, *et non* sur son éthique. Il y a encore une certaine rancune – trop de rancune pour prendre parti dans un sens ou dans l'autre. Mais à part ça, ce n'est pas l'histoire d'une grève, c'est l'histoire d'hommes, une histoire que les garçons racontent la nuit dans les rotondes sombres, à l'ombre des gros dix-roues sur les stands, pendant que les la vapeur ronronne doucement aux jauges et parfois une soupape pop se soulève avec un sanglot accrocheur. Ils le racontent aussi, sur les voies ferrées, au quartier général, ou sur les routes et dans les camps de construction ; mais ils le racontent mieux, d'une manière ou d'une autre, dans la rotonde, même si ce n'est pas une histoire d'ingénieur – et Clarihue , la tourneuse de nuit, la raconte le mieux. Présenté tel qu'il est ici, cela n'a aucun rang pour lui, mais tous n'ont pas la chance d'avoir écouté Clarihue parler.

Juste un mot de plus pour être sûr que le rouge n'est contre nous nulle part et nous arriverons à Keating et Spirlaw - juste un mot pour dire que Carleton, « Royal » Carle-ton, était alors surintendant et Regan était maître mécanicien. , Harvey était ingénieur de division, Spence était répartiteur en chef et Riley était chef de train. De très bons hommes, ce petit groupe, d'assez bons cheminots – il n'y a jamais eu de meilleurs. Certains d'entre eux sont désormais plus grands aux yeux du monde, chefs de systèmes plutôt que de départements – et certains d'entre eux ne seront plus jamais ferroviaires. Cependant---

Si vous n'avez pas oublié Shanley, vous vous souviendrez du Glacier Canon et, surtout, de la Glacier River avec son lit de sable perfide qui se blottit près de l'emprise et forçait la piste durement contre les parois rocheuses de la rivière. base de la montagne. Les ravages causés par le Glacier au service d'exploitation la nuit de l'héroïsme mémorable de Shanley n'étaient pas la première fois qu'il se comportait mal, ni la dernière : c'était là le problème. Il a nettoyé la plate-forme de la route avec une telle persistance, avec si peu de provocation, et l'a fait avec une telle efficacité qu'il a finalement attisé le ressentiment même le sang engourdi des directeurs de l'Est. Alors ils ont voté la somme, même si cela faisait mal, et se sont réconfortés en pensant qu'après tout c'était une question d'économie – ce qui était vrai.

Il n'y avait qu'une chose à faire contre ce petit ruisseau trop hospitalier et affectueux, c'était de s'en éloigner ; mais, avant de procéder ainsi – afin de disposer d'une marge de manœuvre suffisante pour que les dépliants, les courriers rapides et le trafic en général ne soient pas interrompus à chaque fois qu'un Polack brandissait une pioche – ils ont poussé la voie au-dessus du bavardage. rivière sur un long chevalet hybride temporaire de bois et d'acier. Cela fait, le reste dépendait de Spirlaw – de Spirlaw et de Keating.

Les plans prévoyaient que le flanc de la montagne soit rasé et que le barbier, pour la plupart, soit fait à la dynamite, car la barbe des Rocheuses n'est pas le duvet d'un jeune. Ainsi, lorsque le chevalet fut terminé, Spirlaw et une bande d'une trentaine de Polacks s'installèrent dans le camp de construction, démolirent rapidement l'ancienne voie et se mirent à la tâche. Un peu plus tard, Keating les rejoignit.

Spirlaw était un chef de route et le plus dur de son espèce. Physiquement, c'était un géant ; et lequel des trois était le plus dur, son visage, son poing ou sa langue, fournirait à l'élément sportif une excellente occasion de s'adonner à un petit livre avec des chances à peu près égales. Ses cheveux étaient une épaisse tignasse brun fauve qui s'éparpillait sur ses yeux ; et ses yeux étaient tous noirs, en totalité – il ne semblait y avoir aucune pupille, ce qui leur donnait un éclat plus dur qu'un ciseau froid. En résumé, Spirlaw avait l'air d'une proposition assez difficile, et d'une certaine manière, la plupart peut-être, il l'était – il ne l'a jamais nié.

"Qu'est-ce que le bleu aveuglant flambe, tu penses, hein?" » faisait-il remarquer en fouillant dans sa poche de hanche pour « mâcher », tandis qu'il balayait de l'autre bras la foule particulière d'étrangers en sueur qui se trouvaient sous sa juridiction particulière à ce moment-là. « Qu'en pensez - vous ! Vous ne pouvez pas faire des coupes et des remplissages avec une tenue comme celle-ci sur du savon doux et des bâtonnets de bonbons, n'est-ce pas ? Eh bien, hein ?

Ce dernier « h'm » était plus ou moins concluant : très peu de personnes se souciaient de pousser l'argument plus loin. À distance de sécurité, les Big Fellows de la division, en guise de baume pour leur conscience lorsque les idées humanitaires prenaient le dessus, bombardaient Spirlaw de télégrammes au ton énergique et terribles en termes de menace - mais c'est tout ce que cela a toujours été. Le rapport de travail de Spirlaw sur une journée sur n'importe quoi, depuis le pontage d'un canon jusqu'au perçage d'un trou dans la roche dure et amère du flanc de la montagne, était un rapport que personne d'autre dans la division n'avait jamais approché, encore moins reproduit - et les chiffres comptent peut-être. juste un peu plus dans le service d'exploitation d'un chemin de fer que partout ailleurs dans le monde. Spirlaw utilisait les télégrammes pour allumer une pipe aussi dure que lui, dont le fourneau était tombé sur les talons d'un côté à cause de nombreux grattages, et dans de telles occasions, il était plus que d'habitude malheureux pour Polack au visage aigre qui devait se hasarder. pour susciter sa colère.

Certains hommes possèdent l'amour du combat et leur nature est tumultueuse en raison de leur nationalité, car certaines nationalités sont accros à cette façon. Cela a peut-être été le cas avec Spirlaw – ou non. On ne peut pas le dire, car la nationalité de Spirlaw était un point d'interrogation. Il ne s'est jamais prononcé sur le sujet et, certainement, il n'était pas possible de le deviner d'après l'origine de son nom – *cela* aurait pu être à peu près n'importe quoi et pourrait provenir de presque n'importe où.

Dire que « les contraires s'attirent » n'est pas plus original, ni moins barbu, que les mots qui figurent en tête de ces pages. En général, ce genre de chose est représenté dans le domaine de la platitude usé, périmé, qui engendre le mépris et la familiarité, et à sa répétition onctueuse, on en vient à relever le nez ; mais, de temps en temps, la vie a l'habitude de prendre un tournant ou un retournement de situation qui vous donne une secousse et un éclairage latéral différent, et puis, d'une manière ou d'une autre, une chose comme celle-là sonne aussi fraîche et virile que si vous veniez de le faire . je l'ai entendu pour la première fois. Pour autant que l'on sache, Keating était le seul à avoir jamais pénétré dans la carapace de Spirlaw , le seul pour lequel le chef de la route ait jamais montré le moindre symptôme d'inquiétude - et pourtant, en surface, entre les deux il y avait n'avait rien de commun. Là où l'un était poli, l'autre était rugueux ; là où l'un était faible, l'autre était fort. Keating était petit, maigre, pâle et il toussait – une toux qui l'avait envoyé précipitamment vers l'Ouest sans attendre l'autre année qui lui aurait valu son diplôme d'ingénieur du collège de l'Est.

Lorsque le garçon, qui n'était guère plus qu'un petit garçon, fut déposé à Big Cloud et que Carleton lut la lettre qu'il avait apportée d'un des grands opérateurs de l'Est, le concierge haussa un peu les sourcils, l'examina et l'envoya dehors. à Spirlaw . Ensuite, il a parlé de lui à Regan.

« Je ne savais pas quoi faire de lui, Tommy ; mais je devais faire quelque chose, quoi ? Quiconque n'avait qu'un demi-œil pouvait dire qu'il devait rester à l'extérieur. Je pensais qu'il pourrait peut-être aider Spirlaw en tant qu'assistant, hein ? Je suppose qu'il reprendra le travail assez vite. Il n'a pas l'air fort.

" Mabbe , c'est aussi bien ", sourit le maître mécanicien. « Il ne pourra pas battre le gang. Un seul homme pour faire cela suffit, quand c'est Spirlaw .

Spirlaw en a entendu parler avant de voir Keating, et il a juré avec ferveur.

"Que diable!" grogna-t-il. « Vous pensez que je dirige une crèche ou un sanatorium en plein air ? Je suppose que j'ai assez à faire sans m'occuper des enfants malades, je suppose que oui. Il me sera d'une grande aide – aidez mon œil ! Je n'ai pas besoin d'aide.

Mais malgré tout cela, d'une manière ou d'une autre, à partir de la première minute où Keating est descendu du fret local, qui s'est arrêté pour lui au camp et a tendu la main à Spirlaw , c'était différent - après cela, *tout était* Keating jusqu'au chef de la route. était concerné.

C'est bizarre la façon dont les choses se passent. Keating regarda autour du dernier homme sur terre que l'on s'attendrait à trouver côtoyant un contremaître à la poigne de fer dont la langue était plus dure qu'une clôture de barbelés ; le dernier homme à tenir tête à une bande de Polacks laids dirigés par des esclaves. Il semblait trop calme, trop timide, trop physiquement inapte à ce genre de choses. Le sang était entièrement sorti du garçon – il s'en débarrassa plus vite qu'il ne pouvait le faire. Mais sa formation lui a été d'une grande utilité et, malgré ses limites, il s'est imposé comme un vétéran. C'est ce qui a surpris Spirlaw . Il a fait ce qu'on lui a dit, et il a fait ce qu'il pouvait – il en a parfois fait un peu plus que ce qu'il pouvait, ce qui l'a obligé à passer deux ou trois mauvais jours.

« Bon homme », a griffonné Spirlaw au bas d'un rapport un jour – une journée qui était à peu près également divisée entre aboyer ses jointures sur la tête d'un Polack et donner de la glace pilée à Keating dans sa couchette. De la glace craquelée ? Non, ce n'était pas sur la facture habituelle du camp, mais la compagnie l'a fourni pour autant. Spirlaw , avec un mépris suprême pour les répartiteurs, leurs horaires et leurs feuilles de train, a braqué le numéro douze et le porteur du Pullman pour une bonne part de la marchandise possédée par ce gentleman de couleur. C'est ce que Spirlaw pensait de Keating.

Pendant les premières semaines qui suivirent son arrivée au camp, Keating n'avait pas grand-chose à dire sur lui-même, ni sur quoi que ce soit d'autre d'ailleurs ; mais après s'être un peu rapproché de Spirlaw et que l'affection mutuelle soit devenue plus forte, il a commencé à s'ouvrir la nuit quand lui et le chef de la route s'asseyaient devant la porte du chantier de construction et regardaient le soleil se perdre derrière les puissants sommets, ramper à nouveau. avec une merveilleuse lueur dorée entre une faille dans la chaîne, et finalement sombrer avec le crépuscule qui s'ensuit, hors de vue. Keating pourrait alors parler.

«Je ne vois pas pourquoi vous avez choisi d'être ingénieur », remarqua Spirlaw un soir. "C'est le genre de vie la plus difficile que je connaisse, et toi..."

"Je sais, je sais", sourit Keating. « Vous pensez que je ne suis pas assez fort pour ça. Eh bien, encore une année ici dans l'Ouest et je serai comme un cheval.

"Bien sûr, vous le ferez" , acquiesça précipitamment Spirlaw . "Je ne voulais pas dire ça." Puis il suça durement sa bruyère.

Spirlaw n'était pas très doué en thérapeutique, il en savait plus sur les explosions de roches, mais au fond de son cœur il n'y avait pas beaucoup de doute sur une autre année dans l'Ouest pour le garçon, et une autre et une autre, tous – seulement ils le *seraient* . au-dessus du Grand Fossé qu'on ne franchit qu'une seule fois alors qu'il est franchi pour toujours. Six mois, quatre, trois, juste des mois, pas des années, voilà ce qu'il lut sur le visage de Keating. « Ce que je voulais dire, » modifia-t-il, « c'est que vous n'êtes pas obligé de le faire. D'après ce que vous avez dit, je suppose que vos parents là-bas seraient prêts à vous mettre en jeu dans presque toutes les lignes que vous avez choisies, hein ?

"Non, je n'ai pas besoin de le faire", répondit Keating, et son visage s'éclaira alors qu'il se penchait et touchait la manche du chef de route. « Mais, Spirlaw , c'est la plus grande chose au monde. Tu ne vois pas ? Un homme fait quelque chose. *Il construit* . Je vais être un constructeur – un constructeur de ponts, de routes et des choses comme ça. Je veux faire quelque chose un jour , quelque chose qui en vaudra la peine . C'est pourquoi je vais devenir ingénieur ; parce que, partout dans le monde, depuis le début, les ingénieurs ont ouvert la voie et—et ils ont laissé quelque chose derrière eux. Je pense que c'est la chose la plus importante qu'on puisse dire d'un homme lorsqu'il meurt : qu'il était un bâtisseur, qu'il a laissé quelque chose derrière lui. J'aimerais qu'ils disent ça de moi. Eh bien, après avoir passé encore un an ici – je suis encore bien meilleur maintenant qu'à mon arrivée – je retourne terminer mes cours, et ensuite – eh bien, vous comprenez ce que je veux faire, ne le faites pas. toi?"

Il y avait beaucoup de discussions comme celle-là, soir après soir, et elles se terminaient toutes de la même manière...

Spirlaw frappait sa pipe contre une pierre ou le talon de sa botte, et « je pensais qu'il se promènerait un peu dans le camp et s'assurerait que tout allait bien pour la nuit ».

Spirlaw était un homme assez dur , mais sous son extérieur brutal et brutal, sa carapace épaisse et excitée, se cachait un autre moi, un côté étrange de lui-même qu'il n'avait jamais connu avant de connaître Keating. Cela l'a touché assez profondément et assez durement, le garçon et ses ambitions ; et l'ironie de cette situation, sombre et amère, approfondissait sa pitié et éveillait également un sentiment de ressentiment féroce et brûlant contre le sort qui se moquait dans sa puissance impitoyable d'une victime si sans défense et si chétive. Pour lui-même, il en est venu à appeler Keating « le constructeur », et un jour, alors qu'Harvey était venu en voyage d'inspection, il en a parlé à l'ingénieur de la division - c'est ainsi que les choses se sont déroulées.

Carleton, lorsqu'il l'entendit, ne dit rien ; il se contenta d'enfoncer le point dans sa pipe avec son index et de regarder les interrupteurs dans les cours. Ils étaient habitués à voir la surface des choses labourée et les coins refaits dans les montagnes. Il ne se passait pas beaucoup de jours où quelque chose qui montrait que le brut ne se produisait pas d'une manière ou d'une autre, mais cela n'apportait jamais d'insensibilité ou d'insensibilité. l'indifférence, seulement, peut-être, un sens plus vrai des valeurs.

Cela faisait déjà deux mois qu'ils dynamitaient le Canon lorsque les premiers signes de problèmes commencèrent à se manifester, et le début fut lorsque les ouvriers de Big Cloud sortirent - les chaudronniers et les forgerons, les peintres, les les menuisiers et les monteurs. Le camp de construction, c'est-à-dire Spirlaw , ne s'inquiétait pas beaucoup de cela pour la très simple raison qu'il ne semblait y avoir aucune raison pour que lui ou lui le fassent : c'était la chasse de Regan. Mais lorsque les équipages du train ont emboîté le pas et que des rumeurs parasites d'un ou deux combats à Big Cloud ont commencé à arriver, avec la probabilité d'un combat encore plus dur dans la foulée du premier, cela a donné un aspect différent aux choses ; car les émeutes, pour autant qu'il y en ait eu, n'étaient pas dues aux cheminots, mais aux fainéants et aux parasites de la ville, ceux-ci et l'élément étranger, en particulier l'élément étranger, les frères et les cousins des habitants. Des Polacks qui balançaient les pioches et les pelles sous la main de fer de Spirlaw , leur seigneur et maître temporaire — les Polacks, doucement peu doux, quand ils étaient fous, comme des pumas affamés.

Ensuite, la Confrérie a dit « démissionnez » et les équipes de locomotive ont suivi les agents de train. Les choses ont commencé à devenir noires et le quartier général a commencé à avoir du mal à déplacer quoi que ce soit. L'horaire des trains passant devant le Canon était réduit de moitié, et les visages des hommes dans les taxis et les wagons étaient de nouveaux visages pour ceux du camp - les visages des hommes que la compagnie faisait venir en urgence de partout où ils le pouvaient. récupérez-les, des plaines à l'Est ou de la côte Ouest.

Chaque jour apportait des rapports de troubles d'un bout à l'autre de la ligne, davantage d'émeutes, davantage de désordre à Big Cloud ; et, dans un effort pour en tuer le plus possible dans l'œuf, Carleton donna l'ordre d'arrêter tous les travaux de construction, à l'exception de ceux du Glacier Canon, car là, le chevalet temporaire le préoccupait.

Le jour où les ordres d'arrêt ont été émis ailleurs, une lettre a été envoyée à Spirlaw . Spirlaw le lut et son visage se figea comme un nuage d'orage. Il l'a remis à Keating.

Keating l'a lu et avait l'air sérieux.

« Je suppose que les choses ne sont pas trop roses là-bas », a-t-il commenté ; puis lentement : « J'ai remarqué que nos hommes semblaient un peu maussades ces derniers temps. Ils ne se soucient pas beaucoup de la grève, ce doit être une sorte de mouvement de sympathie avec le reste de leur foule qui se déchaîne à Big Cloud — seulement je ne comprends pas comment ils peuvent savoir grand-chose sur ce qui se passe. Nous ne le faisons pas nous-mêmes, d'ailleurs.

Spirlaw sourit sombrement.

« Je vais vous dire comment faire », dit-il. « J'ai attrapé un Polack dans le camp hier soir qui n'avait pas sa place ici — et je lui ai cassé la tête pour la deuxième fois, tu vois ? Il travaillait pour moi il y a environ un an — c'est à ce moment-là que je l'ai cassé pour la première fois. Il est l'un de leurs citoyens influents : il s'appelle Kuryla . Il s'est faufilé ici pour semer le trouble — je suppose qu'il en est désolé, je suppose que c'est le cas.

"C'est la première fois que j'en entends parler", a déclaré Keating, les yeux un peu plus grands de surprise.

"Tu dormais ", expliqua laconiquement Spirlaw .

Keating regarda curieusement le chef de la route pendant une minute, puis il jeta un nouveau coup d'œil à la lettre du surveillant qu'il tenait toujours à la main.

« Carleton dit qu'il compte sur vous pour mener à bien ce travail si cela est possible. Mais vous ne pensez pas vraiment que nous aurons de sérieux problèmes ici, n'est-ce pas ?

Spirlaw mordit profondément dans sa fiche avant de répondre.

« Oui, mon fils ; Oui, dit-il enfin. Et il y a de nombreuses raisons pour lesquelles nous le ferons aussi. Une fois que tu les démarres et il n'y a pas de pires enfers sur terre que la race dont nous vivons à côté. De plus , ils ne *m'aiment pas* — ils ont juste peur de moi comme, par le saint razoo , je veux qu'ils le soient. Qu'ils prennent le dessus une fois et ce serait *un* « au revoir » toute la journée . Laissez- les devenir bons à Big Cloud et ils deviendront bons ici - ils comprendront alors en quelque sorte qu'il n'y a aucune loi pour les déranger - et, à moins que je ne me trompe, Big Cloud va vivre la célébration la plus chaude de son histoire, et il y en aura quelques -unes car il y en a eu quelques-unes auparavant qui n'étaient pas apprivoisées par un foutu spectacle.

"Eh bien," demanda Keating, "que comptez-vous faire?"

"H'm-m", dit Spirlaw d'une voix traînante, réfléchie, et il y avait un regard spéculatif dans ses yeux alors qu'ils parcouraient son assistant. « C'est ce que je mâche depuis que j'ai attrapé cette mouffette de Kuryla hier soir. Pour autant que je sache , les risques de problèmes ici dépendent de la portée de ces jurons à Big Cloud. Si je savais ça, je saurais à quoi m'attendre, hein ? Je pensais t'envoyer au quartier général pour une journée. Vous pourriez avoir une conversation avec le super, lui dire où nous en sommes ici et évaluer les choses là-bas en général. Que dites-vous?"

« Pourquoi, bien sûr. Très bien, si vous le souhaitez, » acquiesça volontiers Keating.

"C'est le garçon", dit Spirlaw chaleureusement. « Le numéro Douze arrivera dans une demi-heure. Je vais la signaler, et tu pourras y aller et te préparer maintenant. Je vais vous donner une lettre à emporter à Carleton.

Alors que Keating, avec un signe de tête d'assentiment, se détournait vivement, Spirlaw le regarda hors de vue — et l'ombre d'un sourire apparut sur les lèvres du chef de la route. Il sortit de sa poche une feuille de rapport et, au dos, griffonna laborieusement une lettre adressée au surintendant de la division Hill. Ce n'était pas une très longue lettre même avec le PS inclus. Son sourire se durcit à mesure qu'il le lisait.

« Surint., Big Cloud », pouvait-on lire. « Cher Monsieur :— En réponse à votre 8e instant, envoyez-moi s'il vous plaît quelques bons .45 et *beaucoup de farce*. (« Beaucoup de farce » a été fortement souligné.) Resp., H. Spirlaw . PS *Gardez le garçon là-haut en dehors de ça* . (Le PS a été encore plus souligné que l'autre.)

Spirlaw était sage et instruit à la manière des hommes — et des Polacks . Spirlaw ne pensait pas à la *possibilité* de problèmes — il s'agissait simplement de savoir combien de temps il faudrait avant que cela ne commence. Il plia la lettre, la scella dans l'un des cartons de la compagnie et, tandis qu'il regardait le Numéro Douze disparaître au tournant du virage en direction de Big Cloud avec Keating à son bord et l'épître reposant dans la poche de Keating, il étendit ses grands bras . tandis que le derrick explosait et inspirait longuement comme un homme dont les épaules ont laissé tomber une lourde charge.

Ce jour-là, Spirlaw parlait avec tout son cœur aux hommes, et ils écoutaient dans un silence maussade et stupide, appuyés sur leurs pioches et leurs pelles.

"Vous me connaissez", a-t-il lancé, et ses yeux, partant de la droite du groupe, se sont posés pendant une seconde sur chaque visage individuel alors qu'ils parcouraient la ligne. « Tu *me connais* . Vous vous comportez comme des chiens boudeurs ces derniers temps — ne pensez pas que je ne l'ai pas remarqué. Vous avez vu ce qui est arrivé à votre ami coyote qui s'est introduit ici hier soir. Je pensais que c'était une leçon pour vous tous ainsi que pour lui. Les histoires dont il vous a parlé sont pour la plupart des mensonges, et si ce n'est pas le cas, de toute façon, ce ne sont pas vos affaires. Cela ne vous rapportera rien de chercher des ennuis, je vous le promets. Vous pouvez me croire que je réduirai en poudre le premier homme qui l'essaiera. Obtenir cela? Eh bien, remuez un peu vos choix et soyez occupé ! »

« L'homme qui frappe en premier, se dit Spirlaw en s'éloignant, est celui qui arrive habituellement en tête. Je suppose que mes quelques mots gentils leur donneront un petit quelque chose à mâcher jusqu'à ce que Carle-ton envoie ce matériel, je suppose qu'ils le feront, hein ?

Le camp était plutôt calme cette nuit-là, plus calme que d'habitude. La cuisine et les trois dortoirs, situés à quelques centaines de mètres à l'est du chevalet, auraient pu être occupés par des morts à cause de tous les bruits qui en sortaient. De temps en temps, Spirlaw , assis comme d'habitude devant sa propre cabane, située entre le tréteau et les quartiers de la bande, voyait un Polack ou deux se faufiler d'un des dortoirs à l'autre - et il fronçait les sourcils sauvagement en partageant son espace. regards entre eux et le ciel. Cela ressemblait à une tempête dans les montagnes, et une tempête dans les montagnes n'est en aucun cas souhaitable — et encore moins était-elle souhaitable à ce moment-là. Les hommes au travail étaient une chose ; les hommes enfermés pendant un jour ou deux jours d'oisiveté forcée, l'humeur dans laquelle ils étaient en était une autre…

Spirlaw s'est réveillé cette nuit-là avec le roulement sourd et inquiétant du tonnerre lointain pour une berceuse.

Une fois dans la nuit, il se réveilla brusquement au bruit d'un fracas, et une fois, deux fois et encore, comme un courant de flammes féroce et clignotant, la foudre remplit la cabane aussi brillante que le jour, tandis que sur le toit la pluie battait régulièrement comme le tatouage d'un corps de caisse claire. Spirlaw sourit sinistrement alors que l'obscurité se refermait sur lui.

« Le petit constructeur est sorti à peu près au bon moment, hein ? » se dit-il ; et, se retournant dans sa couchette, il se rendormit — mais même dans son sommeil le sourire sinistre restait sur ses lèvres.

La matinée s'est terminée avec une averse constante qui ne s'est pas atténuée. Tout coulait d'eau et la roche en était remplie. Il était hors de question de travailler. Spirlaw prit son petit-déjeuner que le cuisinier dégoulinant du camp lui avait apporté, puis, enfilant ses bottes en caoutchouc et son manteau, se dirigea vers la piste. Numéro Onze devait arriver au Canon à sept heures trente, et elle recevrait le paquet de « matériel » qu'il avait demandé à Carleton.

Mais bien que sept heures trente soient arrivées, le numéro onze n'est pas arrivé, pas plus qu'aucun autre train, à l'est ou à l'ouest. Les heures passèrent d'une longue matinée à un après-midi plus long. Quelque chose n'allait pas quelque part – et vraiment pas bien. Le visage de Spirlaw était plus noir que la tempête. Deux fois, une fois le matin et une fois l'après-midi, il s'engagea sur la voie en direction de Keefer's Siding, ce qui était exactement ce que son nom proclamait : une voie d'évitement, ni plus, ni moins, sauf qu'il y avait un opérateur là-bas. . Mais à chaque fois, il changeait d'avis après avoir parcouru à peine quelques mètres. Les Polacks ne pouvaient pas être moins conscients que lui du fait qu'il se passait quelque chose d'extraordinaire dans l'air, et les deuxièmes considérations penchaient fortement vers l'opportunité de rester près du camp, afin que sa présence ait pour effet d'amortir l'ardeur. de tout méfait qui pourrait se préparer.

Ce n'est que vers huit heures du soir, vers la fin du crépuscule, que le cri rauque d'un sifflet retentit dans le canon, un coup long et trois coups courts. C'était Numéro Onze, en retard, qui sifflait pour le camp : elle ne voulait pas s'arrêter, elle ralentissait simplement pour s'occuper de ses affaires. Spirlaw , qui se trouvait dans sa cabane à ce moment-là, a saisi son chapeau, s'est précipité hors de la porte et s'est dirigé vers le virage de la piste. Ce faisant, du coin de l'œil, il aperçut les Polacks regroupés, la tête dehors , depuis les portes ouvertes des dortoirs.

Alors qu'il atteignait la file d'attente, le numéro Onze contourna le virage et la portière du wagon express recula. Le messager lui laissa tomber un paquet dans la main que le chef de la route reçut avec un sourire sinistre, et un mot à l'oreille qui fit tomber la mâchoire de Spirlaw - et ce n'était pas tout ce qui tomba, car, depuis l'arrière, tandis que le train passait. — lâcha Keating.

Le visage blanc et tremblant, le garçon paraissait – plus que d'habitude. Spirlaw le regarda comme s'il avait vu une apparition, le regarda pendant une minute en silence avant de pouvoir prononcer des mots - puis ils apparurent comme le bec d'un volcan.

"Qu'est-ce que ça veut dire ?" » rugit-il.

« Qui, dans ces doubles flammes, vous a laissé sortir de Big Cloud, hein ? J'en aurai...»

" Sortons de l'eau ", interrompit Keating, souriant malgré une quinte de toux qui le déchirait à ce moment-là. « Alors tu peux grogner, si tu veux » – et il se mit à courir vers la cabane.

Une fois à l'intérieur, Spirlaw se tourna de nouveau vers le garçon, et il ne s'arrêta que lorsqu'il fut à bout de souffle.

« Carleton ne vous a-t-il pas dit de rester où vous étiez ? » termina-t-il amèrement.

« Oh oui, » dit Keating, « c'est à peu près la première chose qu'il *a* dite après avoir lu votre lettre, lorsque je la lui ai remise hier. Puis je me suis demandé pourquoi vous m'aviez envoyé hors du camp. Vous êtes à peu près aussi carré qu'ils le font, Spirlaw . Vous n'avez pas besoin de blâmer Carle-ton, *il* faisait à peu près tout ce qu'il pouvait faire sans prêter attention à moi ou à qui que ce soit d' autre. Aviez-vous des dépêches ou des nouvelles ici ?

Spirlaw secoua la tête.

"Non; mais je savais que quelque chose se passait, car le numéro onze est le premier train à entrer ou à sortir aujourd'hui. Le messager vient de dire qu'ils s'étaient déchaînés à Big Cloud et avaient détruit tout ce qu'ils voyaient, mais je suppose qu'il s'en est un peu amusé .

"Il n'a rien mis", dit lentement Keating. « Mon Dieu, Spirlaw , ce fut une nuit horrible ! Le dépôt de marchandises, les magasins et la rotonde, ce qu'il en reste, sont en cendres. Ils ont coupé tous les fils, puis ils se sont détachés eux-mêmes – les Polacks et cette foule, vous savez. Oui, ils ont tout détruit, et une douzaine de vies ont été perdues pour cela. Keating s'arrêta brusquement et se remit à tousser.

Spirlaw regarda le garçon avec inquiétude et fouilla machinalement avec les cordons du paquet qu'il avait posé sur la table. Le temps qu'il ait retiré les emballages et découvert deux vilaines cartouches .45 à l'allure professionnelle et une demi-douzaine de boîtes de cartouches, le paroxysme de Keating était passé.

"Je suppose que c'était assez excitant pour *moi* , de toute façon" - Keating s'est efforcé de faire en sorte que son rire sonne juste. "Je suis encore un peu faible à cause de ça."

« Si tu n'étais pas malade, » éclata Spirlaw , « je te rendrais malade pour revenir ici. Vous savez très bien que nous l'aurons ensuite – vous saviez si bien que vous êtes revenu pour aider… »

« J'ai dit à Carleton qu'il devrait envoyer de l'aide ici », l'interrompit précipitamment Keating ; « et il m'a regardé comme un fou – il était de toute façon à moitié fou de la ruine des choses. 'Aide!' il m'a lancé. 'D'où ça vient

? Laissons Spirlaw augmenter ses enjeux et se retirer si les choses tournent mal ! ' »

"Extraire!" cria Spirlaw dans un rugissement soudain. "Extraire! *Moi!* Pas pour tous les Polonais louches et paralysés du système !

"Je pense que tu ferais mieux", dit doucement Keating. « Après ce que j'ai vu hier soir, je pense que tu ferais mieux. Il n'y avait aucun moyen de les retenir : ils étaient comme des sauvages, et plus ils allaient loin, plus leur état empirait. Ils étaient soutenus par le whisky et le pire élément de la ville. J'étais au poste avec Carleton, Regan, Harvey, Riley et Spence et quelques autres répartiteurs. C'était une bataille rangée régulière, et malgré leurs revolvers, la gare aurait suivi le reste si, vers le matin, les cheminots en grève et la Confrérie ne s'étaient pas mis à contribution pour nous aider. Je ne sais pas si c'est fini, si ça ne recommencera pas cette nuit ; mais j'ai entendu Carleton dire qu'il y aurait un détachement de police en ville à quatre heures. J'aimerais que tu te retires, Spirlaw . Vous avez dit vous-même que tous ces types ici avaient besoin de commencer à vous mettre les griffes, c'était un petit encouragement de l'autre côté. Ils ont eu peur de toi, mais ils te détestent comme un poison. Une fois lancés, ils seront pires que la foule du Big Cloud, car la haine est un moteur plus difficile que le whisky. Et puis en plus, je pense vraiment que vous seriez plus utile dans le Big Cloud. Vous pourriez y faire du bien, quelle que soit la fin, alors qu'ici, vous êtes seul et vous risquez de tout perdre et de ne rien gagner. J'aimerais que tu te retires, Spirlaw , n'est-ce pas ?

Spirlaw tendit la main et la posa sur l'épaule de Keating, tout en secouant la tête.

"J'ai beaucoup *à* perdre," répondit-il, son visage dur s'adoucissant un peu. «Beaucoup. Je ne peux pas dire les choses comme tu le fais, mais je suppose que tu comprendras. Vous avez quelque chose qui compte beaucoup pour vous, pour lequel vous risqueriez n'importe quoi : ce que vous voulez faire et ce que vous voulez laisser derrière vous quand vient le temps d'en tirer profit. Eh bien, je suppose que la plupart d'entre nous ont dans d'une manière ou d'une autre, même si , peut-être , cela ne se classe nulle part à la hauteur de cela. Je pense aussi que beaucoup d'entre nous ne pensent jamais à le mettre en mots, et beaucoup d'entre nous ne le pourraient pas si nous essayions de le faire, mais c'est là, chez n'importe quel homme, qui est bon. Je préfère sortir pour rester que de me retirer – je préfère qu'ils m'implantent. Pensez -vous que je voudrais vivre et devoir traverser la rue parce que je ne pouvais *même pas regarder un Polack* dans les yeux – un homme préférait mourir, quoi ?

Pendant un moment, Keating ne répondit pas, il sembla peser la possibilité d'ébranler encore la détermination du chef de la route avant de l'accepter comme irrévocable : puis, arrivant visiblement à la conclusion qu'il était inutile d'argumenter davantage, il montra les revolvers. .

"Alors plus tôt vous les chargerez, mieux ce sera", a-t-il lancé.

Spirlaw le regarda avec curiosité, d'un air interrogateur.

« Parce que, » poursuivit Keating en répondant à l'interrogatoire tacite, « quand je suis descendu du train, j'ai vu ce type Kuryla — on m'a fait remarquer qu'il était à Big Cloud hier — et trois ou quatre autres sont descendus de l'autre côté. Bien sûr, je ne savais pas qu'ils étaient dans le train jusque-là, sinon je les aurais fait retarder. Il n'y a aucun doute sur la raison pour laquelle ils sont ici, n'est-ce pas ?

"Alors c'est tout, n'est-ce pas ?" Spirlaw s'est arraché avec un serment. "Non, il n'y a pas beaucoup de doute !"

Il s'empara d'une giberne, fendit la bande de papier avec l'ongle de son pouce et, brisant les revolvers, commença à enfoncer les cartouches dans les barillets. Son visage se contractait et le rouge qui le faisait virer au violet foncé. Pas un autre mot ne sortit de lui – juste un silence mortel. Il fourra les armes dans ses poches, se dirigea vers la porte, l'ouvrit, franchit le seuil et s'arrêta. Il resta un instant indécis, puis revint, ferma la porte derrière lui, s'assit sur le bord de sa couchette et regarda Keating d'un air sombre.

« Il y a eu un train, il y en aura un autre », a-t-il lancé. « Et tu monteras à bord du premier qui arrivera. Je déteste faire attendre ces coyotes pleurnichards , mais… »

« Je ne prendrai pas de train », coupa froidement Keating ; "mais je prendrai un revolver."

Spirlaw grogna et secoua la tête.

"Pourquoi ne m'as-tu pas parlé de Kuryla au début ?" » demanda-t-il brusquement.

"Vous savez pourquoi aussi bien que moi", sourit Keating. «Je voulais t'éloigner d'ici si je le pouvais. Cela n'aurait servi à rien d'essayer si j'avais commencé par vous dire cela. Les chevaux sauvages ne vous auraient pas fait bouger alors. Quant à un train, à quoi bon en parler, il n'y en aura probablement pas d'autre avant une heure. En attendant, donnez-moi une des armes.

"Pas m--"

de Spirlaw mourut à moitié prononcé sur ses lèvres, tandis qu'il se levait brusquement ; puis il sortit les revolvers et en fourra rapidement un dans la main de Keating.

Emporté par le vent, le son de nombreuses voix s'élevait en cris et en chants discordants. Il est devenu plus fort, a enflé et s'est transformé en un cri aigu et de défi.

"Whisky!" » grinça Spirlaw entre ses dents.

« Ce diable de Kuryla et les coyotes qui l'accompagnaient connaissaient le meilleur et le plus rapide moyen de lancer le bal . Eh bien, mon fils, je pense que nous y sommes. La seule chose dont je suis désolé, c'est que vous soyez là ; mais on ne peut rien y faire maintenant. Tu étais toute blanche pour venir – Sainte Mère, écoute ça ! » – un autre cri éclata plus fort, plus féroce qu'auparavant, malgré le rugissement de la tempête.

Spirlaw se dirigea vers la porte et regarda dehors. Il faisait déjà nuit. La pluie tombait toujours à verse et le vent hurlait dans la gorge en rafales sauvages, furieuses et spasmodiques. De minces traînées de lumière sortaient des portes des dortoirs, et autour des portes se rassemblaient des groupes sombres. Un instant de plus et les groupes d'ombres se fondirent en une seule masse sombre. Un cri fou et exultant sortit d'une seule gorge. Elle fut rattrapée, repoussée, reprise et reprise par une vingtaine de voix – et la masse sombre commença à bouger.

"Je suppose que tu ferais mieux d'éteindre cette lumière, mon fils", dit froidement Spirlaw . « Cela ne sert à rien de faire de nos… »

Avant qu'il ait terminé, avant que Keating n'ait fait plus qu'un pas en avant, un morceau de pierre a fait trembler la petite fenêtre et s'est écrasé sur la lampe – elle était définitivement éteinte. Un hurlement suivit cette démonstration d'adresse au tir, et, à la suite de cela, une volée de pierres s'écrasa contre le côté de la cabane, aussi épaisse et rapide que la grêle, puis une ruée de pas.

de Spirlaw coupa le noir avec un long éclair aveuglant, puis un autre, et encore un autre. Des cris et des cris lui répondirent, mais cela n'arrêta pas les Polacks. En foule, ils se précipitèrent vers la porte. Spirlaw recula d'un bond, essayant de la refermer derrière lui ; au lieu de cela, une douzaine de mains l'ont saisi et l'ont à moitié arraché de ses gonds.

« Allonge-toi sur le sol, Spirlaw , *vite !* »… c'était la voix de Keating, ponctuée d'une toux. L'instant suivant, son arme a aboyé, jouant à travers l'embrasure de la porte comme une gatling.

Depuis l'étage, le chef de la route s'est joint à eux. La foule a hésité, s'est balancée d'un côté et de l'autre, puis s'est brisée et s'est enfuie, luttant les uns contre les autres pour sortir de la ligne de mire.

"Hourra!" s'écria Keating. "Je suppose que cela les retiendra."

« Ça n'a pas commencé », fut la sombre réponse de Spirlaw . « Où sont ces cartouches ?

"Sur la table, vous les avez?"

"Oui", dit Spirlaw après une minute de tâtonnement. "Tiens, mets une boîte dans ta poche."

"Que font-ils maintenant?" » demanda Keating tandis que, dans le silence qui était tombé, ils rechargeaient et écoutaient.

« Dieu sait », grogna Spirlaw ; "Mais je suppose que nous le saurons assez vite."

Tandis qu'il parlait, à une certaine distance, retentit le fracas des boiseries, puis le silence à nouveau.

"C'est l'entrepôt", grogna Spirlaw . « Ils s'en prennent aux bars et à tout ce sur quoi ils peuvent mettre la main. Je suppose qu'ils ne comptaient pas sur notre capacité à nous battre avec autre chose que nos poings, je suppose que non.

La seule réponse de Keating fut une toux.

Les minutes passèrent, deux, trois, cinq. Une fois dehors, il y eut ce qui aurait pu être un bruit de pas furtif ou simplement un bruit de tempête ainsi interprété par l'imagination. Puis, venant du lit de la rivière, soudain, aigu, un rugissement terrible retentit.

"Mon Dieu!" » cria Spirlaw . « Le tréteau a disparu, ils l'ont fait sauter ! Ils sont sûrs d'avoir posé un fusible ici aussi. Sortez d'ici vite ! Imbécile que j'étais, j'aurais pu savoir que c'était la *dynamite* qu'ils recherchaient.

Les deux hommes se précipitaient vers la porte pendant qu'il parlait. Ils y parvinrent pas un instant trop tôt. Le sol derrière eux se soulevait, se soulevait ; les murs, le toit de la cabane se soulevèrent, fissurés comme des coquilles d'œufs et dispersés en morceaux volants – et la puissante et assourdissante détonation de l'explosion résonna de haut en bas de la gorge, résonna encore – et s'éteignit.

La foule les aperçut alors qu'ils couraient et, déjouée pour le moment, poussa un cri de rage puis se lança à leur poursuite.

"Faites la coupe", a crié Spirlaw . "Nous pouvons les retenir derrière les rochers."

Keating n'avait plus le souffle coupé. Haletant, malade, la tête qui tournait, une tache de sang sur les lèvres, il se débattait après la forme géante du chef de la route ; tandis que, derrière, se rapprochant toujours plus, résonnant à ses oreilles, les cris sauvages des Polacks affolés. Le clapotis de l'eau le ranima un peu alors qu'ils s'enfonçaient le long de l'ancienne emprise où la rivière, inondée par la tempête, avait repris le sien. Le pire, c'était ses aisselles. Une prise sur son épaule et une traction de Spirlaw l'aidèrent à se relever. Ils gagnèrent l'autre côté avec à peine deux mètres les séparant de la foule derrière eux, repartirent - puis Spirlaw lui attrapa le pied, trébucha et tomba tête baissée, faisant trébucher Keating, sur ses talons, et tomber sur lui.

Comme des bêtes sauvages, les Polonais se précipitèrent sur eux. Keating essaya de se remettre sur pied, mais il n'alla pas plus loin que ses genoux lorsqu'un coup de manche de pioche l'atteignit à la tête. À moitié abasourdi, il tomba en arrière et, alors qu'il perdait conscience, il entendit la grande voix de Spirlaw rugir comme le mugissement affolé d'un taureau, vit la forme géante se lever avec, semblait-il, une douzaine de Polacks accrochés au cou, aux épaules, aux jambes et aux jambes. corps, je l'ai vu les secouer et les bras massifs se lever et s'abaisser - et tout était flou, toute obscurité.

Le chef de la route gisait à un mètre de lui lorsqu'il ouvrit les yeux. Il était très faible. Il se souleva sur son coude. Depuis le camp, le long de la ligne , il pouvait voir les lumières des dortoirs, entendre des cris d'ivrogne en chœur. Il s'est glissé jusqu'à Spirlaw , l'a appelé, l'a secoué – le grand chef de la route n'a jamais bougé. Les Polacks les avaient visiblement laissés tous les deux pour morts – et l'un d'entre eux, semblait-il, l'était. Il glissa sa main dans le gilet de l'autre pour faire battre le cœur . C'était si faible au début qu'il ne pouvait pas le sentir, puis il l'a compris, et, réalisant que Spirlaw était toujours en vie, il s'est redressé et a regardé autour de lui, impuissant - et, en un éclair, comme le glas du malheur, les paroles de Spirlaw sont revenues à lui : « *Il n'y a plus de tréteau !* »

Malade, le garçon avait les poumons coagulés, mortellement malade, faible à cause du coup sur sa tête, étourdi et son cerveau nageait. *Il n'y a plus de tréteau !* »- il l'a craché entre ses lèvres bleues.

« Il n'y a plus de tréteau ! »

Keefer's Siding était à 1,6 km. D'une manière ou d'une autre , il devait l'atteindre, faire savoir le long de la ligne que le *chevalet était sorti* , faire passer le message avant que le trafic bloqué ne bouge, avant que le premier train à l'est ou à l'ouest ne s'écrase à mort, avant que d'autres épaves et ruines ne s'ajoutent au train. une histoire qui s'était déroulée auparavant. Il se pencha à l'oreille de Spirlaw et l'appela trois fois frénétiquement : « Spirlaw ! Spirlaw ! *Spirlaw !* « Il n'y a pas eu de réponse. Il essaya de le soulever, de le traîner – la grande masse dépassait de loin ses forces. Et les minutes passaient, chacune marquant peut-être celle où il serait trop tard, trop tard pour avertir qui que ce soit que le tréteau était sorti.

Juste au-delà de la tranchée rocheuse, à seulement vingt mètres de là, à l'endroit où les voies menant à la voie temporaire basculaient dans la ligne droite de la ligne principale, se trouvait la draisine à plate-forme qu'ils avaient utilisée pour transporter les outils et les bric-à-brac de fournitures entre l'entrepôt et le travailler – s'il pouvait seulement y amener Spirlaw !

Il l'appela à nouveau, le secoua, respirant une prière pour obtenir de l'aide. Le chef de la route s'agita, se releva un peu et retomba en gémissant.

« Spirlaw , *Spirlaw*, pour l'amour de Dieu, mec, essaye de te lever ! Je vais vous aider. Vous devez, entendez-vous, *vous devez !* » – il tirait par le col du chef de la route.

La voix de Keating sembla atteindre la conscience de l'autre, car, faiblement, hébété, insensé, aveuglément, Spirlaw se mit à genoux, puis se releva et, titubant, titubant comme un homme ivre, son bras autour du cou de Keating, son poids presque debout. écrasant à terre celui qui était plus malade que lui, tous deux trébuchèrent, tanguirent et, à la fin, *rampèrent* sur ces vingt mètres.

"La draisine, Spirlaw , la draisine !" haleta Keating. "Fait-le. Vous devez! Essayer! Essayer!"

Spirlaw se redressa, fit une embardée en avant et tomba à moitié en travers de la voiture , les bras écartés – à nouveau inconscient.

Keating réussit tant bien que mal à faire le reste, suffisamment pour que les jambes pendantes libèrent le sol de quelques centimètres ; puis, les poumons éclatés, épuisé, il débloqua les roues, poussa la voiture sur le petit éperon, actionna le commutateur, se traîna à bord et commença à pomper son chemin vers l'ouest en direction de Keefer's Siding.

Personne ne peut raconter les détails de ce kilomètre, dont chaque centimètre était essoré du sang qui suintait des lèvres entrouvertes et tremblantes ; nul ne peut se demander de qui vient la force pour un corps fragile, là où la force n'était pas ; le répit pour les poumons brisés, qui depuis longtemps auraient dû faire le pire – seul Keating savait que les années étaient terminées pour toujours, qu'à chaque coup de pompe, le temps était plus court. Les quelques minutes pour s'imposer, c'était le dernier enjeu !

À la fin, il s'étouffa, luttant pour reprendre conscience tandis que, comme des points dansants, des interrupteurs nageaient devant lui. Il a vérifié avec le frein, a chancelé hors de la voiture, est tombé, a essayé de se relever et est retombé. Puis, à quatre pattes, il se dirigea vers la porte de la gare. C'était enfin arrivé. L'hémorragie qu'il avait combattue de toutes ses forces était sur lui. Il frappa à la porte. Elle s'ouvrit, une lanterne fut allumée sur lui et il tomba à l'intérieur.

"Le chevalet est dehors au Glacier. Attendez les trains dans les deux sens. Polacks. Spirlaw sur la draisine. Je..."

C'était tout. Keating n'a plus jamais parlé.

"Je ne sais pas comment on l'appellerait un constructeur", dit Clarihue , le retourneur de nuit, lorsqu'il *raconte* l'histoire dans la rotonde sombre, à l'ombre des gros dix-roues sur les stands, tandis que la vapeur ronronne doucement aux jauges. et parfois une soupape pop se lève avec un sanglot accrocheur : « Je ne sais pas comme vous le feriez. Cela dépend de la façon dont vous le regardez. D' après lui, il l'était. Il a laissé quelque chose derrière lui, quoi ?

VII—LE GARDIEN DU DIAPOSITIVE DU DIABLE

Il y a un mauvais morceau de piste sur la Hill Division, particulièrement mauvais, ce qui revient à dire que c'est le pire morceau de piste, sans exception, sur le continent américain. Non pas que les ingénieurs soient à blâmer, ce n'est pas le cas. C'était Dame Nature sous la forme des Rocheuses, Dame Nature et les réalisateurs.

Sir Ivers Clayborn, aux cheveux gris et grisonnant, un homme scolarisé dans l'école pratique de nombreux pays et de nombreuses années, qui était ingénieur-conseil en chef lors de la construction de la route, a conseillé un tunnel à double boucle qui, d'après son croquis, ressemblait à quelque chose. comme le chiffre 8 incliné sur le côté. Les réalisateurs levèrent leurs lunettes et examinèrent le croquis avec intérêt jusqu'à ce qu'ils aperçoivent l'estimation au crayon dans le coin. Cela a réglé le problème. Ils n'ont même pas pris la peine de voter. Ils ont demandé une alternative et ils l'ont obtenue. Ils ont eu le Devil's Slide.

Premièrement et enfin, il a retiré plus d'argent du trésor du Transcontinental qu'il n'en aurait fallu pour construire les choses à la manière de Sir Ivers au départ ; et il a fallu plusieurs années, un bon nombre d'années, pour que les réalisateurs apprennent leur leçon. L'ancien conseil d'administration ne l'a jamais fait, d'ailleurs ; mais, grâce peut-être à un sang plus jeune, ils ont commencé à construire comme ils auraient dû construire en premier lieu. Ce tunnel à double boucle n'est pas encore terminé, ce ne sera pas avant des années, mais peu importe, il a commencé, et un jour bien plus que quelques hommes dormiront d'autant plus facilement.

De Carleton, le super, au dernier ouvrier de section et marcheur sur piste, le Devil's Slide était un cauchemar. Les répartiteurs, sous leurs lampes à abat-jour vert, le maudissaient aux heures grises de l'aube ; le service de la circulation le maudissait spasmodiquement, mais à ces moments-là avec tant de cœur, avec une ferveur et un abandon si sincères, que ses occasionnelles chutes dans le silence étaient ignorées ; le département de la force motrice, sous la forme de Regan, le maître mécanicien, le maudissait tout le temps et le faisait à bout de souffle. Il n'avait qu'un seul ami : le service de l'agent de passagers. Le service des agents de passagers ne jurait *que par* cela, à cause du paysage.

"Paysage!" » déglutirent les répartiteurs, et le blanc apparaissait sous le bout de leurs ongles tandis que leurs doigts se resserraient sur leurs clés.

"Paysage!" » a hurlé le service de la circulation et a pris le dossier de réclamation.

« Paysage ! » – Regan ne le dit pas – s'étouffa-t-il. Je viens de m'étouffer et de cracher le point d'exclamation dans un flot de sangle noire.

"Paysage!" » murmura esthétiquement M. l'agent général des passagers, agitant une main douce et ornée de diamants depuis la plate-forme de la voiture privée de Carleton. "Merveilleux! Grandiose! Magnifique! Nous les avons tous battus jusqu'au coma. Aucune autre route n'a quelque chose de comparable dans le monde. »

« Ce n'est pas le cas », a reconnu Carleton, et l'amertume de son âme transparaissait dans ses paroles.

Tout le monde avait raison.

L'agent général des passagers avait raison : la grandeur du paysage était sans comparaison, et il en profitait dans des brochures, des dépliants, des brochures et dans une vingtaine de pages dans une vingtaine de magazines différents.

Les autres avaient raison : le Devil's Slide était tout ce que l'éthique de l'ingénierie disait qu'il ne devrait pas être. Ce n'était ni plat ni droit. Dans ses merveilleux deux milles depuis le sommet du col jusqu'au canon en contrebas, son approche la plus proche de l'éthique était de trois pour cent de chute. Il n'y avait pas grand-chose de cela – la plupart étaient des cinq consécutifs ! Il se tordait, il tournait, il glissait, il glissait, et il plongeait autour des flancs de montagnes en saillie selon des tangentes scandaleuses et avec une brusquerie indécente.

Chick Coogan a juré, avec un sourire, qu'il pouvait voir son propre phare venir vers lui environ la moitié du temps à chaque trajet qu'il effectuait en montant ou en descendant. Bien sûr, c'est un peu exagéré, mais pas beaucoup ! Coogan a assez bien évalué le Devil's Slide lorsqu'il a dit que, tout bien considéré, il n'y avait pas beaucoup de chance de se tromper sur ce qu'il voulait dire, ou sur ce qu'était le Devil's Slide, ou sur ce qu'il en pensait. Quoi qu'il en soit, la description de Coogan donnait à la division la seule chance qu'elle ait jamais eu de sourire lorsque le Devil's Slide était en question.

Ils souriaient alors, ces cheminots des Rocheuses, mais ils vous regarderont d'un air bizarre maintenant si vous mentionnez les deux ensemble : Coogan et le Devil's Slide. Le destin est parfois un joueur assez sombre.

N'importe qui dans la Division Hill peut vous raconter l'histoire — ils ont des raisons de la savoir, et ils la savent — jusqu'au dernier homme. Si vous préférez l'obtenir de première main dans une rotonde, ou entre les trains auprès de l'opérateur dans une gare isolée qui n'est rien de plus qu'une voie d'évitement, ou dans le wagon d'un chemin de marchandises - si vous êtes un homme assez grand pour y aller, et cela signifie être plus grand que la plupart des hommes – ou n'importe où votre choix ou vos circonstances vous mènent du bureau du concierge à la cabane d'un marcheur, si vous préférez que cela se fasse ainsi, et vous l'obtiendrez mieux, bien mieux, que vous le ferez ici, ne tentez pas de plaisanteries pour faire parler les garçons – dites simplement un bon mot pour Coogan, Chick Coogan. C'est le « sésame ouvert » – et le seul.

Il ne sert à rien de parler du logique ou de l'illogique, du rationnel ou de l'irrationnel, lorsqu'il s'agit de l'histoire de Coogan . L'histoire de Coogan n'est que l'histoire de Coogan, c'est tout. Ce qu'un homme fait, un autre ne le fait pas. Vous ne pouvez pas annuler l'équation humaine parce qu'il n'y a rien pour l'annuler ; il est là tout le temps, influençant, convaincant, dominant chaque acte de la vie d'un homme. Les branches supérieures des mathématiques vont loin, et pour certains hommes, les trois dimensions ne sont qu'élémentaires, mais il existe un problème qu'eux-mêmes n'ont jamais résolu et ne résoudront jamais : l'équation humaine. Ce que Coogan a fait, vous ne le ferez peut-être pas – ou vous pourriez le faire.

Coogan n'est pas arrivé au Transcontinental en tant qu'ingénieur à part entière venant d'une autre route comme le sont bon nombre de garçons, même si cela n'a rien contre eux ; Coogan était un produit pur et simple de la division Hill. Il a commencé quand il était enfant presque avant que l'acier ne soit cloué à la maison, et certainement avant que l'emprise ne soit suffisamment ébranlée pour commencer à ressembler à une affaire. Il a commencé par le bas et il est monté. Call-boy, balayeur, essuie-glace, pompier, l'un après l'autre. Les promotions furent rapides au début, car, une fois les Rocheuses franchies, les affaires allèrent vite aussi ; et Coogan avait son moteur à vingt et un ans, et à vingt-quatre il tirait l'Imperial Limited.

"Bons produits", a déclaré Regan. «C'est ce qu'il est. Le meilleur de tout les temps."

Personne n'a remis cela en question, non seulement parce que personne dans la division ne pouvait faire quoi que ce soit sur Coogan dans un taxi, mais aussi parce que, et c'est peut-être une raison encore plus pertinente, tout le monde aimait Coogan – certains d'entre eux faisaient plus que cela.

Droit comme un fil, propre comme un sifflet était Coogan, six pieds dans ses bas avec un corps qui jouait jusqu'à chaque centimètre de sa taille, des cheveux noirs, noir de jais, des yeux noirs qui riaient avec vous, jamais avec vous, un *sourire* et un signe de tête joyeux toujours – le genre d'homme qui vous fait sentir à chaque fois que vous les voyez que le monde n'est pas une éternelle tristesse après tout. C'était Chick Coogan, tout sauf son cœur. Coogan avait un cœur comme celui d'une femme , et les histoires de malchance d'un homme qui volait un moyen de transport, d'un cheminot ou de n'importe qui d' autre, ne manquaient jamais de l'appauvrir par un généreux pourcentage de ce qui se trouvait dans son poche à l'époque. Qui ne l'aimerait pas ! Bizarre comment les choses se passent.

C'est le jour où Coogan s'est marié que Regan lui a offert 505 et la série Limited comme une sorte de cadeau de mariage ; et cette nuit-là, Big Cloud s'est complètement retourné, rendant honneur et justice à l'occasion.

Big Cloud a eu d'autres célébrations, avant et depuis, mais aucune n'a fait autant l'unanimité que celle-là. Restraint n'a jamais été un favori extrêmement fort auprès de la ville, mais cette nuit-là, il a été accroché plus haut que les bras aux poteaux télégraphiques. Des hommes derrière lesquels la communauté se cachait et poussait en avant comme otages de la justice, quand elle se comportait bien et voulait se mettre en avant, se déchaînaient et éclipsaient le meilleur – ou le pire, si vous préférez – des la foule qui n'a jamais osé se trouver de l'autre côté de la barrière. Ils allumèrent un très grand nombre de fusées rouges dont Carleton oublia d'imaginer qu'elles avaient un quelconque lien avec le magasinier et le compte d'approvisionnement ; ils commettèrent des indiscrétions, pour la plupart de nature liquide, que n'importe qui , sauf le conducteur du train, temporairement aveugle des deux yeux, aurait pu voir ; et, en conséquence, le lendemain, la division Hill était une affaire éminemment paralysée et faible. Il s'agit d'une description très générale de l'événement, car parfois il n'est pas judicieux de le préciser – c'est un bon exemple.

Les adieux de Coogan étaient des adieux qu'aucun autre homme, qu'il soit roi, prince, président, sho -gun ou grand dégueulasse de quelque degré que ce soit, n'aurait pu obtenir - à l'exception de Coogan. Coogan l'a compris parce qu'il était Coogan, juste Coogan – et cette nuit était une nuit propice à l'émerveillement.

Regan l'a résumé le lendemain soir lors de la partie habituelle de Pedro avec Carleton, à l'étage au-dessus de la gare, dans le superbe bureau.

« À part Coogan et moi », dit le maître mécanicien d'une voix encore étrangement rauque, « à part Coogan et moi et *mabbe* le ministre… » le reste n'était qu'un geste de la main. Regan pouvait agiter la main avec une richesse d'éloquence stupéfiante . .

« Tout à fait », acquiesça Carleton avec un sourire. « Mais c'est dommage de *les entraîner* là-dedans. Les deux 'pédias' pour moi, Tommy. C'est une bonne chose pour la discipline de la division que la bigamie soit illégale, quoi ?

"Ils en parleront", a déclaré Regan avec réminiscence, "quand toi et moi serons à la ferraille, Carleton."

"Je suppose que c'est vrai", a admis le super. "Continuez, Tommy."

Mais ce n'était pas le cas. Ils n'ont parlé du mariage de Coogan que pendant environ un an – non, ils n'en parlent plus maintenant. Nous y reviendrons tout à l'heure.

L'Imperial Limited était la vedette de la division – Regan a donné à Coogan le trente-troisième degré quand il lui a donné celui-là – et le 505, qui était le dernier mot en matière de conception de machines. Et Coogan les a pris, les a pris ainsi que les droits d'horaire qui s'y rapportaient, qui étaient une piste claire et nette, et jour après jour, en montée et en descente, numéro un ou numéro deux, selon le cas, les a amenés dans division sur le point. Les actions de Coogan s'envolèrent – si cela était possible ; mais pas Coogan. Le plus jeune ingénieur sur la route, et en tête de tous, aurait été une excuse suffisante pour lui montrer son avoine et, dans des limites décentes, personne n'aurait pensé au pire de lui pour cela - Coogan n'a jamais bronché. Il était toujours l'ami du ' bo et de l'homme en difficulté, toujours le Coogan qui avait servi d'essuie-glace dans la rotonde ; et pourtant, peut-être pas tout à fait le même, car deux nouveaux amours étaient entrés dans sa vie : son amour pour Annie Coogan et son amour, l'amour du maître artisan, pour 505. Dans la petite maison de chez lui , il parlait à Annie. du coureur de grande montagne et d'Annie, fille d'ingénieur et épouse d'ingénieur, qui écoutaient avec compréhension et avec un sourire, et dans le sourire il y avait de la fierté et de l'amour ; dans le taxi, Coogan parlait d'Annie, toujours Annie, et un jour il confia à son pompier un secret qui fit sourire le grand Jim Dahleen d'un air penaud et lui tendit une patte crasseuse.

Le destin est parfois un joueur assez sombre et, semble-t-il, les cartes sont toujours empilées.

Les jours, les semaines et les mois passèrent, puis vint un matin où un groupe d'hommes au visage sobre et sérieux se tenait rassemblé dans le bureau du concierge, tandis que le sifflet du numéro deux, venant de la route en direction est, résonnait dans la gorge. . Ils regardèrent Regan. Lentement, le maître mécanicien se retourna, sortit de la pièce et descendit les escaliers jusqu'au quai, tandis que 505 tournait dans le virage et roulait dans la gare. Pendant un moment, Regan resta indécis, puis il se dirigea vers le front-end. Il n'alla pas plus loin que la voiture des colons, attelée derrière le wagon postal. Ici, il s'arrêta, fit un pas en avant, changea d'avis, grimpa par-dessus la plate-forme du colon, descendit de l'autre côté de la voie ferrée et commença à marcher vers la rotonde - ils changèrent de moteur à Big Cloud et la 505, déjà désaccouplée, était se précipiter vers l'éperon pour reculer vers la table .

Les semelles des bottes de Regan ressemblaient à des plaques de plomb à mesure qu'il avançait, et il s'épongeait nerveusement le front. Il y avait un air général de désertion autour de la rotonde. La table était mise et prête pour

505, mais il n'y avait personne en vue. Regan hocha la tête avec sympathie. Il traversa la plaque tournante, fit le tour du demi-cercle et entra dans la rotonde par les portes des moteurs près de la fosse la plus éloignée, celle qui jouxte celle qui appartenait à 505. Ici, juste à l'intérieur, il attendait pendant que le grand magnat descendait lentement le chemin. il prit la table avec une légère secousse et s'arrêta. Il vit Coogan, grand et musclé, se balancer hors du taxi comme un athlète, puis il entendit l'ingénieur parler à son pompier.

« On dirait un cimetière par ici, Jim. Je me demande où sont les garçons. Je n'attendrai pas pour balancer la table , ils seront là dans une minute, je suppose. Je veux m'approcher de la petite femme.

«Très bien», répondit Dahleen . "Laisse-la-moi, je vais la faire entrer. Bonne chance à toi, Chick."

Coogan commençait à parcourir les mètres avec une foulée qui ressemblait presque à une course. Regan ouvrit la bouche pour crier – mais ravala une boule dans sa gorge. Deux fois il fit mine de suivre l'ingénieur, et deux fois quelque chose de plus fort que lui le retint ; puis, comme s'il avait été un voleur, le maître mécanicien s'est faufilé derrière les portes, a traversé les voies ferrées, a gravi les escaliers jusqu'à la chambre de Carleton à pas traînants et est entré.

Les autres étaient toujours là : Carleton dans son fauteuil pivotant, Harvey, l'ingénieur de division, Spence, le répartiteur en chef, et Riley, le chef de train. Regan secoua la tête et se laissa tomber sur un siège.

«Je ne pouvais pas», dit-il d'une voix rauque. « Mon Dieu, je *ne pouvais pas* », répéta-t-il en écartant les bras.

Un serment amer jaillit des lèvres de Carleton, des lèvres qui n'étaient pas souvent profanes, et ses dents brisèrent dans l'ambre de sa bruyère. Les autres regardaient par la fenêtre.

MacVicar, un homme de réserve, a sorti le Limited cette nuit-là, et il a fallu trois jours avant que Coogan ne se présente à nouveau. Peut-être que c'était la coupe des vêtements noirs du magasin et peut-être que le manteau ne tombait pas parfaitement, mais lorsqu'il entra dans la rotonde, il n'avait plus l'air aussi droit qu'avant et ses épaules présentaient une étrange pente vers l'intérieur. et il marchait comme un homme qui ne voit rien. Le mouvement élastique de la passerelle avait disparu. Il monta jusqu'au taxi comme un vieil homme grimpe — péniblement. Les garçons restaient en retrait et ne disaient rien, se contentant de jurer à voix basse, le cœur plein, comme le font les hommes. Il n'y avait rien *à* dire, rien qui puisse servir à quelque chose.

Coogan a sorti la 505 et la Limited ce soir-là, la nuit d'après et les nuits qui ont suivi, seulement il ne parlait plus, et l'inclinaison des épaules est devenue un peu plus prononcée, un peu plus visible, un peu au-delà de la coupe de n'importe quel manteau. Et les après-midi des escales à Big Cloud, Coogan se promenait derrière la ville jusqu'à l'endroit où, sur le versant de la butte, se trouvaient deux monticules frais, l'un plus grand que l'autre. C'était tout.

Regan, Regan petit, bedonnant et au grand cœur, s'est attaqué à Jim Dahleen , le pompier de Coogan.

"Qu'est-ce qu'il dit en courant, Jim, hein ?"

"Il n'est pas bavard", répondit brièvement Dahleen .

«Qu'est-ce que c'est», grogna le maître mécanicien au fond de sa gorge, pour cacher son émotion. « Ça ne lui sert à rien d'y aller l'après-midi. Dieu sait que c'est assez naturel, mais ça ne lui fait aucun bien, pas du tout – ni à eux non plus, à ce que je sache, n'est-ce pas ? Tu dois le *faire* parler, Jim. Réveille le."

"Pourquoi ne lui parles- *tu pas?*" demanda le pompier.

« Hum, oui. Alors je le ferai. Je le ferai certainement », répondit Regan.

Et il le voulait, le voulait, honnêtement. Mais, d'une manière ou d'une autre, les yeux et le visage de Coogan lui disaient « non » comme ils le faisaient à tout autre homme, et alors que les jours passaient, presque un mois, Regan secoua la tête, perplexe et troublé, car il aimait Coogan. .

Et puis, une nuit, c'est arrivé.

Regan et Carleton étaient seuls avec leur Pedro au quartier général, à l'exception de Spence, le répartiteur, dans la pièce voisine. Il était presque onze heures trente. L'Imperial Limited, en direction ouest, avec Coogan dans le taxi, était parti à l'heure une heure et demie plus tôt. Le jeu traînait et, comme d'habitude, la conversation avait tourné autour de l'ingénieur, présenté, comme toujours, par le maître mécanicien.

« Je ne sais vraiment pas quoi faire pour ce garçon », dit-il. «J'aimerais faire quelque chose. Parler ne signifie rien, n'est-ce pas, hein ? — même si vous *pouvez* parler. Je ne peux pas lui parler, quoi ?

— Il faut qu'un homme se débrouille seul pour résoudre ce genre de problème, Tommy, répondit Carleton, et cela prend du temps. C'est la seule chose qui pourra jamais l'aider : le temps. Je sais que tu aimes beaucoup Coogan, encore plus que le reste d'entre nous et cela en dit long, mais tu y penses trop toi-même.

Regan secoua la tête.

«Je n'y peux rien, Carleton. Ça m'a *eu* . Le temps, et ce genre de choses, c'est peut-être bien, mais ce n'est pas très prometteur quand un homme rumine comme il le fait. Je ne suis pas superstitieux ou quoi que ce soit du genre, mais j'ai le sentiment que je ne peux pas simplement expliquer que quelque chose va se briser. Une sorte de prémonition. Avez-vous déjà eu quelque chose comme ça ? Cela vous vient à l'esprit et vous ne pouvez pas vous en débarrasser. Ce soir, c'est encore plus grave pour moi que ça ne l'a jamais été.

«C'est absurde», rit Carleton. « Les prémonitions sont dépassées, car on remonte à leur origine. Ici, je devrais dire qu'il y avait trop de tarte au comptoir du déjeuner de Dutchy . Tu devrais suivre un régime de toute façon, Tommy, tu deviens trop gros. Remettez-moi votre belle coupe, je… »

Il s'arrêta lorsqu'un cri aigu sortit de la chambre du répartiteur, suivi d'un instant de silence, puis le fracas d'une chaise retentit qui, repoussée précipitamment, tomba au sol. Des pas rapides résonnèrent à travers la pièce, et l'instant d'après Spence, le visage blanc et tenant un morceau de mouchoir à la main, fit irruption sur eux.

Carleton se leva d'un bond.

« Qu'est-ce qu'il y a, Spence ? » » demanda-t-il sèchement.

"Numéro Un", lança le répartiteur en sortant la feuille sur laquelle il avait griffonné le message lorsqu'il arrivait du sondeur.

Carleton saisit le journal et Regan, sautant de sa chaise, regarda par-dessus son épaule.

« Le numéro un, le moteur 505, a sauté la voie à l'est du virage numéro deux à Devil's Slide. Signalez trois morts, d'autres portés disparus. L'ingénieur Coogan et le pompier Dahleen sont tous deux blessés », ont-ils lu.

Carleton a toujours été un homme d'action, et sa voix était aussi dure que l'acier glacé.

« Dégagez la ligne, Spence. Sortez votre secours et votre dépanneur immédiatement. Wire Dreamer Butte pour leur dépanneuse également, afin qu'ils puissent travailler des deux côtés. Maintenant, Tommy, mon Dieu, qu'est-ce que tu as, tu es fou ?

Regan était penché sur le dossier de sa chaise, le visage tendu, le bras tendu, le doigt pointé vers le mur.

«Je le savais», marmonna-t-il d'une voix rauque. "Je le savais. C'est ce que c'est.

Les yeux de Carleton allèrent du maître mécanicien au mur et vice-versa avec un étonnement stupéfait, puis il secoua Regan par l'épaule.

"C'est quoi, qu'est-ce que c'est ?" » demanda-t-il brusquement. "Es-tu fou, mec?"

"La date", murmura Regan, désignant toujours l'endroit où un grand calendrier journalier avec de gros chiffres était accroché derrière le bureau du concierge. "Nous sommes le vingt-huit."

« Je ne sais pas ce que tu veux dire, Tommy » — la voix de Carleton était calme et retenue.

"Signifier!" Regan éclata de rire. « Je ne veux rien dire, n'est-ce pas ? " Ça n'a rien à voir avec ça, c'est juste une coïncidence, mabbe , et peut-être que ce n'est pas le cas. *Il y a un an ce soir, Coogan se mariait.* »

Pendant un instant, Carleton ne parla pas ; comme Regan, il regardait le mur.

"Vous pensez que--"

« Non, je ne pense pas » – Regan le rattrapa brutalement – « Je ne pense à rien du tout. Je sais seulement que c'est bizarre, horriblement bizarre.

Carleton hocha lentement la tête. Des marches montaient les escaliers. La voix de Flannagan, le chef des démolisseurs, leur parvint, d'autres voix excitées et fortes se joignirent à elles. Il frappa le maître mécanicien dans le dos.

"Je ne m'étonne pas que ça t'ait attrapé, Tommy," dit-il. «C'est presque effrayant. Mais nous n'avons pas le temps pour cela maintenant. Allez."

Regan éclata de rire, du même rire dur, alors qu'il suivait le chef dans la salle du répartiteur.

« À l'est du retour en arrière numéro deux, hein ? il a juré. « S'il y a un choix pour l'enfer quelque part sur ce maudit tronçon de piste, c'est bien celui-là. Mon Dieu, c'est arrivé, et c'est venu, bon et dur, bon et dur.

Cela a. C'était un gros gâchis, un vilain gâchis – mais, comme tout le reste, cela aurait pu être pire. Au lieu de plonger vers la droite et de tomber jusqu'au canon dix-huit cents pieds plus bas, 505 choisit le côté intérieur et enfonça son nez dans la masse grise de roche qui formait la paroi de la montagne. Les dépanneurs de Dreamer Butte et les dépanneurs de Big Cloud en parlent encore aujourd'hui. Pendant vingt-quatre heures, ils travaillèrent, puis ils abandonnèrent et de nouveaux hommes prirent leur place. Il n'y avait pas de place pour travailler – juste le rebord étroit de l'emprise circulaire avec la falaise saillante de Old Piebald Mountain qui se dressait entre les deux, cachant l'une des équipes à l'autre, et autour de laquelle les grosses grues de démolition se balançaient à tâtons. des bras et des chaînes comme des pêcheurs qui pêchent pour manger un morceau. C'était un grondement mutilé et emmêlé, et le pire de celui-ci passa en morceaux par-dessus le bord du canon, alors que les haches, les traîneaux, les coins, les barres et les grues se déchiraient et se frayaient un chemin jusqu'au cœur du canon. Et pendant qu'ils travaillaient, ces hommes au visage dur, crasseux et en sueur des équipes de démolition, ils se demandaient – se demandaient si quelqu'un en était sorti vivant.

De retour au siège social de Big Cloud, ils s'interrogeaient également sur cette question, et ils s'interrogeaient également sur la cause de cette situation. Tous ceux qui, par hasard, pouvaient éclairer la situation, allèrent sur le tapis du bureau du surveillant. Tout le monde a témoigné – tout le monde sauf Dahleen , le pompier, et Coogan, l'ingénieur ; et ils n'ont pas témoigné parce qu'ils ne le pouvaient pas. Coogan était à l'hôpital avec des mots étranges et sans conséquence sur la langue et une marque sur son front qui avait mis à nu les os depuis l'œil jusqu'à la racine des cheveux de son crâne ; et Dahleen était là aussi, pas si mal, juste généralement gelée, mais toujours trop mal pour parler. Et le témoignage était de peu d'utilité.

L'appel d'offres du premier changement indiquait que le Limited l'avait dépassé à une vitesse peut-être un peu plus élevée que d'habitude – qui était la vitesse de la marche d'un homme, car les trains descendent le Devil's Slide avec crainte et prudence – mais pas assez vite pour le faire. l'amener à réfléchir à quoi que ce soit à ce sujet.

Hardy, le chef d'orchestre, a témoigné. Hardy a dit que c'était « l'air » ; que le train a commencé à glisser de plus en plus vite après le premier virage et que sa vitesse a continué à augmenter jusqu'au moment où survient l'accident. Il pensait que cela ne pouvait pas être autre chose – juste « l'air » –, cela ne fonctionnerait pas et le contrôle du train était perdu. C'était tout ce qu'il savait.

Et tandis que Regan jurait et fulminait, le visage de Carleton était sombre et dur – et il attendait Dahleen .

Il s'est écoulé une semaine avant que le pompier ne fasse face à Carleton à travers le bureau du concierge, mais à ce moment-là, Carle-ton s'est ouvert sur lui directement par l'épaule, pas même un mot de sympathie, pas même « content de voir que tu es à nouveau dehors ». », allez droit au but, dur et rapide.

« Dahleen », a-t-il lancé, «je veux savoir ce qui s'est passé dans le taxi cette nuit-là, et je veux une histoire claire. Aucun autre type de conversation ne vous fera de bien.

de Dahleen , blanc de la pâleur de sa maladie, rougit soudain.

« Vous sautez assez fort sur un homme, n'est-ce pas, M. Carleton ? » dit-il avec ressentiment.

"Peut-être que j'ai une raison de le faire", a répondu Carleton. "Eh bien, j'attends cette histoire."

"À ma connaissance, il n'y a aucune histoire", a déclaré Dahleen d'un ton neutre. "Après avoir franchi le premier virage, nous avons perdu le contrôle du train : l'air ne fonctionnait plus."

« Voulez-vous que je croie cela ? »

"Vous ne semblez pas le faire", rétorqua Dahleen , la mâchoire serrée.

"Qu'as-tu fait pour l'arrêter?"

« Ce que j'ai pu », a déclaré Dahleen , avec une finalité laconique.

Carleton se leva d'un bond et son poing s'abattit sur le bureau.

"Tu mens!" tonna-t-il. « Cette épave et les vies perdues sont à votre porte, et si je pouvais le prouver ! » — il tendit le poing au pompier. « Dans l'état actuel des choses, je ne peux vous licencier que pour violation des règles. Au début, j'ai pensé que c'était Coogan et qu'il avait un peu perdu la tête, et que vous êtes assez méchant pour rejeter le blâme sur ce point si vous le pouviez, pour me laisser, ainsi que tous les autres hommes, le penser !

de Dahleen se serrèrent et il fit un pas en avant.

"C'est assez!" cria-t-il d'une voix rauque. "Assez de toi ou de tout autre homme!"

Carleton se tourna vers lui avec plus de fureur qu'auparavant.

« Je t'ai donné l'occasion de raconter une histoire honnête et tu ne l'as pas fait. Dieu sait ce que tu as fait cette nuit-là. Je crois que tu te battais ivre. Je crois que l'entaille à la tête de Coogan ne vient pas de l'épave. Si je savais, je te soignerais. Il ouvrit un tiroir de son bureau, en sortit une bouteille de whisky en métal et la secoua sous les yeux de Dahleen . « *Quand on vous a récupéré, c'était dans la poche de votre pull !* »

La couleur disparut du visage de Dahleen , le laissant plus blanc que lorsqu'il était entré dans la pièce. Il s'humidifia les lèvres du bout de la langue. Toutes les fanfaronnades, tous les combats avaient disparu. Il regarda, muet, un regard surpris et effrayé, les preuves accablantes que tenait le commis.

"Tu l'as oublié, n'est-ce pas ?" Carleton se jeta sombrement. "Eh bien, as-tu quelque chose à dire?"

Dahleen secoua la tête.

« Il n'y a rien à dire, n'est-ce pas ? » Sa voix était basse avec juste un soupçon de son ancien défi. « C'est à moi, mais tu ne peux rien *prouver* . Vous ne pouvez pas prouver que j'en ai bu. Pensez -vous que je serais assez idiot pour faire autre chose que de me taire ?

"Non; Je ne peux pas le *prouver.* » La voix de Carleton était mortellement froide. "Tu es dehors! Je te donne douze heures pour sortir des montagnes. Les garçons, rien que pour le bien de Coogan, vous mettraient en pièces s'ils connaissaient l'histoire. Personne ne le sait encore, à part l'homme qui a trouvé ça dans ta poche et moi-même. Je ne vais pas vous redire ce que je pense de vous, *sortez !* »

Dahleen , sans un mot, pivota lentement sur ses talons et se dirigea vers la porte.

"Attendez!" » dit soudain Carleton. « Voici un laissez-passer vers l'Est pour vous. Je ne veux pas de ton sang sur mes mains, comme je l'aurais fait si les amis de Coogan, et jusqu'à la dernière âme ici, s'étaient emparés de toi. Vous avez douze heures – après quoi ils le sauront – pour remettre Coogan dans l'ordre.

Dahleen hésita, revint, prit le bout de papier avec un rire sans joie et à moitié étouffé, se retourna encore et la porte se referma derrière lui.

Dahleen était absente.

Carleton tint parole — douze heures — et alors de la division s'éleva un cri semblable à celui des bêtes sauvages ; mais Regan était comme un fou.

"Maudit soit-le!" » il jura amèrement, se lançant dans un torrent bouillonnant de jurons. « Pourquoi l'as-tu laissé partir, Carleton ? Cela ne vous ferait rien. Vous auriez dû le tenir jusqu'à ce que Coogan puisse parler, et alors nous l'aurions eu.

« Tommy » (Carleton posa doucement la main sur l'épaule du maître mécanicien) « nous sommes trop jeunes dans ce pays pour beaucoup de droit. Je ne pense pas que Coogan sache ou saura jamais ce qui s'est passé dans le taxi cette nuit-là. Les médecins ne semblent pas tout à fait capables de lui donner la parole eux-mêmes, alors ils vous l'ont dit et me l'ont dit. Mais qu'il le fasse ou non, cela ne fait aucune différence pour Dahleen . Cela aurait été un meurtre de le garder ici. Et si Coogan parvient un jour à parler, il ne mettra jamais son partenaire en danger, quelles que soient les conséquences pour lui. Il n'y a rien contre Dahleen , sauf qu'il avait de l'alcool en sa possession pendant son service. C'est pour cela que je l'ai viré – c'est la seule histoire qui soit sortie de ce bureau. Vous, moi et les autres sommes libres d'y apporter la construction qui nous convient le mieux, et cela s'arrête là. Si j'avais tort de le laisser partir, j'avais tort. J'ai fait ce que je pensais être juste, c'est tout ce que je peux faire.

« Mabbe », grogna Regan, « mabbe ; mais bon sang, il *devrait* être assassiné. J'aurais aimé qu'ils le fassent ! C'est ce coup sur la tête qui a mis Coogan dans une mauvaise passe. Tu as raison sur un point, je suppose qu'il ne sera plus jamais le même Coogan.

Et d'une certaine manière, c'était le cas ; dans un autre, ce n'était pas le cas. Ce n'était pas la blessure qui était en cause, les médecins en étaient convaincus ; mais Coogan, c'était pitoyablement évident, n'était pas le même. Physiquement, au bout d'un mois, il quittait l'hôpital apparemment aussi bien qu'il ne l'avait jamais été dans sa vie ; mais mentalement, quelque part, un rouage avait glissé. Son cerveau semblait tordu et affaibli, simple comme celui d'un enfant dans son fonctionnement ; sa mémoire était brumeuse et hébétée, pleine d'extraits indéfinis et intangibles, d'aperçus vagues et indéterminés de sa vie d'avant. Une chose semblait s'accrocher à lui, prédominer, l'influencer : le Toboggan du Diable.

Regan et Carleton lui ont parlé, essayant de guider ses pensées et de stimuler sa mémoire.

"Tu te souviens que tu conduisais un moteur, n'est-ce pas, Chick ?" » demanda Carleton.

"Moteur?" Coogan hocha la tête. "Oui; dans le toboggan du diable.

"505", dit rapidement Regan. "Vous connaissez le vieux 505."

Coogan secoua la tête.

Carleton a tenté une autre tactique.

« Tu as eu un grave accident, Coogan, une nuit. Vous étiez dans la cabine du moteur quand elle s'est écrasée. Vous souvenez-vous que?"

"Le smash s'est produit sur le Devil's Slide", a déclaré Coogan.

« C'est tout », s'écria Carleton. "Je savais que tu t'en souviendrais."

«Ils sont toujours là», dit simplement Coogan, «toujours là. C'est une mauvaise piste. Je suis un cheminot et je sais. Ce n'est pas correctement gardé. Je vais y travailler et m'en occuper.

"Tu travailles là-bas?" » dit Regan, les larmes presque aux yeux. "Quel genre de travail? Que veux-tu faire, Chick ?

« Travaillez simplement là-bas », a déclaré Coogan. "Prenez soin du toboggan du diable."

Le concierge et le maître mécanicien se regardèrent et détournèrent les yeux. Ensuite, ils ont emmené Coogan dans sa pension, où il avait déménagé après la mort d'Annie et de la petite.

"Il ne mettra plus jamais le doigt sur un accélérateur", a déclaré Regan avec une voix étranglée alors qu'ils sortaient. «Le meilleur homme qui ait jamais tiré un loquet, le meilleur homme qui ait jamais touché un chèque de paie dans la division Hill. C'est l'enfer, Carleton, c'est ça. Je ne pense pas qu'il nous connaissait vraiment, ni toi ni moi. Il ne semble pas se souvenir de grand-chose, bien qu'il soit assez naturel et suffisamment capable pour prendre soin de lui-même de toutes les autres manières. Juste un peu simple. C'est bizarre la façon dont Devil's Slide l'a attrapé, quoi ? Nous ne pouvons pas le laisser sortir là-bas.

«Je me demande s'il se souvient d'Annie», a déclaré Carleton. «J'avais peur de lui demander. Je ne savais pas quel effet cela pourrait avoir. Non; nous ne pouvons pas le laisser sortir sur le Devil's Slide.

Mais les médecins ont dit oui. Ils sont allés plus loin et ont dit que c'était à peu près la seule chance qu'il avait. Cette chose était dans son esprit. Il valait mieux lui faire plaisir, et cela, avec la vie en plein air en montagne, pourrait, avec le temps, le ramener à nouveau.

Et ainsi, tandis que Regan grognait et jurait, et que Carleton fronçait les sourcils en signe de protestation perplexe, les médecins obtinrent ce qu'ils voulaient – et Coogan, Chick Coogan, se rendit au Devil's Slide. Officiellement, il était inscrit sur la liste de paie en tant que chef de section ; mais Millrae , le chef de section, avait ses propres ordres.

« Laissez Coogan tranquille. Laissez-le faire ce qu'il veut, mais veillez à ce qu'il ne subisse aucun mal », a télégraphié le super.

Et Coogan, lorsque Millrae lui a demandé ce qu'il voulait faire, a répondu simplement : « Je vais m'occuper du Devil's Slide. »

"Très bien, Chick," acquiesça joyeusement le chef de section. "C'est à vous. Tirez devant.

Au début, personne n'a compris, et peut-être même à la fin, personne n'a tout à fait compris – peut-être encore moins Coogan. Il a peut-être fait du bien, ou pas. Avec le temps, ils en sont venus à l'appeler le Gardien du Toboggan du Diable – non pas avec mépris, mais comme le parlent les hommes forts, défiant le ridicule, avec un ton bourru d'affirmation qui ne tolérait aucune question.

De haut en bas, de haut en bas, deux milles à l'est, deux milles à l'ouest, Coogan a patrouillé le Devil's Slide, et jamais un rail affaibli, une traverse enfoncée, une pointe desserrée ne lui a échappé - il a peut-être fait du bien, ou pas.

Il dormait ici et là dans l'une des cabanes des navetteurs, mû et gouverné par aucune autre considération que la fatigue : le jour et la nuit étaient comme des choses à part. Il mangeait aussi avec eux ; et il paya scrupuleusement son pied. Vingt-cinq centimes pour un repas, vingt-cinq centimes pour une couchette ou une couverture par terre. Ils prirent son argent parce qu'il le leur imposait, furieux contre un soupçon de refus ; mais la plupart du temps, la pièce serait glissée inaperçue dans la poche du manteau de Coogan - des hommes pauvres et rudes, ils n'étaient rien de placage, rien de poli, des travailleurs crasseux, en salopette, aux poings excités, leurs cœurs étaient grands si leurs sacs à main ne l'étaient pas. .

A toute heure, au petit matin, à midi ou en fin d'après-midi, les équipes des trains et celles des machines des passagers, des spéciaux et des marchandises, croisaient Coogan de haut en bas, marchant toujours la tête penchée en avant, les yeux fixés sur la droite du train. chemin - passé avec un grêle joyeux et le flirt d'une main d'un taxi, d'un fourgon de queue ou de la queue ornée d'un Pullman criard. Et pour les touristes, il est devenu plus une attraction que la grandeur des paysages des Rocheuses elles-mêmes ; ils regardaient fixement depuis la voiture d'observation et écoutaient, avec un feu continu de commentaires étonnés, les porteurs colorés, boutonnés de cuivre, gonflés d'importance, raconter l'histoire, jusqu'à ce qu'ils aient enfin parcouru les Rocheuses et manqué le Gardien de la Devil's Slide n'aurait pas dû les faire du tout. C'était assez naturel, tout ce qui sort de l'ordinaire intrigue et attise la curiosité du public. Pas très joli peut-être, non, mais naturel. Les cheminots n'aimaient pas ça, et c'était aussi naturel ; mais leurs sentiments ou leurs opinions, dans la nature même des choses, n'avaient que peu d'effet dans un sens ou dans l'autre.

Coogan ne s'est amélioré ni pire. Les mois passèrent et son état ne s'améliora ni s'aggrava. L'hiver arriva et, avec le tréteau qui s'éteignit lors de la grande tempête de cette année-là, Coogan entra dans la Division pour la dernière fois, franchit le Great Divide, le même Coogan simple et brisé d'esprit qui avait commencé sa tâche autoproclamée en le printemps – il a peut-être fait du bien, ou pas. Ils l'ont retrouvé au bout de deux ou trois jours et l'ont renvoyé à Big Cloud.

« Il aurait choisi cela lui-même s'il avait pu le faire », a déclaré sobrement Carleton. « Dieu sait quelle aurait été la fin. Les années auraient été toutes semblables, il n'aurait jamais retrouvé la tête. C'est pour le mieux, quoi ?

Regan ne répondit pas. La philosophie et le cœur du maître mécanicien ne mesuraient pas toujours les choses de la même façon.

La Confrérie a pris en charge les arrangements, et les funérailles de Coogan ont été les plus grandes funérailles que Big Cloud ait jamais eues. Tout le monde voulait défiler, alors ils organisèrent le service tard dans l'après-midi et fermèrent les magasins à quatre heures et demie : et les ouvriers du magasin, du patron monteur au garçon d'eau, se rendirent jusqu'au dernier homme - et tout le monde aussi . un autre en ville.

Il commençait à faire nuit et l'heure du dîner était déjà terminée, mais Carleton, qui avait laissé du travail inachevé sur son bureau, retourna à son bureau au lieu de rentrer chez lui. Il alluma la lampe, alluma la cheminée, mais l'allumette brûlait encore entre ses doigts lorsque la porte s'ouvrit et qu'un homme, le chapeau bien enfoncé sur le visage, entra et la referma derrière lui.

Carleton se retourna, l'allumette tomba au sol et il se pencha en avant au-dessus de son bureau, un air dur s'installant sur son visage. L'homme avait repoussé son chapeau. C'était Dahleen , le pompier de Coogan, Jim Dahleen .

Pendant un instant, aucun des deux hommes ne parla. Des mots amers montèrent dans la langue de Carleton, mais quelque chose dans le visage de l'autre les retint et les retint. Ce fut Dahleen qui parla la première.

« J'ai entendu parler de Chick… qu'il était sorti », dit-il doucement. « Je ne pense pas que cela lui ait fait du bien, mais j'ai en quelque sorte dû participer aux au revoir – Chick et moi étions plutôt proches. Je t'ai vu descendre ici et je t'ai suivi. Ne me regarde pas comme ça, tu aurais fait pareil. Avez-vous déjà ce flacon ?

«Oui», répondit machinalement Carleton, et il le sortit tout aussi machinalement du tiroir de son bureau.

« L'avez-vous déjà examiné en particulier ?

"Examinez-le?"

«Je suppose que cela répond à ma question. J'avais peur que tu le fasses, et je voulais te le demander ce jour-là, seulement je pensais que tu trouverais ça très drôle, que tu refuserais, et bien... eh bien, tu pourrais le regarder par toi-même. Voulez-vous le donner ici une minute ?

Carleton le remit silencieusement.

Dahleen le prit, ôta la moitié inférieure qui servait de gobelet, posa son doigt sur le bord intérieur et le remit dans le super.

Carleton se rapprocha de la lumière, puis son visage pâlit. *C'était la fiole de Coogan !* L'inscription, un peu terne, en fine gravure, était encore assez claire. "À Chick de la part de Jim, à l'occasion de son mariage." La main de Carleton tremblait lorsqu'il la posa.

"Mon Dieu!" dit-il d'une voix rauque. "C'était Coogan qui était ivre ce soir-là, pas toi."

«Je pensais que c'était ainsi que vous le liriez, vous ou tout autre cheminot», a déclaré Dahleen . «C'était lui ou moi et l'un de nous ivre, aux yeux de tous les garçons sur la route, dès l'instant où cette fiole est apparue. Il n'y avait qu'une seule chose qui aurait pu vous faire croire le contraire, et je ne pouvais pas vous le dire : alors. J'aurais adopté la même position que vous. Mais vous vous trompez… Coogan n'était pas ivre ce soir-là – il n'en a jamais touché une goutte. Je ne vous le dirais pas maintenant, s'il l'avait fait, n'est-ce pas ?

«Asseyez-vous», dit Carleton.

Dahleen prit la chaise à côté du bureau et, posant ses pieds sur le rebord de la fenêtre, regarda les lumières scintiller en dessous de lui.

« Oui, je lui ai offert le flacon, dit-il lentement, comme s'il reprenait le fil d'une histoire, comme cadeau de mariage. Le jour où il est revenu courir après la mort de la petite femme et du bébé , il l'avait dans sa poche et il me l'a tendu. « *J'en ai peur, Jimmy* », dit-il. C'était tout, juste ça, seulement il me *regardait* . Puis il est descendu du taxi pour faire le plein, je le tenais toujours dans ma main car les mots m'ont en quelque sorte frappé – ils signifiaient beaucoup. Eh bien, avant qu'il ne revienne, j'ai soulevé mon siège et l'ai jeté dans la boîte en dessous. Je ne veux pas en faire une longue histoire. Vous savez à quel point il s'est mis à ruminer. Parfois, il ne disait pas un mot d'un bout à l'autre du parcours. Et de temps en temps, il semblait se comporter un peu bizarrement. Je n'y ai pas beaucoup réfléchi et je n'ai rien dit à personne, pensant que ça passerait. Quand nous sommes sortis de Big Cloud la nuit du naufrage , je n'ai rien vu d'extraordinaire chez lui, je m'étais en quelque sorte habitué à lui et s'il y avait une différence, je ne l'ai pas remarqué. Il n'a jamais dit un mot jusqu'à ce que nous atteignions le sommet du Devil's Slide et que nous commencions à descendre. J'avais la porte du foyer ouverte et je jetais du charbon quand il dit si brusquement qu'il faillit me faire lâcher ma pelle :

« Jimmy, tu sais quelle nuit nous sommes ? »

« Bien sûr, dis-je sans réfléchir, c'est jeudi. »

« Il a ri un peu doucement pour lui-même.

« C'est ma nuit de noces, Jimmy », dit-il. « Ma nuit de noces, et nous allons célébrer. »

« La lumière de la chambre de combustion éclairait pleinement son visage, et il avait l'air le plus étrange qu'on ait jamais vu sur un homme. Il était blanc et ses yeux étaient fixes et il passait sa main dans ses cheveux et se balançait sur son siège. J'étais effrayant . J'ai cru pendant une minute qu'il allait s'évanouir, puis je me suis souvenu de ce whisky et j'ai sauté de mon côté du taxi, j'ai ouvert le siège et je l'ai saisi. Je suis revenu vers lui avec ça à la main. Je ne pense pas qu'il l'ait jamais vu – je sais que non. Il riait à nouveau de ce rire doux, un peu comme s'il chantonnait, et il tendit la main et me repoussa.

« 'Nous allons faire la fête, Jimmy', répète-t-il. « Nous allons faire la fête. C'est ma nuit de noces.

« J'ai senti la vitesse s'accélérer un peu, nous étions alors sur le Slide, vous savez, et j'ai vu ses doigts se serrer sur l'accélérateur. Puis ça m'a attrapé, et mon cœur est entré dans ma bouche : Chick était complètement décapité. J'ai glissé la flasque dans ma poche et j'ai essayé d'éloigner ses mains de l'accélérateur.

« Laisse-moi lui jeter un sort, Chick », dis-je, pensant que ma meilleure chance était de lui faire plaisir.

«Il m'a jeté comme si j'étais un jouet. Puis j'ai essayé de l'éloigner et il m'en a fracassé un entre les yeux et m'a envoyé au sol. Tout le temps, nous allions de plus en plus vite. Je l'ai attaqué à nouveau, mais j'aurais tout aussi bien pu être un bébé, et puis… alors… eh bien, cette blessure à la tête venait d'une clé à long manche que j'avais sortie de la boîte à outils. Il tomba comme un bœuf abattu, mais il était trop tard. Avant que je puisse atteindre un levier, nous étions en éclats.

Dahleen s'arrêta. Carleton ne bougeait pas, il était penché en avant, les coudes sur son bureau, le menton dans les mains, le visage tendu, les yeux intensément fixés l'un sur l'autre.

Dahleen fouilla une seconde avec sa chaîne de montre, l'enroulant autour de ses doigts, puis il poursuivit :

« Pendant que j'étais à l'hôpital, je retournais cette chose dans mon esprit assez souvent, bien avant que les médecins pensaient que je connaissais à nouveau mon propre nom, et je pensais que, si jamais on le savait, le vieux Coogan était déprimé pour une bonne raison, même si quand il irait mieux, sa tête allait à nouveau bien, parce qu'on ne lui ferait jamais confiance dans un taxi, sous aucun prétexte, tu comprends ? S'il ne l'a pas dit franchement, pourquoi cela a mis fin à tout cela, bien sûr ; mais j'avais dans l'esprit que ce n'était que ce qu'on appelle une aberration temporaire. Je ne pourrais pas l'embêter si c'était tout, n'est-ce pas ? Alors je me suis dit : « Jimmy, tout ce que tu sais, c'est que « l'air » ne fonctionnerait pas. C'est ce que je vous ai dit ce jour-là ; et puis tu m'as lancé cette fiole. Tu avais raison, je l' *avais* oublié. Le whisky dans le taxi la nuit d'un accident est assez proche d'un jeu ouvert et fermé. C'était lui ou moi, et je ne pouvais pas vous raconter l'histoire sans faire froid avec Coogan, mais Coogan est parti maintenant et ça ne peut pas lui faire de mal. C'est tout."

Le tic-tac de l'horloge sur le mur, le clic de la sondeur de la salle voisine du répartiteur furent les seuls sons pendant une longue minute, puis la chaise de Carleton racla et il se leva et tendit la main.

" Dahleen ", dit-il d'une voix rauque, "je donnerais beaucoup pour être un homme aussi blanc que toi."

Dahleen secoua la tête.

"N'importe qui l'aurait fait pour Coogan", a-t-il déclaré.

VIII—LE SANG DES ROIS

Il n'y a jamais eu, et il n'y a rien d'insaisissable à propos de la Division Hill, à moins que vous parliez du kilométrage - lorsque vous atteignez le kilométrage, vous frappez des eaux profondes, et la façon de procéder est la suivante. La plupart des choses qui sont grandes, vitales et durables se développent avec les années jusqu'à leur propre maturité, et avec la maturité vient la perfection – comme toute chose est parfaite. Lorsque le dernier rail qui proclamait la maîtrise de l'homme sur les Rocheuses et les Sierras était un fait accompli, il fut accroché aux cravates avec beaucoup de cérémonie et plus d'éclat , sans parler des coups quelque peu bancals et incertains avec lesquels le chapeau de soie, très important- Un personnage national accomplissait cet acte suprême, tandis que les rustres dont le labeur, la sueur, la crasse et le sang avaient acheté les kilomètres dont les orateurs faisaient l'éloge, n'étant plus parmi les élus, regardaient à distance respectueuse - alors que tout cela était La Division Hill, déjà à cette époque, n'était que l'ébauche d'un chef-d'œuvre.

Dans les années qui suivirent, vinrent l'élagage et les changements, l'adoucissement et l'adoucissement : des tunnels creusés à flanc de montagne diminuèrent les pentes et coupèrent des kilomètres sinueux autour des éperons saillants ; des chevalets avec de longues approches de remblai ajoutaient leur part à ce résultat tant souhaité ; tandis que dans les contreforts, au lieu de tourner en rond, à droite et à gauche, et à gauche et à droite d'une interminable procession de buttes, les buttes elles-mêmes en vinrent à être divisées en deux avec une précision mathématique. Au total, de nombreux kilomètres, de très nombreux kilomètres, ont été effacés de cette façon – ce qui est insaisissable, c'est que, mesurée en dollars et en centimes payés par les touristes pour le transport et par les expéditeurs et les destinataires pour le transport de marchandises, la ligne est aussi longtemps que jamais ! Et il semblerait que beaucoup d'argent ait été dépensé sans résultat ; Mais en contrepartie, il y a le fait que les réalisateurs de l'Est n'ont jamais été considérés comme des sujets imminents ou quasi imminents pour une commission sur la folie. Le kilométrage est insaisissable – restons-en là.

Pour le reste, l'emprise de Big Cloud, le point de division, juste à l'est de la puissante chaîne de montagnes aux sommets enneigés et bleutés qui domine l'horizon au nord et au sud - de là jusqu'au pays vallonné et vallonné qui s'étend de l'ouest à l'ouest. la base des Sierras, la Division Hill est, sans aucun doute, le morceau de piste le plus merveilleux jamais conçu par l'homme, et elle constitue un monument perpétuel et durable à l'esprit et au génie, oui, et à la virilité aussi de ceux-là. qui l'a construit.

Telle est la division Hill. Vous qui connaissez les Rocheuses, vous les connaissez pour la grandeur de leurs paysages, vous les connaissez pour la gloire de leur conquête d'obstacles apparemment insurmontables ; mais il y a un autre côté que vous ne connaissez peut-être pas, un côté que les cartes, les plans, les plans, les dossiers ferroviaires et les fenêtres des wagons d'observation, aussi grands soient-ils, ne montrent pas – et ce côté est le côté humain. Elle est pleine de larmes et de rires, pleine de chagrin et de joie, de dangers, de mort, d'erreurs et de triomphe. Son histoire remplirait de nombreuses pages, mais c'est une histoire qui ne sera jamais écrite, pour les généraux et les soldats de base. ses armées ont mené leurs batailles sans le retentissement des trompettes, ont fait leur travail et leur devoir comme elles le considéraient, simplement et avec peu de mots, sans penser au profit personnel et, encore moins, à la renommée. Ils racontent leurs propres histoires entre eux, et ils tiennent en honneur ceux qui y ont droit – ce qui est un moyen au-delà de toute reconnaissance des gouvernements, des rois ou des principautés, car c'est le tribut d'homme à homme, sans mirage et sans prétention. Si vous êtes un homme, comme ils mesurent les hommes, ils vous raconteront aussi des histoires ; et, si vous avez envie de fumer, ils vous offriront leurs plugs noirs avec les étiquettes en fer blanc en forme de cœur que leur fabricant préféré y insère et, en outre, ils vous remettront leurs couteaux à fermoir pour le trancher. Si vous êtes sage , vous comprendrez que vous êtes honoré plus que la plupart des hommes, et vous serez extrêmement humble et écouterez. Mais si cela, à cause des circonstances et du malheur, n'a jamais été votre sort, alors, ici et là, de manière inadéquate et maigre, vous pouvez tomber sur, sous forme imprimée, un souffle égaré de la division Hill - c'est un cas imprimé - l'histoire du «roi» Gilleen .

Gilleen était un homme qu'on ne croiserait jamais dans une foule sans tourner la tête pour le regarder une seconde fois, même pas dans une grande foule, car la nature avait traité Gilleen généreusement - ou autrement - comme bon vous semble. . Il avait des cheveux roux d'une teinte qu'on pourrait qualifier de brillants, mais que Regan, le maître mécanicien, décrivait en métaphore. Regan a déclaré : « Vous pouviez voir cette tête à un kilomètre et demi de l'autre côté d'un virage dans une tempête de neige la nuit lorsqu'il la sortait de la fenêtre de la cabine. Tu ne mettras jamais Gilleen sur le tapis parce que son phare est éteint, quoi ? Certes, en tout cas, les cheveux de Gilleen étaient indéniablement roux. Il avait les yeux bleus et un tout petit nez qui, avec ses cheveux, était pourtant sa particularité la plus saillante : les petits nez légèrement relevés jusqu'au bout sont prononcés, la simple taille au *contraire* . Son visage était couvert de taches de rousseur, tout comme ses mains ; De plus, il n'était pas un petit homme, pas très grand, mais ses épaules étaient quelque chose à envier si vous étiez amical avec lui, ou à respecter si vous ne l'étiez pas. C'était Gilleen , à l'exception du fait qu'il admettait avec insistance que le sang d'une race sauvage de rois irlandais coulait dans ses veines. Ce dernier point n'a jamais été établi : tout le monde a cru Gilleen sur parole, c'est-à- dire tout le monde sauf Regan, qui était lui-même irlandais et, plus pertinent encore, le supérieur direct de Gilleen . Sur ce point, Regan, qui n'avait jamais hésité à le faire, pouvait faire réagir Gilleen plus rapidement que la morsure d'une truite affamée.

« D'ici Noël », bafouillait Gilleen en de telles occasions, « je te ferai savoir que je ne suis pas un menteur, et s'il n'y avait pas eu ma femme et les six enfants » - ici, Gilleen s'arrêterait toujours pour compter , car à une éventuelle arrivée depuis le dernier affrontement, réalisant que toute erreur serait instantanément et impitoyablement retournée contre lui par le maître mécanicien souriant - « sans eux, Regan, tu m'écoutes, je te cognerais le visage et » alors enfonce-toi dans la gorge le misérable travail que tu me donnes, je le ferais !

"Eh bien", répondait Regan, "quand vous serez assis sur un petit trône doré, enfoncé jusqu'au couronnement dans les tourbières, même s'il le sera, je ne demanderai pas plus ni autant de vos mains que ce que vous obtenez. du mien, qui est plus que vos mérites. Qui d'autre que moi ferait autant pour toi ? Tu devrais retourner essuyer. J'y ai réfléchi sérieusement, hein ? C'est six heures, c'est maintenant ? Eh bien, c'est une grande course !

Sur quoi Gilleen prononçait des paroles brûlantes et les disait avec ferveur, tandis qu'il tendait le poing au maître mécanicien.

"Je te montrerai un jour, Regan," fut son dernier mot. "Je vais vous montrer de quel genre de course il s'agit, et ne l'oubliez pas !"

Tout cela n'est ni très intéressant ni spirituel du tout, cela montre simplement d'où vient le surnom de Gilleen . Tous les membres de la division l'appelaient « King » — pas en face, ils le font maintenant, mais ils ne le faisaient pas à l'époque. C'est étrange la façon dont une petite chose comme celle-là agit parfois sur un homme. Gilleen était assez appréciée d'une certaine manière, mais personne ne l'avait jamais vraiment pris au sérieux. Associez un homme à une blague et désormais et pour toujours, les deux sont généralement inséparables. Il peut avoir des aspirations, des ambitions, ce que vous voulez, mais on ne lui accorde aucun crédit pour les avoir — avec Gilleen , c'était comme ça. Juste Gilleen , le « roi » Gilleen — et un sourire.

Le Seigneur seul sait ce qui a poussé Gilleen à adhérer avec une telle loyauté à ses ancêtres — vous pouvez mettre un point d'interrogation après ce dernier mot, si vous le souhaitez — cela a commencé peut-être par une simple vantardise enfantine lorsque son lien officiel avec le Le système n'était pas plus avancé que le point de maintenir le poste d'assistant laveur de chaudières dans la rotonde. Plus ils le harcelaient, plus il s'obstinait : c'était une cause pour laquelle il valait la peine de se battre, et Gilleen s'est battue. Il a jeté les kilos, la portée et d'autres avantages aux vents et a affronté tout le monde. Au moment où il était passé au tir, il avait combattu tous ceux qui voulaient se battre, et qui n'étaient pas quelques-uns ; et quand, ensuite, au cours de sa promotion, il reçut son moteur, il avait, par des coups, et non par des arguments, établi son affirmation au moins extérieurement. À distance de sécurité, la division, se souvenant des nez cassés et des dents manquantes et ne lui refusant plus son sang royal, lui céda le chemin, sourit avec tolérance pour se consoler et le traita de « cinglé ».

Regan, bien sûr, était toujours gars, mais Regan était un maître mécanicien. Non pas qu'il l'ait fait en vertu de l'immunité que lui accordait sa position officielle, il n'y a jamais pensé. Il l'a fait parce qu'il était Regan, et Regan a été construit de cette façon. Il ne pouvait pas plus renoncer à l'occasion d'un rire ou d'un rire intérieur qu'il ne pouvait renoncer à l'acte de respirer – et vivre. Une blague était une blague, juste du plaisir avec lui, c'est tout.

Mais avec Gilleen, c'était différent. Incapable d'utiliser ses poings comme à son habitude et ne possédant aucune autre soupape de sécurité, la pression monta régulièrement jusqu'à ce qu'elle enregistrât un point sur sa jauge mentale qui indiquait avec éloquence des problèmes à venir.

Et les choses en étaient là lorsque, après un été plutôt ennuyeux, les affaires de l'automne ont débuté en trombe et en fracas. Les choses bougeaient avec un bond et les rails bourdonnaient sous le flux constant du trafic d'est en ouest. Ici, au moins, ce n'était pas une plaisanterie : une ruée vers la Division Hill, sur une seule voie, à travers les montagnes, n'a jamais eu lieu. Au bout d'un mois, tout le monde, du chariot au surintendant, commença à ressentir les effets de la tension. C'était double partout, devoirs supplémentaires, tricks supplémentaires. Les répartiteurs en attrapaient leur part et leurs yeux devenaient rouges et lourds sous les lampes la nuit, et les hommes de jour avaient mal à la tête alors qu'ils imaginaient une série de points de rendez-vous qui n'avaient ni début ni fin ; mais, aussi mauvais que cela puisse être pour les hommes aux clés, c'était pire pour certains de ceux qui étaient dans les taxis. Les planificateurs sont allés s'écraser. Les denrées périssables et les dépliants ont eu le meilleur : les droits du reste étaient les voies d'évitement. Il s'agissait de ramper, de se faufiler de l'un à l'autre, plan après plan, jusqu'à ce que la durée ordinaire d'une journée de travail s'étende sur des périodes de quinze heures et parfois jusqu'à vingt-quatre. Dormir, ce qu'ils pouvaient en tirer, les équipages des machines se redressaient sur leurs sièges pendant qu'ils attendaient que le phare du Numéro Un jaillisse de l'Est, ou hochaient la tête jusqu'à ce qu'ils soient réveillés par le rugissement et le tonnerre d'un fret volant, de voitures et de voitures. il regorgeait d'audiences de première classe, s'étendant vers l'Est, alors qu'il se précipitait avec un mépris insolent pour tout ce qui est mortel sur terre.

Peut-être que Gilleen en a eu un peu plus que n'importe qui d' autre sur les manettes, peut-être qu'il l'a fait – ou peut-être qu'il ne l'a pas fait. Gilleen pensait que c'était le cas de toute façon, et naturellement il l'a imputé au compte de Regan. Regan était le chef du département de force motrice de la division Hill – il n'y avait personne d'autre *à qui* le mettre sur le compte. C'était Regan ou l'imagination. Gilleen , n'ayant pas beaucoup d'imagination, n'a pas débattu de la question – il a laissé tomber Regan.

Entrer d'un point à l'autre, tirer sur un autre, tel était le programme de Gilleen . La petite femme dans la petite maison du centre-ville près de Main Street devait être surtout un souvenir pour Gilleen , et quant aux six descendants à tête de brique de sa race royale, il en était venu à se demander s'ils existaient réellement.

Les choses bourdonnaient et bourdonnaient dans la Division Hill, et tandis que tout le monde à son bord grondait, jurait et se harcelait, comme le feraient des hommes fatigués, épuisés, tombant de fatigue, les sourires s'élargissaient sur les lèvres et s'étalaient sur les visages. des administrateurs de l'Est, alors qu'ils se frottaient les paumes avec bienveillance, dans l'expectative, sentant les dividendes supplémentaires et la flambée des actions.

Un jour, il était midi lorsque Gilleen , avec une file de charges pivotantes derrière lui, s'arrêta dans les gares de Big Cloud, se détela, recula sur l'éperon, traversa la table et courut vers la rotonde. Alors qu'il quittait la passerelle, Regan entra en toute hâte par les portes moteur de la fosse de Gilleen en direction du quartier général et se dirigea vers l'ingénieur.

« Gilleen », dit-il vivement, « vous devrez éliminer le spécial quatre-vingt-trois. 1603 est prêt avec une tête pleine dans la fosse numéro deux.

"Qu'est ce que c'est?" » claqua Gilleen . « Sortir un spécial *maintenant ?* Tu sais très bien que je viens juste de courir. Je suis fatigué. Tu le répéteras une fois de trop, Regan.

« Nous sommes tous fatigués, n'est-ce pas ? » répondit acerbement le maître mécanicien. « Pensez-vous que vous êtes le seul ? Quant à le frotter, tu ferais mieux de baisser ton feu, mon pote. Il n'y a aucun frottement à faire sauf dans vos yeux ! Quoi qu'il en soit, c'est assez parlé. Le Spécial Quatre-vingt-trois a été envoyé sur ordre urgent de l'Est, et il est ici depuis une heure maintenant.

"Eh bien, pourquoi n'as-tu pas laissé l'équipage qui l'a amenée continuer alors ?" grogna Gilleen . C'était une question idiote et il le savait ; mais, comme il l'avait dit, il était fatigué, et son caractère, jamais angélique, était maintenant assez nerveux.

Regan lui lança un regard furieux un instant. Regan, elle aussi, était fatiguée et irritable, harcelée au-delà des limites auxquelles la plupart des hommes sont harcelés. La demande d'hommes et de moteurs adressée au service de la force motrice l'avait tenu éveillé plus d'une nuit à essayer de résoudre un problème presque impossible.

"Laissez- les continuer!" il renifla. « Vous savez bien que je n'ai rien contre les hommes de la Division des Prairies. Vous le savez… pourquoi dites -vous cela, hein ? Vous êtes le premier homme à entrer et vous sortez le premier.

« Il me semble que je suis *généralement* le premier homme de nos jours », rétorqua Gilleen avec colère ; « et j'en ai marre de m'en prendre au court. Je suppose que je ne sortirai pas cette fois.

Il fallut un moment de respiration avant que le maître mécanicien puisse exploser correctement.

« Vous vous considérez comme un cheminot ! » » lança-t-il furieusement. « De quoi te plains-tu ? Tout le monde a l'épaule contre le volant et pousse sans parler. Nous n'avons pas de place ici pour les lâcheurs. Je suppose que ton sang, tu es si fier d'être stupide… »

Regan n'a pas fini. Avec un beuglement de rage, l'ingénieur aux cheveux roux se dirigea vers l'autre comme un taureau chargeant, et le maître mécanicien mesura aussitôt sa longueur sur le sol de la rotonde à partir d'un coup sur la tête qui lui fit voir des étoiles.

Regan se remit debout. Son cœur était celui d'un combattant, même si sa carrure ne l'était pas. Il a volé droit sur Gilleen , et les passes, les fentes et les coups qu'il a effectués - tandis que l'ingénieur jouait sur la panse du maître mécanicien comme une timbale et lui donnait un deuxième coup sur la tête en guise de pansement pour le premier - ne sont historiques que par leur coefficient d'efficacité infinitésimal. Il est incontestablement certain que le maître mécanicien aurait, à ce moment-là, rattrapé une partie de son sommeil perdu, au moins si le pompier de Gilleen et un ou deux essuie-glaces ne s'étaient pas interposés entre les deux hommes au moment même où ils l'ont fait.

Gilleen était complètement folle.

"Eh bien," brailla-t-il, "vous avez autre chose à dire sur l'abandon du tabac ou cette autre chose ? Je suppose que je ne sortirai pas cette fois, quoi ?

Regan était tout aussi en colère. Et à mesure qu'il palpait tendrement son front, où une boule se rapprochait rapidement de la formation d'un œuf d'oie, il devenait encore plus fou.

"Tu ne sortiras pas, n'est-ce pas ?" » rugit-il. "Eh bien *Je* suppose que vous le ferez ; et en plus, tu vas sortir *maintenant* — et prendre ton temps ! Je te vire, tu comprends ?

« Vous pariez ! » a déclaré le « roi » Gilleen — et c'est tout ce qu'il a dit. Il regarda le maître mécanicien pendant une minute, mais ne *dit* rien de plus ; il se contenta de rire et sortit de la rotonde.

Naturellement, l'histoire a fait le tour des divisions et tout le monde en a parlé. Avec leur justice brutale et impartiale, ils ont mis les deux hommes en tort, mais surtout Gilleen pour insubordination. L'affront que Gilleen avait subi n'était pas si grand ni si capital, loin d'être aussi vital à leurs yeux qu'il l'était à ses yeux. Gilleen était tout simplement folle sur ce point, c'était tout ce qu'il y avait à dire. Le jugement de Regan avait été mauvais et le moment qu'il avait saisi pour son coup et son lancer n'était en aucun cas psychologique ; mais, pour autant, Gilleen n'avait pas à frapper le maître mécanicien. Il avait eu ce qui lui arrivait – tel était le verdict. Il était sorti pour de bon. Il était généralement reconnu qu'il lui faudrait beaucoup de temps avant de mettre à nouveau les gaz dans la Division Hill.

La sympathie que l'ingénieur a reçue, car il en a eu, n'était pas pour lui-même. C'était à cause de sa famille, mais pas de sa fin ancestrale. Six enfants et une femme ne laissent pas beaucoup de monnaie sur leur salaire, même lorsqu'il est complété par des heures supplémentaires ; six enfants et une femme sans salaire, c'est assez difficile.

Gilleen avait trop chaud sous le col pour y penser lorsqu'il quitta la rotonde ce midi-là ; mais ce ne fut que quelques heures après qu'il eut consacré quelques heures pour rattraper le sommeil qu'il n'avait pas eu au cours des semaines précédentes, que le problème lui appartint d'être examiné avec un vote d'ajournement pour une fois écarté comme pas dans l'ordre.

Mme Gilleen a peut-être partagé ou non les opinions de son conjoint au sujet de son illustre descendance. Si elle l'a fait, elle n'a jamais pris de « airs » à ce sujet. Se laver, s'habiller et cuisiner était à peu près tout ce qu'une femme pouvait faire pour un ménage aussi grand que le sien. C'est du moins ce qu'elle disait chaque fois qu'on lui posait des questions à ce sujet. Et un seul coup d'œil à la couvée aux cheveux roux qui remplissait la cour et se balançait sur le portail d'entrée, dont les gonds grinçaient en signe de protestation bruyante et amère, suffisait à exclure toute dispute sur ce point. Physiquement, elle était juste un peu une femme ; mais pratiquement plus grand que l'ensemble des sommités de l'économie sociale et domestique – qui, à bien y penser, accablent Mme Gilleen de légers éloges, alors qu'on ne pourrait pas en dire trop sur elle. Cependant, laissons cela de côté. Mme Gilleen *C'était* pratique, et elle confiait l'affaire à l'ingénieur presque avant qu'il n'ait les yeux arrachés du sommeil. Pas de reproches, pas de reproches, rien de tout cela. Gilleen n'était pas ce genre de femme. « Roi » ou pas, Gilleen aurait pu l'être, Katie Gilleen était une *reine* , pas peut-être en apparence, mais une reine – c'est plat. Une belle femme est la plus belle chose au monde, et si cela était dit un peu plus souvent, peut-être que les choses ne s'en porteraient pas plus mal en général - ce qui n'est pas une planche dans la plate-forme des Suffragettes, même si cela cela peut ressembler à ça.

«Michael», dit-elle, «vous avez ramé avec M. Regan et il vous a viré. Est-ce qu'il te ramènera ?

Gilleen abaissa la serviette jusqu'à son menton pour récupérer l'eau qui coulait de ses cheveux – il venait d'enfouir sa tête dans le lavabo la minute précédente – et regarda sa femme.

"Je ne lui *demanderais pas* , Kate," dit-il brièvement.

Mme Gilleen était également fière, mais elle soupirait malgré tout.

« Que vas-tu faire alors, Michael ? » elle a demandé.

«Je ne sais pas encore, petite femme. Certains des autres me donneront du travail, je suppose. Mabbe , je vais essayer les équipes de train. De toute façon, je vais leur demander quelque chose.

"Mais il y a tellement moins d'argent là-dedans" - Mme. Le ton de Gilleen était judiciaire et non plaintif.

« Je le sais, » répondit Gilleen ; " mais cela nous aidera à tenir bon et à garder le cap jusqu'à ce que nous ayons l'occasion de nous retirer vers des endroits où un homme peut obtenir un moteur sans qu'un imbécile souriant de maître mécanicien ne le double avec le pire à chaque fois qu'il en a l'occasion. " obtient.

"J'espère que tout se passera bien", a déclaré Mme Gilleen avec un peu de nostalgie.

"Ce sera le cas", lui assura Gilleen . « Ne vous inquiétez pas. Dès que j'ai mangé, je me mets immédiatement à la recherche d'un travail.

Cela s'est avéré plus facile que Gilleen ne l'avait imaginé – tel que c'était le cas – et c'était à peu près le dernier travail auquel Gilleen avait pensé comme une possibilité. Les choses ont parfois une façon particulière de s'arranger et, curieusement, par des moyens qui, à première vue, sont, le plus souvent, apparemment insignifiants et sans conséquence. Certes, si Gilleen , en se rendant à la gare ce matin-là, n'avait pas croisé Gleason, le chef de triage, pourquoi alors - mais il l'a fait.

"Les call-boys sont plutôt rares autour de chez toi depuis hier, n'est-ce pas , Gilleen ?" » fut le salut de Gleason.

«Oui», dit Gilleen . "Je suis dehors."

« Vous voyez, vous vous dirigez vers la gare », remarqua timidement Gleason. " Tu vas le réparer ? "

"Non!" » répondit Gilleen avec une voix dure – le « non » était catégorique.

Gleason regarda l'ingénieur pendant une minute, puis mordit dans son bouchon, et le mouvement de sa tête aurait pu être un signe de tête de compréhension ou simplement une clé ou deux pour libérer ses dents de la lanière noire dans laquelle elles étaient enfoncées. .

«Non», dit encore Gilleen ; "Je ne suis pas. Je pars pour un autre travail.

« Quel genre de travail ? » demanda Gleason.

"N'importe quel genre de personne qui me mettrait dessus, sauf Regan."

Gleason pensait à ses mètres étouffés : la ruée ne l'avait en aucun cas oublié. Les hommes, des hommes qui connaissaient une barre d'attelage et une poignée d'interrupteur dans un morceau de fromage, étaient aussi rares dans son département que dans n'importe quel autre.

« Des mètres ? » demanda-t-il – et cligna des yeux.

" Tu le penses vraiment ?" » demanda Gilleen , le prenant de court.

"Bien sûr, je le pense."

"C'est parti", dit Gilleen . "Aiguilleur de nuit", a amplifié le chef de triage. "Vous pouvez commencer ce soir."

"Très bien, je serai sur le pont", acquiesça Gilleen ; « et merci, Gleason. Je vous suis très reconnaissant.

« Humph ! » grogna Gleason. "' Ce n'est pas un gros enjeu comparé à un moteur, mais c'est à vous, et c'est le bienvenu. "

C'était tout à fait vrai. Comparativement, l'enjeu n'était pas grand, et même la première nuit suffisait à jeter un relief fort et amer à la comparaison. Si quelque chose aurait pu mettre la touche finale aux sentiments de Gilleen à l'égard du maître mécanicien, c'était cette première nuit de manœuvre, celle-là et, bien sûr, les nuits qui ont suivi. Ce n'était pas tant le travail, même si c'était déjà assez dur, et, étant vert, l'ingénieur gagnait environ deux fois plus pour lui-même qu'il n'en avait besoin, c'était une tendance indéniable de ses yeux. se diriger vers la rotonde chaque fois qu'un phare brillant apparaissait sur la plaque tournante. Si Gilleen n'avait jamais su à quel point il aimait un moteur, il le savait dans ces heures sombres alors qu'il balançait une lanterne depuis le toit d'une chaîne de marchandises ou sautait sur le marchepied de l'aiguilleur. De haut en bas des vergues, du crépuscule à l'aube, au son des sifflements, des grognements, de la toux, des excuses raccourcies d'un locotracteur, du choc des poutres de frein, des secousses et des cliquetis, staccato, diminuendo, comme une file de wagons couverts. grommela en mouvement, ne prit aucune teinte rosée sous l'angle où Gilleen le regardait ; et un dix-roues occasionnel, à l'extérieur ou à l'intérieur, passant devant lui avec des airs impudents, n'aidait personne non plus. Le langage de Gilleen devint aussi tacheté de rousseur que son visage et ses mains et aussi enflammé que sa tête. Même cette grande et vieille race irlandaise dont il était issu, cette race sauvage et indomptée de pères royaux pâlissait jusqu'à l'insignifiance – Gilleen était plus occupée de Regan. Ce qu'il pensait, il l'a dit, et il l'a dit à voix haute, sans se cacher, il l'a dit entre ses dents, les poings serrés.

C'était peut-être aussi bien que Gilleen soit de nuit, car, d'habitude, le maître mécanicien n'avait rien pour l'emmener dans les cours, les magasins ou la rotonde après le coucher du soleil - les soirées de Regan étaient passées avec Carle-ton, le concierge, une pipe et un jeu. de Pedro à l'étage au-dessus de la gare, dans le bureau du surintendant à côté de la chambre du répartiteur – aussi bien pour leur bien à tous les deux ; pour Regan physiquement ; pour Gilleen parce que, peu intéressé par son travail, il y avait là certaines nécessités que même la petite Mme Gilleen , avec toute sa praticité et son économie, ne pouvait pas subvenir sans argent. Quoi qu'il en soit, les jours passaient et les deux hommes ne se rencontraient pas, même si les discours de Gilleen parvenaient assez vite aux oreilles de Regan. Le maître mécanicien ne fit que rire en les entendant.

« Gilleen , dit-il, est comme le perroquet qui dit 'sic' em !' et je l'ai dit une fois de trop. Il parle trop. S'il avait gardé sa bouche fermée , je lui aurais donné son retour, après une mise à pied pour lui apprendre les bonnes manières. Dans l'état actuel des choses, s'il aime changer, qu'il continue. Mabbe , quand il sera fatigué, le trône de ses ancêtres sera prêt pour lui, quoi ?

Tout cela était suffisant pour provoquer des divisions dans l'air et, d'ordinaire, la division entre un homme aurait été légèrement en attente du résultat de la confrontation finale. Mais la Division Hill, à ce moment-là, ne cherchait plus rien pour l'animer : elle obtenait tout ce qu'elle voulait et un peu plus. S'occuper strictement des affaires était à peu près tout ce qu'elle pouvait faire, un peu au-delà de ce qu'elle pouvait faire, et tout le reste était à part : le boom montrait plus de signes d'augmentation que de déclin. Il n'y avait aucun répit nulle part : les choses grésillaient.

Il ne pleut jamais mais il pleut à verse, dit-on ; et c'est au moins un adage selon lequel les cheminots de Big Cloud, et la ville elle-même d'ailleurs, ne jurent que par cela jusqu'à ce jour. Il y a quelques choses dont Big Cloud se souvient très bien et avec une minutie étonnante dans les détails, mais la nuit où les magasins ont été construits les surpasse toutes.

Quand tout fut fini , ils décidèrent qu'un feu de forge endormi dans l'atelier du forgeron était au fond de l'édifice – sans que personne le sache vraiment, ou le sache maintenant, mais ils l'attribuèrent à cela parce que cela semblait raisonnable et parce qu'il n'y avait rien de plus. il n'y a rien d'autre *à* attribuer à cela. Cependant, que ce soit la cause ou non, sur un point il n'y avait aucune possibilité de discussion – et c'était l'effet et le résultat.

Si vous connaissiez Big Cloud autrefois, vous savez où se trouvaient les magasins et à quoi ils ressemblaient ; si vous ne l'avez pas fait, cela ne prendra pas une minute pour vous le dire. On pouvait les voir depuis le quai de la gare, de l'autre côté des voies, tout en haut, à l'extrémité ouest de la gare de triage ; et elles ressemblaient plus à une succession de granges clouées les unes aux autres qu'à autre chose, à l'exception des toits bas et plats, les bâtiments étant tous à un étage. Avec les quartiers des chaudronniers, des charpentiers, des machinistes et des ajusteurs, les vieux magasins étaient éparpillés sur une bonne longueur de terrain, et c'était une structure crasseuse, délabrée, sale, noircie, abandonnée par Dieu. Aujourd'hui, grâce à cet incendie et à la grande grève qui a éclaté, il y a une affaire moderne de construction d'acier – et le reste n'est plus qu'un souvenir. Cependant--

En automne, la nuit dans les montagnes arrive tôt et, à neuf heures de la nuit où l'incendie s'est déclaré, l'obscurité s'était éteinte. Rien n'apparaissait dans les vergues, à part les lumières scintillantes des interrupteurs, les lampes ondulantes des hommes et une lueur occasionnelle du phare du locotracteur lorsqu'il s'éloignait de l'extrémité d'un wagon couvert. De l'autre côté des voies, les lumières de la gare ressemblaient à des lucioles, et une ou deux lueurs brillaient depuis la rotonde. Hormis le fait qu'un vent d'ouest assez fort soufflait sur les vergues, si l'on pouvait compter cela comme quelque chose d'extraordinaire, il n'y avait rien d'extraordinaire, tout se passait comme d'habitude, quand, tout à coup, sans avertissement, un méchant croc de flamme tiré vers le ciel, puis un autre plus haut que le premier. Il fut répondu par un cri des agents de triage, rattrapés par la rotonde, puis le sifflet du commutateur donna l'alarme. Une minute plus tard, et tout avec une vapeur suffisante pour soulever une soupape se mit en marche. Des formes sombres commencèrent à courir en direction des magasins, puis la cloche de la petite chapelle anglaise du haut de la ville prit part à la clameur. L'alarme fut assez unanime et assez générale lorsqu'elle arriva, il n'y eut aucun doute là-dessus, mais l'incendie dut prendre un départ assez brutal avant de percer les vitres pour lancer son premier défi aux cheminots.

Gilleen et le reste de l'équipe du chantier étaient en fuite vers les lieux lorsque la voix de Gleason, hurlant par-dessus le vacarme, les arrêta.

"Nettoyez-en trois, quatre et cinq, et emmenez-les au fond des cours, et ayez l'air vif!" il cria. « Laissez cette chaîne de gondoles sur six jusqu'à la fin. Sautez maintenant, les garçons ! Mange- les !

Les sols éclaboussés d'huile et les murs tachés d'huile constituent un terrain d'alimentation pour un incendie comme il n'y a pas de meilleur. Les langues de flammes sautaient de plus en plus haut, jetant un éclat sinistre sur les gares et jetant aussi, à mesure que le vent les rattrapait et les faisait tournoyer en rafales, une pluie battante d'étincelles qui menaçait les longues et sombres files de matériel roulant, pour le la plupart étaient étouffés jusqu'aux portes par du fret, du fret suffisant pour totaliser une somme de chèques de réclamation qui blanchirait les joues du directeur le plus fleuri du conseil d'administration du Transcontinental.

Sous le commandement de Gleason, Gilleen et ses compagnons se mirent au travail la tête baissée. Il n'y avait rien d'extraordinaire ou d'artistique dans la façon dont ils ont mis ces voitures en sécurité – ils n'avaient pas le temps d'être pointilleux. Derrière eux, l'extrémité sud des magasins formait déjà une masse flamboyante. La petite aiguilleuse saisit d'abord une corde puis une autre, la secoua avec colère pendant une minute tandis que son échappement rugissait dans un rapide crépitement de rapports et que les conducteurs tournaient sur eux-mêmes comme des moulinets faisant voler l'acier en feu, puis avec une toux et un grognement. et d'un dernier coup, elle éloignait les voitures d'elle, et la corde descendait la cour pour heurter et s'arrêter, avec un fracas résonnant, sur ce qui pourrait se trouver à l'autre bout. Le lendemain matin, il y avait une ou deux voitures avec l'avant et l'arrière et les deux extrémités à la fois, qui semblaient avoir été dans un cyclone ; et il y a eu un ou deux bons de réclamation émis pour un envoi de biberons et d'une machine à coudre – non pas que les deux vont nécessairement ensemble, mais peu importe, ils l'ont fait à ce moment-là. Quoi qu'il en soit, le record établi par les agents de triage cette nuit-là est le record d'aujoud'hui, et en dix minutes à peine, il n'y avait pas une voiture à moins de trois cents mètres des magasins.

Mais pendant que l'équipe du chantier travaillait, d'autres ne restaient pas inactifs. Regan et Carleton, tous deux, avaient capté le premier éclair venant des fenêtres de la chambre du surveillant, et ils descendaient les escaliers, traversaient la cour et participaient au match dès le début. Rejoints par les hommes de nuit, les valets et les call-boys aux yeux écarquillés, ils s'attaquent à l'incendie. Le temps qu'ils eussent traîné et accouplé les longueurs de cinquante pieds de tuyaux, il en fallut cinq longueurs, le long des rails depuis la rotonde, l'aiguille sur la jauge du stationnaire, heureusement pas encore tout à fait morte du travail de la journée et dont le foyer Clarihue , le retourneur, maintenant rempli d'emballages imbibés d'huile, commença à grimper, et ils entendirent jouer un ruisseau incertain et faible – incertain, mais un ruisseau. Après cela, les choses se sont précipitées – dans les deux sens – le feu et la bagarre.

Des tripots et des saloons, des rues et de leurs maisons venaient la population de Big Cloud, les Polonais, les Russes, les cheminots, les bons et les méchants blancs, les métis – et les pompiers locaux. Ils firent couler deux autres ruisseaux depuis la rotonde et c'était la limite : le reste du tuyau était du caoutchouc liquide quelque part sous l'incendie.

Regan, avec un air amer et dur sur le visage car les magasins appartenaient à Regan, était partout à la fois, et ce qu'un homme pouvait faire, il le faisait ; mais, petit à petit, les flammes prenaient le dessus sur lui. Les cours étaient maintenant aussi lumineuses que le jour, et la chaleur faisait reculer le cercle de combattants, qui luttaient obstinément pour tenir bon. Cela ressemblait à un grand chelem pour le feu avec les quatre as dans une main. À deux reprises, Regan avait été sur le point d'ordonner aux hommes de monter sur le toit, et à deux reprises il s'était retenu – une fois, il avait même ordonné qu'une échelle soit plantée, pour ensuite l'éloigner à nouveau. Le bâtiment était uniquement en bois et vieux, et le toit n'était, au mieux, pas très solide ; mais maintenant, sous et soutenus par le toit de l'atelier de montage, installés un mois auparavant à la place de l'ancien système de levage et de blocage à la main, rendant le risque cent fois plus grand, se trouvaient les lourdes poutres d'acier et les ponts roulants hydrauliques qui ils fouettaient les gros bosses comme des pailles de leurs roues avant de les mettre à nu jusqu'à leur coquille de chaudière. Regan secoua la tête : c'était demander à un homme de prendre sa vie en main. Pour le moment, il se tenait un peu à l'écart de la foule et juste derrière la bouche d'un des ruisseaux. Il mesura encore une fois les chances et secoua la tête.

« Je ne peux pas demander à un homme de le faire », marmonna-t-il ; "mais nous devrions avoir un ruisseau là-haut, c'est..."

« Pourquoi ne l'emmènes-tu pas là-bas toi-même, alors ? » — les mots sortaient de son coude, aigus et rapides, brûlants comme le coup d'un coup de fouet. C'était le «roi» Gilleen , Gilleen aux cheveux roux, au sang bleu et à la peau tachetée de rousseur .

Le maître mécanicien tourna comme un coup de feu, et pendant une minute, les deux hommes se regardèrent dans les yeux, se regardèrent alors que les flammes bondissantes envoyaient des ombres vacillantes sur leurs traits sombres et figés, se regardèrent face à face pour la première fois. depuis ce midi à la rotonde quelques jours auparavant.

« Pourquoi ne l'emmènes-tu pas toi-même, alors ? » répéta Gilleen , et son rire sonnait dur et froid. « *Vous* tu n'es pas un lâcheur, n'est-ce pas ? Il n'y a rien de mal avec *ton* sang, n'est-ce pas ? Si vous n'avez pas peur, allez ! » Tout en parlant , il s'avança, poussa les hommes hors de la buse et se tourna vers le maître mécanicien.

Les lèvres de Regan formaient une fine ligne blanche.

Gilleen éclata de nouveau de rire, et cela reprit le rugissement et le crépitement des flammes, les bois qui claquaient, le sifflement et les crachats de l'eau, les voix de la foule.

« Montez l'échelle ! » c'était la voix de Regan, d'un froid mortel. « Attachez un petit bout autour de cette buse, et attendez pour la faire passer » : il était au pied de l'échelle presque avant qu'ils ne la mettent en place, et l'instant d'après il commença à grimper.

Comme un éclair, Gilleen , abandonnant temporairement la lance à incendie, se jeta après lui – et se releva.

Ce n'était pas loin – les magasins étaient bas, à un étage seulement – et les deux hommes furent sur le toit en une minute. Gilleen attrapa la corde enroulée qu'ils lui avaient tendue par le bas, et ensemble lui et le maître mécanicien remontèrent le tuyau qui se tordait et crépitait.

Une pluie d'étincelles et un nuage de fumée tourbillonnant les enveloppèrent alors qu'ils se redressaient et commençaient à avancer. Il s'est dégagé, les laissant se profiler contre le mur de flammes bondissant à quelques mètres devant eux - et des acclamations sont montées de la gorge de la foule en contrebas.

Pas un mot n'est échangé entre les deux hommes. Pied à pied, ils avancèrent, plaçant le tuyau en ligne derrière eux pour diminuer le poids et la traction latérale, qui avaient d'abord fait appel à toutes leurs forces pour diriger le jeu du ruisseau ; Pied après pied, ils avançaient, de plus en plus près, dangereusement proches, de la masse brûlante, brûlante et bouillonnante – car aucun d'eux ne serait le premier à se retenir.

Haut dans les cieux coulaient les grandes fourches jaune-rouge de flammes furieuses et, par-dessus tout, comme un gigantesque dais, roulaient des volumes denses de fumée gris-noir. Il s'abattit sur les deux hommes en jaillissant des langues enflammées, les poignardant, leur coupant le souffle, se moquant de leur maigre puissance.

Un autre pas en avant et Regan recula, une main se porta à son visage – et la buse faillit s'arracher de la poigne de l'ingénieur.

"C'est une grande course!" » rit Gilleen , mais le rire était plutôt une toux haletante, et la toux venait de lèvres gercées et enflées. « C'est une grande course, Regan ; et le sang… »

Avec un sanglot étouffé, Regan se redressa et reprit la buse.

Ils restaient là où ils étaient maintenant – c'était le feu, pas eux, qui progressait, impitoyablement, inévitablement, léchant avidement le toit goudronné jusqu'à ce qu'il ramollisse sous leurs pieds et que les bulles se gonflent, se forment et se brisent.

Un cri d'avertissement vint d'en bas, accompagné du gémissement menaçant et déchirant des bois qui cédaient. Le cri revint et résonna aux oreilles de Gilleen presque sans sens. Il pouvait à peine voir, ses yeux étaient brûlés et aveuglés, ses poumons étaient pleins de fumée piquante, suffoquant. À côté de lui, Regan restait suspendu, affaibli. « Reculez, pour l'amour de Dieu, revenez ! « …c'était la voix de Carleton. "Entendez-vous!" cria le super frénétiquement. "Revenir! Le toit s'affaisse ! Courir pour--"

Comme le rugissement d'une explosion géante, alors qu'un parc d'artillerie crache dans un tonnerre assourdissant, il y a eu un fracas terrible et, effrayant dans son écho, un cri d'horreur s'est élevé de ceux d'en bas. Là où il y avait un toit à un pied devant les hommes, c'était maintenant le néant.

Gilleen , avec un cri, alors qu'il sentait le bord s'effondrer sous lui, se jeta en arrière et alors qu'il sautait , il attrapa Regan. Ses doigts effleurèrent la manche du maître mécanicien, s'accrochèrent, glissèrent – et il se frappa dans le dos à un mètre de distance. Il se releva comme un homme ivre et se creusa les yeux avec ses poings. Au-dessus du bord brisé du toit brisé, pendu dans l'obscurité en dessous, se trouvait le tuyau qui pendait, mais Regan avait disparu. Faible, épuisé, épuisé, le maître mécanicien, inégal à l'effort du saut de Gilleen , s'était agrippé désespérément, faiblement, vainement, tandis qu'il avançait. Regan était parti, et vingt pieds, quelque part, en contrebas… il gisait.

Gilleen s'avança en titubant. C'était l'extrémité des poutres qui avaient cédé et les six ou sept mètres du toit tombé le séparaient encore du cœur de l'incendie. Les flammes qui avançaient illuminaient une scène d'épave et de ruine en contrebas dans l'atelier de montage : des poutres, des T en acier, des grues et des palans, des taches de toiture, des poutres brisées, dissimulaient les formes noires menaçantes des coques de moteurs monstrueuses bloquées sur la fosse. .

"Régane!" il a appelé; et encore : « Regan ! *Régane !* »

Au-dessus du crépitement rugissant du feu, au-dessus des bruits déferlants et martelants qui frappaient impitoyablement ses tympans, faibles, si faibles qu'ils ressemblaient à de la fantaisie, un faible gémissement lui répondit. Une fois de plus, cela revint et sur Gilleen surgit une force et une vie nouveau-nées. Il commença à tirer le tuyau de toutes ses forces, le laissant tomber pied par pied par-dessus le bord déchiqueté du toit jusqu'à ce qu'il atteigne l'épave emmêlée et emmêlée en contrebas. Et puis un puissant cri s'éleva d'une centaine de gorges – et encore et encore :

« Gilleen ! Roi Gilleen ! Roi! *Roi!* »

Il n'y avait plus de moquerie à présent, juste une acclamation éclatante venant du cœur plein des hommes. "Roi!" ils rugirent et le cri s'enfla, mais Gilleen ne les entendit jamais pendant qu'ils le couronnaient. Roi, il était enfin aux yeux de tous les hommes, un roi qui ne connaît ni sang, ni race, ni trône, ni suite — Gilleen s'abaissait dans le tuyau.

C'était une question de minutes. Le feu balayait en une vague folle tout l'espace intermédiaire. Les pieds de l'ingénieur touchèrent quelque chose de solide et il lâcha le tuyau - et trébucha, perdit l'équilibre et tomba en avant, se frappant la tête d'un coup qui l'étourdit et l'étourdit. Machinalement, il comprit que ce qu'il avait pris comme revêtement de sol était un établi. Il se releva, le sang coulait de son front, et cria. Cette fois, il n'y eut pas de réponse. Titubant, tombant, trébuchant, trébuchant, il se mit à fouiller frénétiquement parmi les décombres. L'air était épais de fumée étouffante, chaude, étouffante, desséchant ses poumons. Il se mit à gémir, criant encore et encore le nom du maître mécanicien, le criant comme un homme crie dans le délire. Des morceaux de déchets imbibés d'huile et des liasses d'emballage, accrochés aux cendres incandescentes, flambaient autour de ses pieds, la montée des flammes balayait sur lui une vague dévastatrice qui le faisait reculer, brûlant, brûlant la peau nue de son visage et mains. Encore une fois, il tomba. Une grande nappe de feu jaillit derrière lui, resta un instant, puis la lueur rouge terne s'installa à nouveau autour de lui - mais à cet instant, juste un peu à droite, coincée sous un scanling, à moitié cachée par un nœud de flammes . toit et poutres, était la forme du maître mécanicien.

A genoux, tâtonnant avec ses mains, Gilleen l'atteignit et commença à déchirer furieusement, sauvagement, follement le bois qui gisait sur la poitrine de Regan. Il le bougea petit à petit, chaque centimètre sollicitant au maximum ses muscles affaiblis. La noirceur était devant lui, il ne voyait plus, il ne pouvait plus respirer, des vapeurs chaudes et nauséabondes l'étouffaient et faisaient jaillir le sang de ses narines. Il essaya de soulever les épaules de Regan, mais se laissa tomber à côté du maître mécanicien. Il releva faiblement la tête : un éclat de verre se fit entendre, un courant d'eau déchira une fenêtre, siffla contre la chaudière au-dessus de lui et, détournant les yeux, lui lança un jet d'eau froide au visage.

La fenêtre! Trois mètres jusqu'à la fenêtre ! Il était de nouveau debout et tirait sur le poids mort du maître mécanicien. Seulement trois mètres ! Il pleurait comme un enfant en se débattant, et les larmes coulaient à flots sur ses joues. Un pied, deux pieds, trois – *encore deux mètres à parcourir*. Des haches s'agitaient maintenant devant lui, des cris lui parvenaient. La moitié de la distance était parcourue, mais il était à genoux. Tout était chaud autour, tout était feu, enfer et folie. Un mètre et demi – seulement un mètre et demi. Seul, il pouvait s'en sortir assez facilement et peut-être que Regan était mort de toute façon, seul et qu'il y avait la sécurité et la vie, seul – puis il a ri. « C'est une grande course, Regan, une grande course », sanglotait-il hystériquement, et sa poigne se resserra sur le maître mécanicien, et il gagna un autre pied, puis un autre et encore un autre. Une forme noire vacilla devant lui, il sentit un bras se tendre et l'attraper, puis il chancela, vacilla et tomba inerte, inconscient.

Ils l'ont fait sortir, et ils ont fait sortir Regan, et ils ont éteint le feu au moment où il ne restait plus grand chose à brûler ; et après une semaine ou deux, les deux hommes sont sortis de l'hôpital. C'est à peu près tout ce qu'il y a à dire, sauf que la tête rouge de Gilleen décore désormais le taxi le plus chic de la division, et qu'il ne s'est jamais battu pour son titre après cette nuit-là – il n'a jamais eu à le faire ; cependant, si vous avez envie de remettre cela en question, vous pouvez toujours vous battre, pour autant – n'importe lequel des garçons vous accueillera à tout moment.

Regan n'est pas un artiste en tant que pugiliste, mais malgré tout, il n'est pas sage de prendre des risques : des hommes non scientifiques, par hasard, ont donné des KO à leurs meilleurs.

"Si Gilleen le dit, ça suffit, que ce soit vrai ou non, quoi ?" Regan se jettera sur vous. « C'est du très *bon* sang, n'est-ce pas , peu importe de quel type il s'agit ? Eh bien, hein ?

IX-MARLEY

Il y a des hommes dont ils se souviennent dans la division Hill : Marley est l'un d'entre eux ; et son histoire remonte aux jours avant que l'incendie n'efface ce que la grève avait laissé des vieux magasins errants à l'extrémité ouest des chantiers Big Cloud, à l'époque où « Royal » Carleton était jeune à la surintendance de la division. , lorsque Tommy Regan, trapu, gros et bedonnant, était maître mécanicien, et Harvey, ingénieur de division, et Spence était répartiteur en chef, lorsque les Big Fellows, comme on les appelait, luttaient avec le brut, secouant l'acier en un une emprise permanente, enchaînant les Rocheuses, soudant l'Ouest et l'Est.

Marley n'était pas un « Big Fellow » dans les deux sens du terme.

Officiellement, à ses débuts, il n'était rien, c'est-à-dire rien de particulier. Une sorte d'assistant général, d'assistant de section, d'assistant de laveur de chaudière, d'assistant de tout ce que vous voulez pour tout le monde – les tâches de Marley, à tout le moins, étaient multiples.

Physiquement, c'était une carte bizarre. Il a été construit sur des plans qui vous donnaient l'impression que Dame Nature avait fait elle-même un petit quelque chose dans le sens d'une recherche et d'une expérimentation originales – et n'était pas assez satisfaite du résultat pour le reproduire ! Quoi qu'il en soit, autant que l'on sache, Marley n'a produit qu'un seul. Peut-être même que la nature n'est pas infaillible ; peut-être qu'elle a fait une erreur, peut-être qu'elle ne l'a pas fait. On ne pouvait pas le qualifier de déformé – et pourtant on le pouvait ! C'est exactement Marley – quand on arrive à le décrire, on devient contradictoire. Ce devait être son cou. Cela lui a coupé deux ou trois pouces de sa stature – parce qu'il n'en avait pas ! Mais si cela le réduisait à, disons, cinq pieds cinq, ce qui n'est pas si court après tout - il y a encore une contradiction, voyez-vous - la longueur de ses bras au moins était quelque chose d'émerveillant, ils compensaient le cou. . Regan avait l'habitude de dire que Marley pouvait se tenir sur le sol de la rotonde et nettoyer un trou de moteur sans se pencher. Le maître mécanicien était plus ou moins doué d'imagination, mais il n'était pas si loin, pas plus de quelques pieds environ. Les cheveux de Marley, plus que toute autre chose utile à titre de comparaison, ressemblaient, en termes de couleur et de texture, à ceux que les gars sur scène éclairaient et mettaient dans leur bouche pour souffler de la fumée comme une cheminée qui éructe sous un courant d'air forcé : remorquer, ils l'appellent. Des yeux – aucune femme n'en a jamais eu de pareils – grands, ronds et larges, avec une teinte violette particulière, et des paupières qui avaient l'art de se fermer avec un petit battement hésitant comme une fille essayant de flirter avec vous.

Mais à quoi ça sert ! Marley, fragmenté, ne ressemblerait jamais à Marley au pas court, à la démarche élastique, aux bras raccourcis et flottants, avec la casquette noire et grasse à visière tirée sur son front, le pull graisseux rentré dans une salopette plus grasse qui vendait ses services hybrides au Transcontinental pour la magnifique somme d'un dollar dix par jour.

L'arrivée de Marley et son introduction à Big Cloud étaient, comme Marley lui-même, décidément hors du commun et en aucun cas banales. Marley est arrivé « en train de le faire » dans une voiture réfrigérée.

Ils glacent les voitures à Big Cloud et, heureusement pour Marley, celle qu'il avait, d'une manière inexpliquée, réussi à s'approprier nécessitait un peu plus que du glaçage. Ils l'en sortirent dans un état aussi flasque qu'un sac de farine. Il n'a rien dit pour lui-même, principalement parce qu'il avait presque fini de dire quoi que ce soit pour lui-même ou pour quelqu'un d'autre. Les garçons qui l'ont trouvé juraient couramment parce qu'il n'était pas agréable à voir, puis le portaient le long de Main Street sur la porte d'un wagon couvert avec la vague idée que le Blazing Star Saloon de MacGuire était la Mecque la plus appropriée disponible.

Marley a continué à jouer avec la chance. Mme Coogan, la mère de Chick Coogan, c'est-à-dire qui était sorti lors du blizzard d'automne sur le Devil's Slide quelques années auparavant, a repéré le cortège alors qu'il passait devant sa petite cabane, l'a arrêté, a fait un mouvement précipité, mais néanmoins complet. , examen, l'amplifia par quelques remarques cinglantes en découvrant la destination proposée, les ordonna péremptoirement dans son petit cottage et y installa Marley.

Il était allé assez loin, assez loin – et il est resté accroché au bord des lambeaux pendant des semaines. Personne ne sait ce que Mme Coogan a fait pour lui, à l'exception de Marley lui-même ; mais il était généralement reconnu qu'elle faisait plus que ce qu'elle pouvait se permettre pour quiconque, sans parler de le faire pour un clochard errant.

Marley se rétablit avec le temps, bien sûr, car, que la vieille et maternelle Mme Coogan, il n'y avait pas de meilleure infirmière, même si elle avait peu de confort et de friandises et moins d'argent pour les acheter ; et puis Marley a trouvé un travail – ou plutôt Mme Coogan en a trouvé un pour lui.

Il n'y avait rien que Mme Coogan aurait pu demander et ne pas obtenir qu'elle était en mesure de lui donner : elle était la mère de Chick, et avec Carleton, Regan ou n'importe lequel d'entre eux, cela suffisait. Mais Mme Coogan n'a jamais rien demandé pour elle-même : elle avait la fierté de Coogan.

"Le bon Dieu soit loué", disait-elle - Mme. Coogan était sincèrement pieux. "Je suis capable de travailler , donc je le suis, et pourquoi devrais-je le faire ?"

Pourquoi devrait-elle le faire ? Ils lui souriaient comme les hommes sourient quand quelque chose les touche sous leur gilet, et ils veulent dire la bonne chose – et ne le peuvent pas. Ils sourirent et lui donnèrent leur lessive.

Mme Coogan s'est adressée à Regan au nom de Marley.

Le maître mécanicien se gratta la tête avec perplexité, mais sa réponse fut assez prompte et chaleureuse.

"Bien sûr. Bien sûr, Mme Coogan, dit-il. «Envoyez-le-moi. Je vais lui trouver quelque chose à faire.

Avec Marley, il parlait un peu différemment.

"Je ne suis pas sûr d'aimer votre apparence," lança-t-il sans détour, englobant le nouvel homme de la tête aux pieds. "Il n'y a pas de travail pour toi, mais je vais te donner une chance."

Les yeux de Marley se baissèrent en un clin d'œil.

"Merci, monsieur," marmonna-t-il nerveusement.

Tommy Regan n'avait pas l'habitude d'être « monsieur » : la division Hill faisait ses affaires avec peu de personnes et ne tardait pas à trouver des commodités.

« Humph ! » il éjacula avec un reniflement, et un jet de lanières noires déposa la poussière sur quelques bons centimètres de cendres de moteur. « Vous pouvez transmettre tous les remerciements que vous avez reçus à Mère Coogan. Et dites (le maître mécanicien a agité son gros index sous le nez de Marley) : merci, c'est bien, mais je suppose que vous lui devez quelque chose en plus, quoi ?

Une légère rougeur apparut sur les joues de Marley et il jeta un rapide coup d'œil à Regan. Ses yeux étaient rivés au sol et ses mains avaient soudainement disparu dans ses poches avant qu'il ne réponde.

"Je vais embarquer avec elle pour un moment", dit-il lentement, comme s'il mesurait chaque mot avant qu'il ne soit prononcé.

« Est-ce que, hein ? » » grogna Regan, mais le grognement portait une note d'approbation à contrecœur. « Eh bien, peut-être que cela aidera certains. Tu peux te présenter à midi, Marley, et te rendre généralement à portée de main. Je pense que vous trouverez assez de choses à faire.

"Merci, monsieur", répéta Marley en se détournant.

Regan, appuyé sur la barre de poussée du plateau tournant devant la rotonde, suivit des yeux l'autre traversant la voie ferrée en direction de la ville, puis il cracha de nouveau profondément.

"Le spécimen le plus étrange qui ait jamais volé dans les montagnes, et nous en avons déjà eu quelques-uns auparavant qui étaient dans toute une classe à eux seuls," remarqua-t-il en fronçant les sourcils. « Ça fait penser à un foutu gorille, vu la façon dont il est disposé, quoi ? Eh bien, nous allons quand même essayer. » Et, jetant un dernier coup d'œil en direction de la silhouette qui s'éloignait, le maître mécanicien entra dans la rotonde pour son inspection matinale des gros bosses sur les stands.

Il a fallu un certain temps à la division et à Big Cloud pour évaluer le nouvel homme, et alors qu'ils pensaient l'avoir fait, ils ont découvert que ce n'était pas le cas.

Marley, s'il n'était rien d'autre, était un spécimen contradictoire.

Mme Coogan a dit que c'était comme si le Bon Dieu lui accordait une attention particulière, lui donnant en quelque sorte un autre fils — « si calme, si accommodant et si pratique à avoir avec soi ». Marley était un bon garçon , un bon garçon. Une main reposerait sur sa hanche, et l'autre lisserait les fins cheveux blancs sur son oreille avec de petites tapes rapides et nerveuses pendant qu'elle parlait, et les yeux gris irlandais, un peu éteints maintenant, s'éclaireraient joyeusement. « Oui, c'est plus que ce que je mérite ; mais j'ai toujours su que le Seigneur y pourvoirait. Ce n'est pas si facile de déplacer les baignoires qu'avant . Je suppose que je le savais, mais je ne voulais pas l' admettre avant d'avoir quelqu'un pour le faire à ma place. Sivinty -wan, c'était mon dernier anniversaire.' Ce n'est pas vieux pour un homme, mais pour une femme - en fait, c'est un bon garçon, et c'est moi qui le fais. Utah. »

Au quartier général, les éloges de Mme Coogan ont été très appréciés, et après que Carleton, Regan et les autres membres du bureau se soient habitués à le voir, ils en sont venus à l'accepter d'une manière passive et indifférente. C'était un cas curieux, si l'on veut, mais inoffensif : on s'en est contenté.

Les hommes avaient leur point de vue. Marley ne parlait pas beaucoup, ne faisait pas le geste comme on s'y attendait pour prendre pied dans la fraternité. Il n'a surtout pas fait d'ouvertures tendant à établir une relation intime avec l'un de ses nouveaux associés. Marley n'a jamais fait partie du groupe derrière le bureau du commerçant qui s'était enfui des magasins pour tirer sur leurs pipes et prendre une bouffée d'air ; jamais sur le quai pour échanger un mot de plaisanterie avec les équipages des trains entrants ; jamais parmi les essuie-glaces et les valets de la rotonde qui se prélassaient pendant des moments d'inactivité sous le vent d'un dix-roues, l'œil ouvert sur les cours pour se protéger d'une éventuelle intrusion de Regan ou de quelque autre incarnation de l'autorité. Il était assez civil et assez rapide pour répondre quand on lui parlait, mais ses mots étaient peu nombreux — pas plus qu'un simple négatif ou affirmatif s'il pouvait s'en empêcher. Et quand il était lui-même en question, il n'y avait même pas cela : Marley devenait muet.

Tout cela ne l'aidait pas du tout : il n'était pas ce qu'on pourrait appeler exactement populaire ! Ainsi, s'il avait peu à dire pour lui-même, les hommes en avaient beaucoup, et l'opinion générale était qu'il était une brute revêche qui, en aucun cas, ne faisait honneur à la Division Hill et en aucun cas une acquisition à Big Cloud. .

Quelques-uns, très peu, adoptèrent un point de vue plus charitable, en se basant sur le battement timide et lent des paupières de Marley – ils l'accusèrent d'une sensibilité aiguë à l'égard de son apparence grotesque et anormale. Mais ce n'est pas ainsi qu'ils le disent.

« Ça ressemble à un enfer, et il le sait », dirent-ils judiciairement. "Laissez le mendiant tranquille."

C'était un bon conseil, que leur analyse soit ou non – Pete Boileau, le bagagiste, peut en témoigner. Comme le dit le dicton, c'est arrivé comme un coup de tonnerre, et... mais juste une minute, nous dépassons nos objectifs et cela signifie des ennuis.

Les choses s'étaient déroulées, en ce qui concerne Marley, sans que rien de très surprenant ou d'inhabituel ne se produise pendant un certain temps, et Regan, qui s'était tenu plus près de Chick Coogan que n'importe quel autre homme de la division avant la mort du jeune ingénieur, avait commencé à considérer Marley avec un peu plus d'intérêt – comme une sorte de *deus ex machina* pour Mme Coogan. Cela semblait apporter un grand soulagement au maître mécanicien au grand cœur. Il a commencé à en parler à Carleton un matin, environ un mois après l'arrivée de Marley dans la division Hill.

"Non, bien sûr, je ne sais rien de lui", a-t-il déclaré. « Personne ne le fait, je suppose que non. Mais il s'occupe de ses affaires et fait assez bien ce qu'il a à faire, n'est-ce pas ? La vieille dame est devenue un peu faible ces derniers temps – un peu épuisée, je suppose. Je pensais que Marley valait un peu plus de dix dollars par jour, quoi ?

Ils étaient assis dans le bureau du concierge, et le regard de Carle-ton, s'égarant par la fenêtre d'où il était assis à son bureau, se fixa sur la silhouette maladroite et disgracieuse de Marley qui sautait à travers les voies de la cour depuis la rotonde jusqu'au quai de la gare. Il sourit un peu et regarda Regan.

«Je suppose que oui, Tommy, si cela peut lui faire du bien. Mais je ne miserais pas là-dessus. C'est une carte bizarre. Vous impressionne avec le sentiment qu'il y a quelque chose que vous devriez savoir sur lui – et ce n'est pas le cas. J'ai l'impression que, d'une manière ou d'une autre, je l'ai déjà vu.

"Avez-vous?" dit Regan. "Ca c'est drôle. J'ai pensé que j'avais moi-même une ou deux fois, mais je suppose que c'est plus de l'imagination qu'autre chose. Quoi qu'il en soit, il semble se souvenir de ce que Mme Coogan a fait pour lui. Je ne sais pas ce qu'elle ferait même maintenant sans l'argent du conseil d'administration, aussi minime soit-il, pour l'aider. Cela ne sert à rien d'emprunter des ennuis, je suppose, mais plus tard, je ne sais pas ce qu'elle fera. Elle est plus fière qu'une reine au sceptre... et elle ne pourra plus longtemps se laver, ni prendre de pensionnaire, quoi ?

Carleton suça sa bruyère pendant un moment en silence. "Nous devons tous faire face à la possibilité d' un jour à la ferraille , Tommy", dit-il sobrement. « Mais c'est plus difficile pour une femme, je l'admets – c'est amer et dur. Parfois, les choses ne semblent pas bien. Si vous souhaitez donner une petite augmentation à Marley, allez-y.

Le maître mécanicien hocha la tête.

«Je pense que je le ferai», annonça-t-il. « Il est pédé si vous voulez, mais c'est son affaire. Jamais un mot de sa part, ni un petit ennui depuis…

Les mots de Regan s'arrêtèrent comme s'ils avaient été coupés avec un couteau. Les deux hommes, comme poussés par une seule impulsion, s'étaient levés d'un bond. Derrière eux, leurs chaises tombèrent avec fracas sur le sol, et pendant un instant, alors que leurs regards se croisèrent, la couleur de leurs joues s'estompa. Cela était venu et reparti comme un éclair – un cri de rage sauvage et rauque, un cri brutal, horrible, à glacer le sang, comme le hurlement de la jungle d'une bête affolée plongée dans un paroxysme de fureur sauvage, aveugle et possédant tout.

De nouveau eux-mêmes en une seconde, le maître mécanicien et le surintendant se précipitèrent vers la fenêtre.

Sur la plate-forme, tout au fond, la grande silhouette de Pete Boileau se balançait comme un homme ivre et s'accrochait à lui, ses jambes enroulées autour des genoux de l'autre, ses bras enroulés autour du corps du bagagiste juste au-dessus des coudes. - c'était Marley !

Regan et Carleton étaient fascinés. Il y avait quelque chose d'étrange, d'inhumain dans la scène – comme un chien enragé qui aurait bondi en grondant pour se saisir de la gorge.

Soudain, les jambes de Marley, d'un mouvement rapide et frétillant, relâchèrent leur emprise, toute sa forme parut rétrécir, devenir plus petite, il sembla s'accroupir sur ses genoux aux pieds de l'autre, puis son corps se redressa brusquement pour atteindre sa pleine stature avec un mouvement. rapides comme une corde d'arc détendue, ses bras s'envolèrent avec un lourd fardeau, et sur ses épaules, au-dessus de sa tête, une forme tentaculaire se précipita dans les airs.

« Dieu miséricordieux ! Il l'a tué ! haleta Carleton en se précipitant vers la porte. « Allez, Tommy *Quick !* »

Les deux hommes descendirent les escaliers dans un laps de temps que Regan, du moins, trapu et gros, n'a jamais reproduit avant ni depuis. Carleton, le visage dur et les lèvres serrées, ouvrait la marche, avec l'image qui lui venait à l'esprit de la forme insensée de Boileau sur le sol et de l'autre au-dessus déchirant comme une bête sa proie. Il ouvrit brusquement la porte de la gare, sauta sur le quai, s'arrêta involontairement, puis courut de nouveau.

Le formulaire du bagagiste était par terre, recroquevillé et recroquevillé, et il était insensé, s'il n'était pas quelque chose de plus. Mais le reste de l'image mentale de Carleton était fausse, complètement fausse. Juste à côté de l'endroit où avait eu lieu le combat, si on pouvait appeler combat, se trouvait un camion à bagages, et au-dessus, la tête baissée, ses deux grands bras enroulés autour de son visage, les épaules soulevées par des sanglots convulsifs, Marley pleurait comme un homme brisé. -enfant au cœur.

Prenez-le comme vous voulez, regardez-le comme vous voulez, Marley, quoi qu'il soit, était un spécimen contradictoire.

Tout autre homme au crâne un peu moins tendre que celui de Boileau – il devait être en tôle passe-partout – n'aurait jamais tiré un autre chèque de paie. Et même en accordant une partie de la plaque chauffante, c'était quelque chose d'étonnant. Il avait traversé les airs comme une fusée, et sa tête en avait pris le plein lorsqu'il avait atterri. Jusqu'à quel point? Carleton ne l'a jamais dit. Il l'a mesuré – deux fois. Mais il n'a jamais donné les chiffres du vol aérien de Boileau. Pete était un homme grand, mesurant environ six pieds et lourd pour sa taille. La force de quatre hommes ordinaires concentrés dans une seule paire de bras aurait peut-être pu y parvenir ; mathématiquement, cela ne fonctionnerait pas autrement. Carleton ne l'a jamais dit. Mais à quoi ça sert ! La division a longuement réfléchi à la question – et Marley a pleuré !

Ils ont récupéré Pete Boileau et l'ont transporté jusqu'au poste, et le contenu d'un seau à incendie au-dessus de sa tête lui a ouvert les yeux. Mais il lui fallut un bon quart d'heure avant de pouvoir parler, et au moment où ils se remirent de leur peur et pensèrent à Marley, le camion à bagages était désert.

« Qu'est-ce qui a commencé ! » grogna Boileau, répétant la question de Carleton. « Je suis pendu si je sais. Je le taquinais un peu – rien qui puisse blesser qui que ce soit. De toute façon, je ne faisais que m'amuser et je riais quand je le disais.

"J'ai dit quoi ?" » demanda Regan en interrompant.

«Eh bien, pas grand-chose. Il avait l'air si bizarre, sautant sur les voies ferrées comme un singe sur un bâton que je lui ai simplement demandé pourquoi il n'avait pas supprimé les chemins de fer et n'avait pas trouvé un travail dans un musée, et puis, avant que je m'en rende compte, il a poussé un cri et s'est mis en route . moi comme un foutu catamount.

"C'est bien pour vous", dit le maître mécanicien d'un ton bourru. « Je suppose que tu ne le harceleras plus, je suppose que tu ne le feras pas. Et aucun des autres hommes ne le fera non plus s'ils en ont eu la moindre idée.

«C'est un méchant petit diable», gronda Boileau. « Et sa force, » le bagagiste frissonna , « il n'est pas humain. Il tuera quelqu'un, c'est ce qu'il fera !

Le résumé de Pete était populaire : les hommes ont rapidement émis une contravention et un cardage à Marley conformément au connaissement de Boileau. Il n'y avait plus aucun doute sur lui, plus aucune discussion, plus rien. Ils connaissaient enfin Marley, et ils l'aimaient moins que jamais ; mais, aussi, ils imprégnaient un respect très sain pour le bien-être de leur propre peau. Un homme armé dont la force est celle des flèches de derrick doit être abordé avec une certaine prudence.

Marley lui-même n'a rien dit. Carleton et Regan l'ont mis sur le tapis et ont essayé d'obtenir sa version de l'histoire, mais malgré tout ce qu'ils ont retiré de lui, ils auraient tout aussi bien pu gagner du temps.

D'une certaine manière, il était un personnage assez pathétique, alors qu'il se tenait dans le superbe bureau l'après-midi du combat. Les épaules tombantes donnaient aux bras un aspect encore plus long que d'habitude, aucune couleur sur son visage, ses yeux violets presque noirs, avec un air mort et traqué. Tristesse, remords, terreur – ni Regan ni Carleton ne le savaient. Ils ne pouvaient donc pas le comprendre. Marley n'a offert aucune explication, n'a rien proposé. L'histoire de Boileau était juste, c'est tout.

«Vous auriez pu tuer cet homme», dit sévèrement Carleton, à la fin de vingt minutes insatisfaisantes.

« Vous pouvez remercier votre Créateur de ne pas avoir son sang sur vos mains – c'est un miracle que vous ne l'ayez pas. Ne connaissez-vous pas votre propre force ? Nous ne pouvons pas avoir ce genre de choses ici.

Le visage de Marley semblait devenir encore plus blanc qu'avant et il frissonna un peu, même si l'après-midi était trempé par la chaleur et que le thermomètre grésillait dans les années 90 - il frissonna mais ses lèvres étaient durement fermées et il ne dit pas un mot. mot.

Carleton, pour une fois dans sa vie lorsqu'il s'agissait de gérer des hommes, ne semblait pas tout à fait sûr de lui. Un combat ordinaire était une chose et, d'une manière générale, c'était strictement l'affaire des hommes ; mais tout ce qui concernait Marley, depuis son arrivée à Big Cloud jusqu'à la soudaine férocité bestiale dont il avait fait preuve ce matin-là, donnait un aspect un peu différent à la question. Un regard perplexe s'afficha sur le visage du super alors qu'il regardait tour à tour Marley et le maître mécanicien, tandis que ses doigts martelaient un tatouage sur le bord de son bureau.

« Tu as eu une certaine provocation, Marley, » dit-il lentement, « je ne veux pas que tu penses que je n'en prends pas en considération – mais pas assez pour fomenter une telle diablesse que celle que tu as montrée. Après ça, tu ne t'entendras plus jamais avec les hommes d'ici. Ils vont rendre les choses assez difficiles pour vous. Je pense que tu ferais mieux de partir, pour ton propre bien.

Il y eut un silence de mort dans la chambre du surveillant pendant une demi-minute, puis Regan, qui était assis avec sa chaise inclinée vers l'arrière et ses pieds sur le rebord de la fenêtre, laissa tomber les pieds de la chaise au sol et se retourna.

"J'ai mis Logan en service hier", a-t-il déclaré. « Il y a un travail de nuit pour essuyer la rotonde. Qu'en dis-tu, Carleton ?

Ce fut Marley qui répondit.

« *Oui !* " dit-il avec férocité.

Carleton frappa le fourneau de sa pipe avec son index et ses sourcils se haussèrent devant la soudaine animation de Marley. Les yeux de Marley rencontrèrent les siens d'un seul coup d'œil rapide, puis les paupières s'agitèrent pour les recouvrir. Il y avait quelque chose dans son regard qui captivait le mannequin, quelque chose qu'il ne parvenait pas à définir. Il y avait un plaidoyer, mais il y avait quelque chose de plus – comme un engagement, presque, semblait-il.

« Très bien, » dit-il brièvement ; puis, hochant la tête vers Mar-ley en signe de rejet : « J'espère que vous vous souviendrez de ce que j'ai dit. Tu peux partir."

Marley hésita comme s'il était sur le point de parler et changea d'avis, évidemment, car il se tourna, se dirigea droit vers la porte et sortit, puis ses bottes craquèrent dans les escaliers.

« Il sera loin des hommes là-bas, tous sauf quelques-uns », dit le maître mécanicien, comme s'il reprenait le fil d'une discussion. « Et quant à eux, je verrai qu'il n'y a pas de problème. Voilà Mme Coogan maintenant que… »

"Oui, Tommy" - Carleton sourit un peu - " Je n'ai pas mis ton intérêt uniquement sur le compte de l'amour pour Marley. "

"Ce qui m'attire", marmonna Regan en plissant les yeux, alors que ses dents se rencontraient dans le bouchon qu'il avait sorti avec difficulté de sa poche de hanche, "ce qui m'attire, c'est la façon dont il s'est mis à pleurer après. Il l'était comme un enfant. C'est la chose la plus répréhensible que j'ai jamais vue, quoi ?

"Je ne pense pas qu'il soit responsable de lui-même quand il devient comme ça", a répondu Carleton. « C'est exactement ce dont j'ai peur. Cela l'envahit en un éclair, faisant de lui un véritable démon, puis la relaxation dans l'autre sens est tout aussi incontrôlable. Je ne pense pas qu'il puisse s'en empêcher, il est fait comme ça. Cela ne ferait pas beaucoup de différence chez un homme ordinaire, mais avec une force comme la sienne (Carleton a soufflé un rond de fumée vers le plafond) vous avez vu ce qu'il a fait à Boileau.

"Je ne vais pas l'oublier", a déclaré Regan. « Mais s'il reste seul, je suppose qu'il ira bien. Tout homme assez fou pour faire autre chose maintenant le fera les yeux ouverts, et ce seront ses propres funérailles.

Ceux de l'équipe de nuit de la rotonde étaient évidemment du même avis. Ils le reçurent, il est vrai, avec peu de preuves de cordialité, mais leur distance était décidément prononcée, et ils regardèrent de travers l'étrange silhouette qui esquivait dans et hors de l'ombre projetée par les grands coureurs de montagne, ou, parfois, se tenait silencieusement près d'une des portes du moteur, sous la faible lumière d'une lampe à huile, regardant à travers le noir du plateau tournant les lumières scintillantes des interrupteurs dans la cour. Ils ne l'aimaient pas, mais ils avaient bien retenu la leçon ; et, à mesure que les semaines s'écoulaient, ils s'y mettaient : il fallait le laisser seul.

Une chose qu'ils ont admis à contrecœur : Marley pouvait travailler, et il l'a fait. Clarihue , le retourneur de nuit, était assez homme pour donner à un autre ce qui lui était dû à tout moment, quels que soient ses sentiments personnels, et il y eut quelques discussions, après un moment, entre lui et le maître mécanicien sur la possibilité pour Marley d'obtenir le prochain tour de rechange . cuisson.

Clarihue est même allé jusqu'à en faire allusion à Marley comme une possibilité, et malgré ses douleurs, il a eu une surprise : il n'était pas habitué à voir une chance de promotion refusée. Marley avait secoué la tête et ne voulait rien entendre. Il était satisfait de l'endroit où il se trouvait. C'était tout ce qu'il y avait à dire. Après cela, Clarihue rentra dans sa coquille. Marley pouvait essuyer jusqu'à ce que ses cheveux soient gris, pour autant qu'il s'en souciait.

Alors Marley essuya ; mais au chalet de Mme Coogan, à la fin de l'été, on ne faisait plus autant de lessive qu'auparavant, et le médecin du travail se mettait à passer trop souvent pour attribuer ses visites aux anciens appels amicaux occasionnels pour obtenir un médecin. discussion de l'après-midi. Et puis, un jour du début de l'automne, la lessive s'est complètement arrêtée et le visage du médecin était plissé et sérieux alors qu'il quittait le chalet et se dirigeait vers la rue Main jusqu'à la gare. Il entra dans le bureau de Carleton et, après quelques mots entre eux, le surveillant envoya chercher Regan.

Ce soir-là, la voiture privée de Carleton attendait sur la voie d'évitement lorsque le numéro deux, le Eastbound Limited, l'ancien train de Chick Coogan, est arrivé.

Alors que le petit aiguilleur de chantier dirigeait la voiture du super vers le Pullman arrière, Regan, endimanché, un costume de magasin en sergé noir, avec une chemise bouillie et un col raide, sortit de la gare avec Mme Coogan à son bras.

Ils ressemblaient à une paire incongrue. La démarche de la petite vieille dame contrastait douloureusement avec la démarche du robuste maître mécanicien : ses pas courts avaient un vacillement douloureux, hésitant et incertain. Une main agrippait avec ténacité la manche du manteau de Regan, tandis que l'autre tenait le châle délavé et démodé autour de ses épaules fines et courbées. Elle portait la tête légèrement penchée en avant, cachant le visage sous le pittoresque bonnet poke.

Un instant plus tard, Carleton sortit également de la gare et les rejoignit.

Les employés de la gare et les transats ont regardé le trio avec curiosité, puis ont regardé avec étonnement les deux fonctionnaires aider la vieille dame à monter les marches de la voiture privée – Mme. Coogan en tirait le meilleur parti, quoi que cela signifiait.

Les trois disparurent à l'intérieur, mais bientôt Regan et Carleton ressortirent et le super descendit sur le quai de la gare. Il tendit la main au maître mécanicien tandis que Frank Knowles, le conducteur, levait le doigt vers Burke dans le taxi.

« Au revoir, Tommy ; et bonne chance », a-t-il appelé alors que le train commençait à démarrer. "Ne vous pressez pas, prenez tout le temps dont vous avez besoin."

«Très bien», a répondu Regan. "Au revoir."

Carleton resta un moment à regarder les feux arrière s'atténuer jusqu'à ce que, finalement, ils disparaissent soudainement avec la courbe de la voie ferrée, puis il se tourna pour revenir le long du quai et s'arrêta.

Marley était accroupi contre le mur du hall de fret, au fond de l'ombre.

«Voilà, Marley», a appelé Carleton.

Marley, se croyant manifestement inaperçu, sursauta violemment, puis s'avança lentement.

"Pourquoi tu te caches là ?" demanda le surveillant.

"Je voulais voir Mme Coogan partir", répondit Marley avec un peu de défi.

Le ton de la voix de l'autre ne plaisait pas à Carleton.

« Alors, vous avez une drôle de façon de procéder, » dit-il brièvement.

Marley se tordait les mains, regardant la piste.

« J'ai dit au revoir avant de venir travailler », dit-il comme s'il se parlait à lui-même.

"Oh!" » dit Carleton, et il regarda Marley brusquement, « Je suppose que tu sais pourquoi elle est partie vers l'Est ?

"Oui," dit Marley d'un ton bourru. C'était tout – juste « oui ». Et sur ce, il se tourna brusquement et traversa la voie ferrée en direction de la rotonde.

Carleton, interloqué, le regarda avec un étonnement colérique, puis le air renfrogné qui s'était installé sur son visage se transforma en un sourire, et il haussa les épaules.

«Je suppose que Tommy a raison», marmonna-t-il en se dirigeant vers le bureau. « Marley est dans une classe à part. Nous n'avons jamais eu quelque chose de pareil en montagne auparavant.

Il fallut quatre jours avant que Mme Coogan et le maître mécanicien reviennent. Des journées pendant lesquelles Marley se glissait au comptoir du déjeuner de Dutchy à des moments déserts pour prendre ses repas et, si cela était possible, se repliait plus sur lui-même que jamais.

Les garçons étaient naturellement curieux à propos de Mme Coogan ; assez curieux même pour interroger Marley. Il n'avait qu'une réponse, une seule. « Elle est malade, je suppose », dit-il. Ils n'en ont rien retiré de plus.

Cependant, Marley a fait une chose dont Clarihue , même s'il n'y pensait pas à l'époque, s'en souvenait assez bien par la suite. Il demanda au tourneur de lui donner une feuille de papier de chemin de fer et un papier cartonné, et dans ses moments libres, la nuit précédant le retour de Mme Coogan, il travaillait, penché sur le petit bureau où les équipes de locomotives signaient et grattaient péniblement avec un stylo. Clarihue aperçut le drap au passage avant que Marley ne le recouvre à la hâte – juste un aperçu, pas assez pour lire un seul mot, juste assez pour s'émerveiller un peu devant la main de l'essuie-glace. Marley était un très bon rédacteur.

Marley, bien sûr, étant de service de nuit, dormait le jour, mais l'après-midi que Regan a ramené Mme Coogan au cottage, il a dû les entendre arriver, car il se tenait dans le petit salon lorsqu'ils sont entrés.

Mme Coogan hésita un peu sur le seuil, puis elle cria rapidement d'une manière hésitante :

"Marley, Marley, c'est toi ?"

Marley se tordait nerveusement les mains. Ses yeux passèrent rapidement de la vieille dame au maître mécanicien, puis les paupières s'abaissaient.

"Bien sûr," dit-il, "c'est moi."

Elle trébucha vers lui et fondit en larmes, pleurant comme si son cœur allait se briser.

« Marley, Marley », sanglotait-elle, « Ne les laisse pas faire ça. Ne les laisse pas faire , c'est un bon garçon , Marley.

Marley n'a jamais bougé, il s'est juste léché les lèvres avec sa langue et son visage est devenu plus blanc. Bizarre, la façon dont il s'est comporté ? Eh bien, peut-être. Jamais un geste pour rattraper la silhouette frêle et chancelante, jamais un mot pour apaiser son chagrin pitoyable. Il se tenait comme un homme écoutant un juge prononcer sa condamnation. Oh, oui, bizarre, si tu veux. Marley, quoi qu'il soit, était un spécimen contradictoire.

Ce fut Regan qui attrapa la vieille dame dans ses bras et la conduisit doucement dans sa chambre à côté du salon.

« Vous ne devez pas céder comme ça, Mme Coogan, » dit-il gentiment. « Allonge-toi un moment et tu te sentiras mieux. Je vais demander à Mme Dahleen , à côté, d'entrer.

Il fallut plusieurs minutes au maître mécanicien pour la calmer et la persuader de faire ce qu'il lui demandait, mais lorsqu'il ressortit, Marley était toujours debout, exactement comme auparavant, au centre de la pièce. Avec un air renfrogné sur le visage, Regan fit signe à l'autre de sortir et, une fois dans la rue, il baissa l'essuie-glace. Regan était dur quand son humeur était excitée et il ne choisissait pas ses mots.

"Qu'est -ce que tu veux dire par la traiter comme ça, espèce de déchets du tas d'ordures, toi !" il a explosé. « Vous savez assez bien pourquoi elle est partie, et si vous avez un peu d'intelligence dans votre vilaine tête, vous savez assez bien pourquoi elle est revenue, sans aucune instruction imprimée pour vous aider. A quoi tu joues, hein ? Que veux-tu dire? Vous n'êtes pas apte à fréquenter un chien ! Et c'est elle qui a tout dépensé pour sauver ta misérable carcasse, toi.

« Tu ferais mieux d'arrêter ! » — ces mots sont venus comme le sifflement d'avertissement d'un serpent avant qu'il ne frappe. Le visage de Marley était livide et ses grandes mains noueuses remontaient lentement au-dessus de sa taille.

Avec un juron surpris, Regan fit un bond en arrière : puis, séparés par un mètre, les hommes se regardèrent en silence.

Cela disparut en un éclair comme il était venu, car Marley, avec un frisson, laissa tomber mollement ses mains sur ses côtés, et la couleur revint lentement sur ses joues.

« Il n'y a aucune chance pour elle ? » – il ne restait aucune trace de l'explosion passionnée de l'instant précédent. La question était posée, hésitante – plutôt comme une affirmation combinée à un appel nostalgique à la contradiction.

Il fallut plus de temps à Regan pour se remettre, et il lui fallut une minute avant de répondre. Puis il secoua la tête.

« Elle sera aveugle dans un mois », dit-il d'un ton bourru.

Les yeux de Marley se posèrent sur ceux du maître mécanicien et tombèrent instantanément avec leur petit battement habituel.

" Il n'y a aucun doute, aucune chance d'erreur ? " osa-t-il.

de nouveau la tête.

"Aucune chance. Le meilleur homme que nous ayons pu trouver, East, a passé l'examen. Nous sommes en train de faire en sorte qu'elle soit admise dans un institut, quelque part dans un foyer pour aveugles.

"Je pensais que tu le ferais" - la voix de Marley était monotone. "C'est de cela qu'elle parlait, n'est-ce pas ?"

"Oui", a déclaré Regan.

Marley secoua la tête d'un air judiciaire.

« Cela va la tuer », remarqua-t-il, comme s'il affirmait un fait évident, mais banal. "Cela va la tuer."

— J'en ai bien peur, reconnut gravement le maître mécanicien. « Mais il n'y a rien d'autre à faire. Il lui est impossible de rester ici. Il lui faut quelqu'un pour s'occuper d'elle et elle n'a pas d'argent. Dieu sait que j'aimerais que nous puissions le faire, mais nous ne voyons pas d'autre solution que de la mettre dans un endroit comme celui-là.

"Je pensais que tu le ferais si ça tournait mal", répéta Marley d'une voix morte. "Je l'ai compris de cette façon quand tu es parti." Ses mains voyageaient sans but dans et hors de ses poches. Soudain, il sortit à moitié une enveloppe, sursauta, la repoussa précipitamment et regarda Regan. « Je… j'ai une lettre à poster », marmonna-t-il.

"Eh bien, en supposant que ce soit le cas", dit Regan un peu sauvagement (Regan n'était pas intéressé par les lettres à ce moment-là), " en supposant que ce soit le cas, vous n'avez pas besoin de…"

Mais Marley était de l'autre côté de la rue.

Le maître mécanicien haleta de colère, s'étouffa et entra dans la maison de Mme Dahleen pour faire ses courses. De toute façon, c'était une peine perdue de parler à Marley.

Il n'a pas fallu longtemps pour que la nouvelle se répande autour de Big Cloud, et pendant trois jours, ils ont parlé assez constamment de Mme Coogan, après quoi ils ont parlé de Marley.

Le Westbound Limited programme Big Cloud à 14 h 05 de l'après-midi, et le troisième jour après le retour de Mme Coogan, Marley descendit la rue vers une heure et demie et traversa la voie ferrée jusqu'aux magasins. Regan était dans l'atelier d'essayage lorsque Marley est entrée.

"J'aimerais vous parler", dit Marley en s'approchant directement du maître mécanicien.

"Bien?" grogna Regan, pas très cordialement.

"J'aimerais que vous veniez avec moi au bureau de M. Carleton."

Il y avait quelque chose dans la voix de Marley, fiévreuse, impérieuse, quelque chose dans son visage, qui stoppa la question impatiente qui surgit aux lèvres de Regan. Il regarda un instant avec curiosité la silhouette disgracieuse et grotesque de l'essuie-glace, puis, sans un mot, il sortit des magasins.

Ils traversèrent la cour en silence, montèrent les escaliers de la gare et entrèrent dans la chambre du surveillant. Marley ferma la porte et se plaça dos à celle-ci.

Carleton, à son bureau, se regardait tour à tour avec surprise.

«Bonjour», dit-il. "Quoi de neuf?"

Le maître mécanicien montra Marley du pouce et s'appropria une chaise.

«Il voulait que je vienne. Je ne sais pas pourquoi.

Carleton se tourna vers l'essuie-glace d'un air interrogateur.

"Qu'est-ce que c'est?" il a ordonné.

Marley traversa lentement la pièce jusqu'à ce qu'il atteigne le bureau du concierge. Son visage était tiré et il s'humidifia les lèvres du bout de sa langue.

— Il s'agit de Mme Coogan, dit-il d'un ton saccadé. « Cinq mille suffiraient, n'est-ce pas ? »

Carleton regarda l'homme comme s'il était fou, et Regan releva brusquement sa chaise en avant.

« Jurerez-vous de le lui donner si je le prends pour vous ? » La main de Marley, serrée, était sur le bureau, et il pencha son corps en avant vers le super. Il n'y avait plus de battement de paupières à présent, et ses yeux fixaient ceux de Carleton sans un scintillement. « *Jure-le!* » cria-t-il violemment.

Carleton recula involontairement.

"Marley," dit-il d'une voix apaisante, "tu n'es pas toi-même, tu———"

"Non, je ne suis pas en colère", interrompit Marley avec passion. «Je sais de quoi je parle. Je sais qu'elle mourrait dans l'un de ces lieux de charité. C'est à moi de voir. Elle m'a traité en blanc – la seule âme sur la terre de Dieu à l'avoir jamais fait. Et peut-être, peut-être aussi, que cela aidera les comptes Square. Vous jouerez honnêtement et jurerez qu'elle aura l'argent, n'est-ce pas ? »

«Je ne comprends pas», dit lentement Carleton; "mais je jurerai de lui donner tout ce que tu as à donner." Marley hocha rapidement la tête.

«C'est tout ce que je veux», dit-il. "Il n'y a pas grand chose à comprendre." Il fouilla dans sa poche et en sortit une coupure de journal longue d'une colonne qu'il posa sur le bureau. "Je suppose que vous aurez tout là-bas." Le lourd « set » du titre a bondi à Carleton. "RÉCOMPENSE DE 5 000 $." En bas, à mi-hauteur de la colonne, se trouvait la reproduction d'une photographie : celle de Marley.

Regan se leva de sa chaise et se pencha sur l'épaule du surveillant.

« Je pensais t'avoir déjà vu quelque part » — la voix de Carle-ton semblait tendue et creuse à ses propres oreilles. « Cela devait être la photo. Je me souviens maintenant. Vous… vous avez tué un homme à Denver il y a un an.

"Tout est là", dit Marley en se léchant à nouveau les lèvres. «Je ne l'ai jamais vu auparavant. Je l'ai tué comme j'ai failli tuer Boileau cet été. Je n'ai su qu'après coup qu'il était riche, jusqu'à ce que la famille lui offre cette récompense.

Carleton n'a pas parlé. Regan attrapa vicieusement sa prise. Marley remua avec inquiétude et passa le dos de sa main sur son front. Il est reparti détrempé. Dans le silence, le carillon du sifflet du Limited flottait par la fenêtre ouverte, puis, bientôt, le rugissement du train et le cri grinçant des mâchoires de frein.

« Mon Dieu », dit Carleton dans un murmure, « tu veux que je t'abandonne et que j'obtienne la récompense… pour elle !

Un étrange sourire apparut sur le visage de Marley. Des pas lourds montaient les escaliers. On frappa violemment à la porte et un homme entra rapidement. Pendant une seconde, ses yeux balayèrent le petit groupe. Puis il se retourna comme un éclair, et la bouche bleu-noir d'un revolver tint une perle sur le cœur de Marley.

« Ah, Shorty, » s'écria-t-il sombrement, « nous t'avons enfin eu, hein ? Étendez vos mains !

Sans protester, avec le même drôle de sourire sur le visage, Marley obéit. Il y eut un petit clic d'acier et il laissa tomber ses poignets verrouillés devant lui.

« Vous êtes M. Carleton, n'est-ce pas ? » – le nouveau venu s'était dirigé vers le bureau.

«Oui», dit Carleton d'un ton engourdi.

« Je m'appelle Hepburn, de la police de Denver », poursuivit l'officier. « Nous apprécions cela, M. Carleton. Shorty ici est très recherché depuis longtemps. Nous avons reçu votre lettre hier.

Hepburn s'arrêta pour fouiller dans sa poche et, pendant cette pause, les yeux de Carleton rencontrèrent ceux de Marley – et il comprit. Marley avait écrit la lettre lui-même et signé son nom, celui de Carleton. Et aussi, c'était assez clair maintenant, le télégramme sur lequel il s'était intrigué l'après-midi précédent. Il gisait devant lui sur son bureau.

Ses yeux y tombèrent. "Sera disponible à l'arrivée de Limited, (signé) Denver."

« Nous ne pouvons vous donner aucun reçu pour lui, comme vous l'avez demandé, » continua Hepburn en sortant un papier de sa poche ; « mais voici une reconnaissance que sa capture est due aux informations fournies par vous. Je suppose que cela répondra à l'objectif. Vous n'aurez aucune difficulté à obtenir la récompense. Il tendit le journal à Carleton.

Le super le prit machinalement et démarra tandis qu'il crépitait entre ses doigts.

« Maintenant, » dit vivement Hepburn, « je ne veux pas paraître brusque, mais il y a une heure locale à l'Est à deux heures vingt. Nous allons continuer, Shorty. Au revoir, monsieur Carleton. La prochaine fois que vous serez à Denver, consultez-nous. Il prit le bras de Marley et se dirigea vers la porte.

« Ne… dites-lui rien, M. Carleton. » La voix de Marley fut voilée et les mots devinrent bas.

Carleton n'a pas répondu. Il regardait le papier qu'il tenait à la main : le prix de Marley.

Regan lui avait tourné le dos, avec un mouvement précipité du poing vers ses yeux.

« Ne lui dites pas » – la supplication retentit à nouveau depuis l'embrasure de la porte.

Carleton essaya de parler et sa voix se brisa, puis il s'éclaircit la gorge.

"Elle ne le saura jamais, Marley," dit-il d'une voix rauque.

X—L'HOMME ! QUI N'A PAS COMPTÉ

C'était un petit valet de chambre aux cheveux gris, essuie-glace, balayeur, assistant de nuit dans la rotonde de Big Cloud, tout ce que vous voudrez, et voici l'histoire qu'il m'a racontée un soir, appuyé contre le montant noirci d'une des grandes portes. , s'essuyant les mains de temps en temps sur un tas de déchets graisseux.

Ils étaient plutôt durs dans les montagnes à l'époque où la Division Hill secouait son acier pour en faire une sorte d'emprise permanente – un lot assez dur. Les cheminots parce qu'ils devaient l'être ; le reste parce qu'ils étaient ainsi naturellement. Les mineurs et les Indiens constituaient la majorité de la citoyenneté, et il n'y a pas de pire mélange. Les Peaux-Rouges sont désormais parqués dans des réserves ; mais ce n'était pas le cas à ce moment-là, et il n'en fallait pas plus qu'un gros mot et une goutte de mauvais whisky pour mettre les choses en mouvement.

Il y a quelques poèmes de grande valeur, et d'autres choses, sur le noble homme rouge qui vous énervent, alors quand vous les lisez, vous en arrivez à souhaiter que le Tout-Puissant ait jugé bon de vous laisser être aussi un homme rouge. Eh bien, c'est bien à sa manière parce qu'après avoir côtoyé certaines choses réelles, on se rend compte que le monde doit gagner sa vie aux poètes tout autant qu'à n'importe qui d'autre, et que ce qu'ils disent doit sonner. bien; donc vous venez simplement de maintenir les signaux d'avertissement par instinct, et vous en restez là.

Mais, pour rendre hommage aux poètes, il y a une chose sur laquelle ils ne trébuchent jamais, c'est l'efficacité composée de l'odorat de l'Indien. L'Indien peut sentir. Lorsqu'il sort la poitrine, fait face au sud-est et commence à respirer l' air divin de la montagne , vous êtes libre de parier que les distilleries du Kentucky font suffisamment d'affaires pour que les chèques de dividendes réguliers soient une valeur sûre. C'est généralement un bon whisky. Le mauvais whisky, par son odeur ou autrement, porte plus loin – et il n'y a que quinze milles d'ici à Coyote Bend !

Coyote Bend n'était même pas une piqûre d'épingle sur les plans des ingénieurs lorsqu'ils ont tracé l'emprise, et il n'y avait pas de tel endroit lorsque l'acier était entièrement cloué jusqu'au jour où un prospecteur errant a jalonné un tas de affirmations – et la nouvelle s'est répandue.

De l'or dans les Rocheuses ? Non; on n'en a jamais *trouvé* beaucoup , mais il existe une grande superstition selon laquelle le filon mère de tout le pays est caché ici quelque part. C'est pourquoi, en deux jours, la nature sauvage et un ruisseau gargouillant qui coulait paisiblement à travers un canon aux hauts murs sont devenus Coyote Bend ; et c'est pourquoi le fret local a commencé à faire des arrêts réguliers pour décharger des fournitures le long de la voie ferrée. Il n'y avait pas de gare, bien sûr, pas d'agent, rien ; les trucs ont juste été jetés, c'est tout. Les destinataires sélectionnaient leurs marchandises s'ils savaient lire, ou les devinaient s'ils ne le savaient pas.

J'aurais peut-être dû vous le dire avant ; de toute façon, je vais le mettre maintenant. Il y a trois hommes qui figurent dans cette histoire, même si l'un d'eux ne compte pas beaucoup. C'était un jeune homme nommé Charlie Lee. Il était diplômé d'une université de l'Est, et tout ce qu'il avait à son actif était son diplôme et les vêtements qu'il portait lorsqu'il est arrivé en Occident. Il a frappé le super pour un travail, et il l'a obtenu : freiner le fret local. L'enfer pour un homme comme lui, hein ? Eh bien, c'était le cas, à plus d'un titre ! Quoi qu'il en soit, depuis ce jour, c'était le meilleur emploi qu'il ait jamais occupé assez longtemps pour toucher un deuxième mois de salaire.

Les deux autres étaient Matt Perley et Faro Clancy – « Breed » Clancy, l'appelaient-ils dans son dos.

Perley était un très bon type, assez droit, assez propre, mesurant selon les standards d'ici à cette époque ; un petit homme aux cheveux blonds, aux yeux bleus , plein de courage à l'intérieur, et un véritable cheminot – seulement un conducteur de fret, un conducteur de train local, mais il connaissait son métier ; il serait monté très haut, dans le temps.

Clancy était un diable, il n'y a pas d'autre nom pour lui, et même cela ne l'exprime pas – aucun mot ne le pourrait. Indien dans un sens, irlandais dans l'autre. Il avait l'air plutôt indien ; les Irlandais sont sortis en accent. Des yeux noirs, basanés, petits comme des pointes d'aiguille, des cheveux secs et rêches qui tombaient sur ses sourcils, une silhouette osseuse massive avec la force d'une grue de démolition – c'est Clancy, Breed Clancy.

Oh, oui, il était habile, aussi habile qu'on le fait – avec ses mains. Faro, le stud poker, les dés, tout, c'était son affaire ; ça, et faire des bars alcoolisés. Les camps miniers et les toutes nouvelles villes en plein essor étaient principalement la viande de Clancy – après que Perley l'ait chassé de Big Cloud.

Ne me demandez pas. Je ne sais pas ce qu'il y avait entre eux. C'était avant mon époque. Une femme probablement – de toute façon , on blâme généralement une femme . Quoi qu'il en soit, une nuit Perley a pris le dessus sur Breed et l'a fait marcher dans la rue devant son pistolet et hors de la ville. Après cela, Clancy s'est tenu à l'écart du Big Cloud. Comme je l'ai dit, cette partie était avant mon époque. Je sais seulement qu'il y avait du sang-froid entre eux ; du mauvais sang d'un côté, comme vous le verrez. Clancy a disparu de Big Cloud, et les deux ne se sont plus commis de faute jusqu'à ce que Coyote Bend commence.

Breed Clancy a atteint le Bend avec le premier afflux des mineurs, et avant qu'aucun d'entre eux n'ait eu le temps de faire autre chose que d'enfoncer une pioche dans le sol, il était occupé à assembler une petite cabane qu'il appelait un hôtel et commandait les meubles. – des meubles liquides, vous comprenez – de Big Cloud.

Il y en avait trois barils, la sorte d'eau de feu la plus dure qui ait jamais été envoyée dans les montagnes, expédiées à Clancy à Coyote Bend par les locaux, lors du premier voyage que Charlie Lee ait jamais fait avec Matt Perley . Je reviens à Lee maintenant, voyez-vous.

Eh bien, il était environ midi lorsqu'ils ont sifflé pour le virage ce jour-là, et Lee, sur les roues de frein à l'avant, a pu voir une douzaine de « couvertures » accroupies le long de l'emprise, là où le train s'arrêterait. Derrière eux se trouvaient un certain nombre de traînards du camp, parmi lesquels se trouvait un grand gaillard en chemise rouge que l'on voyait plus loin que le bras d'un sémaphore.

Or, je ne dis pas que ces Indiens ont été attirés par la ruée vers l'or à Coyote Bend. Coyote Bend, ou tout autre endroit, ancien ou nouveau, vicié ou prospère, recevrait sa part des peaux-rouges. D'où ils venaient ni où ils allaient, personne ne le savait. Ils arrivaient de nulle part et, s'ils aimaient l'endroit, ils grogneraient et s'installeraient pour un moment ; s'ils n'aimaient pas ça, ils grogneraient, en guise de bénédiction ou autrement, et partiraient.

Je ne dis pas qu'ils ont senti le whisky dans ce train. Je ne dis pas qu'ils savaient que Clancy importait de l'eau de feu, et ils étaient juste là pour admirer les barils et méditer sur ce qu'il y avait à l'intérieur. Je ne dis rien du tout à ce sujet, ni à ce qui a suivi. Il n'y a qu'un seul homme qui aurait pu l'expliquer – je dis « peut-être » parce qu'il ne l'a jamais fait ; et aussi parce qu'il connaissait la nature indienne aussi bien que n'importe quel homme blanc de l'Ouest. C'était Perley .

si Perley savait ou non que Clancy était au Bend. Je sais seulement qu'il aurait pu le savoir s'il avait pris la peine de lire les feuilles de route ; et il figurait également sur les cartes qu'il aurait pu apprendre la veille, à Big Cloud, que le whisky monterait le lendemain matin. Je ne sais pas, et c'est clair. Parfois, je pense que oui ; parfois, je pense que non. Je ne sais pas.

Quoi qu'il en soit, Lee a glissé au sol lorsque le train s'est arrêté et est retourné au wagon qui contenait le chargement pour le virage. Alors qu'il tâtonnait avec la porte, il ressentit une bouffée d'alcool brut qui faillit le renverser. Et puis, juste derrière lui, s'éleva un chœur de « pouah ! » reconnaissants.

Je t'ai dit qu'un Indien pouvait sentir le whisky, mais je ne t'ai pas dit pourquoi. C'est sa passion dominante. C'est direct. Je ne juge pas l'Indien; le goût est né en lui. Il y a des hommes blancs tout aussi mauvais. Je ne les juge pas non plus. Certains boivent pour les mêmes raisons que les Indiens, certains pour d'autres, et certains... certains hommes boivent parce qu'ils y sont obligés.

Ce que je disais? Oh, oui, Lee sent cette odeur. Eh bien, avant d'avoir déverrouillé la porte, l'homme en chemise rouge avait traversé les Indiens et s'était approché de lui.

« Je m'appelle Clancy», dit-il. "Est-ce que vous m'avez parlé de quelque chose?"

"Il y a trois barils pour quelqu'un", répondit Lee, et il ouvrit la porte. La minute suivante, il recula en criant et heurta Clancy.

"Pouah!" » s'écria l'apparition qui se présenta à lui.

« Il est ivre ! Majestueusement ivre ! Et sur *mes* affaires ! » rugit Clancy ; puis, se tournant violemment vers Lee : « Pourquoi l'avez-vous laissé entrer là, hein ? Pourquoi l'as-tu laissé tomber, espèce de petit visage farineux... »

« Ne le laissez entrer dans rien ! » rétorqua Lee en reprenant son emprise sur lui-même. « Tiens, toi, sors... et *vite !* »

L'Indien cligna gravement des yeux, mais ne bougea jamais. Il était assis les jambes croisées sur le sol, exactement au milieu de la voiture, entre les portes, se balançant légèrement d'avant en arrière. À côté de lui, renversé et ouvert, se trouvait l'un des fûts de Clancy. La voiture en empestait l'odeur, car le demi-fût qui avait jailli, ce qui n'était pas entré dans l'Indien était tombé par terre.

Le métis était complètement fou. J'ai parfois l'impression que cet homme n'était pas humain du tout. Il avait la main sur la gorge de Lee quand Perley arriva en courant par l'arrière.

"Quelle est la dispute ?" » commença-t-il, puis il s'arrêta. C'était un diable cool, Perley , et il ne bougeait jamais un cheveu lorsqu'il se plaçait entre les deux hommes. « Ah, Clancy, c'est vous, n'est -ce pas, espèce de renégat au visage cuivré ? » – pas de paroles bruyantes, pas de fanfaronnades, il n'élevait pas la voix ; mais son insulte, la pire qu'il eût pu faire avec sa langue, coupa comme la piqûre d'un fouet.

Clancy se retourna comme un éclair et regarda fixement la bouche du .45 du conducteur . Ses mains se serrèrent et se desserrèrent lorsqu'il reconnut Perley , et les cordes dans son cou se gonflèrent en morceaux noueux.

"C'est ton travail , ce travail, n'est- ce pas ?" » grogna-t-il. " Un jour , Perley , je te montrerai. "

Bizarre, dites-vous, il agirait ainsi – rien ne le justifie. Eh bien, peut-être. Je ne sais pas. Je ne sais pas ce qu'il y avait entre eux avant ; mais je connais l'horrible diabolique de Breed Clancy, et je sais que Lee, appuyé contre la voiture, frissonna au regard qu'ils passèrent entre eux deux.

Perley coupa court au métis. « Une fois, » dit-il avec mépris, toujours calme, sans élever un ton, et sa voix n'en était que plus meurtrière, « une fois, peut-être vous vous en souviendrez, je vous ai averti de rester en dehors de ma route. Lee, comment cet Indien est-il monté dans la voiture ? »

"Je ne sais pas", a déclaré Lee.

"Eh bien, jetez-le dehors", dit brièvement Perley en faisant claquer sa montre avec sa main libre. "Nous ne pouvons pas rester ici toute la journée."

Cette petite dispute entre Perley et le métis m'a pris plus de temps à la raconter, je suppose, qu'à se produire. Quoi qu'il en soit, cela n'a pas provoqué l'excitation que l'on pourrait imaginer. Les « couvertures » étaient trop occupées à boire l'odeur de ce whisky pour laisser leurs yeux affamés errer très loin d'autre part que la portière ouverte de cette voiture. Et quant aux retardataires, au moment où ils se rendirent compte qu'il y avait autre chose sur les planches que cet Indien ivre, Perley , avec le même mépris froid, avait remis son arme dans sa poche et poussait Lee dans la voiture.

L'Indien n'a offert aucune opposition lorsque Lee l'a plaqué. Il ne pouvait pas – il était au-delà de tout cela – il était tellement plein d'œil mort qu'il suintait par les pores. Il est resté assis là, et Lee l'a fait glisser jusqu'à la porte tel qu'il était, toujours assis, et l'a laissé sortir. Il heurta le sol avec un bruit sourd, rebondit d'un pied, se retourna, grogna et resta allongé comme une bûche. Il y eut un rire de la part des traînards du camp, et un chœur grave et envieux de « Ughs ! des « couvertures ».

Non, je ne plaisante pas, c'est loin d'être une blague, comme vous le verrez. Ils *étaient* envieux. Cela agissait comme un chiffon rouge sur un taureau – la possibilité d'atteindre la condition, l'état de béatitude céleste, qui avait été atteint par leur frère rouge, comprenez-vous ?

Clancy ne riait pas. Il se tenait là où Perley l'avait laissé, maussade et le visage tremblant. Je ne sais pas, je pense que c'est le courage de Perley qui a empêché le métis de tirer et de tirer sur le conducteur alors qu'il lui tournait le dos. Je ne sais pas – une bête brute intimidée par l'esprit humain, peut-être. Personne n'a jamais connu Breed Clancy. Il avait parfois sa bande jaune, et puis encore le sang qui était en lui le rendait pire qu'un fou forcené. Oui, je suppose que c'était un cas de « brute », car il n'y avait pas moyen de l'intimider quand la frénésie était sur lui.

Perley ne riait pas non plus. Il ouvrait et fermait sa montre avec impatience. "Allez! Allez!" il a crié à Lee. « Sortez ces barils. Nous devons traverser le numéro deux au ruisseau. Ce sera le tapis pour nous si nous la retenons.

Lee attrapa le tonneau ouvert et le dirigea vers la porte. Le contenu glissait et clapotait à l'intérieur lorsqu'il le déplaçait, et parfois un peu de substance se déversait par la bonde. Puis, d'une manière ou d'une autre, juste au moment où il atteignait la porte, sa prise glissa, sortit, bondit sur le bord des traverses, puis descendit le talus jusqu'aux mains de ces « couvertures » accroupies. Ils ne restèrent pas accroupis longtemps ; Je n'ai pas besoin de vous le dire. Ils y étaient en foule, et ils en ont eu le goût – ils en avaient eu l'odeur – et le remplissage allait arriver sous peu.

Clancy jurait dans les ruisseaux ; et aucun homme aussi grossier que Clancy n'a jamais vécu. Il a essayé une fois de faire sortir les Indiens du baril, et les retardataires l'ont soutenu sans enthousiasme. Vous auriez aussi bien pu essayer de déplacer ce magnat sur la fosse derrière vous. Il n'essaya qu'une seule fois, puis il se remit à jurer à nouveau, et Perley fut la cible de la plupart de ses injures.

Perley ? Il ne lui répondit jamais, mais son visage devenait de plus en plus dur – et son arme était de nouveau dans sa main. "Jetez ces deux autres barils!" » lança-t-il à Lee.

« Les Peaux-Rouges en auront jusqu'à la dernière goutte si je le fais », objecta Lee, hésitant.

« Aux risques du propriétaire. Nous n'avons pas de station ici. Jetez- les ! répéta Perley , plus sombre qu'avant, mais cette fois assez fort pour que Clancy l'entende.

« Oui, » rugit le métis, « oui, et je ferai pire que de vous assassiner l'un d'eux… »

"Jetez- les dehors!" » dit doucement Perley , en agitant le signal de feu vert à l'équipe du moteur.

Et ils descendirent le talus après le premier.

Lee sauta au sol et ferma la porte, juste au moment où les barres d'attelage commençaient à se resserrer le long du train et que le local se mettait en mouvement. Il attendit à côté de Perley pour faire pivoter le fourgon à mesure qu'il arrivait. Et pendant qu'il attendait, il regardait et souriait.

Drôle? Je ne sais pas; cela dépend de la façon dont vous voyez les choses, cela dépend de ce que vous appelez amusant. Lee pensait que c'était drôle, alors. L'air était plein de malédictions, de cris indiens, de cris, de jurons ; et il y avait un désordre confus de bras, de jambes et de barils. Les Indiens étaient rassasiés , et cette fois, Clancy et les retardataires étaient dans le jeu pour de bon.

Devant eux, l'équipe des machines était suspendue, souriante, à l'extérieur de la passerelle. Derrière, l'autre serre-frein occupait un siège réservé au sommet du fourgon de queue. A quatre cents mètres du camp, des hommes, attirés par les cris, commençaient à courir vers la piste. Une sorte de confusion incohérente, hein ? – Indiens, mineurs, barils de whisky et cheminots. Je ne sais pas; appelez ça drôle si vous voulez, mais peut-être pourrez-vous mieux l'évaluer lorsque j'aurai fini.

À ce moment-là, le fourgon était arrivé à l'endroit où se tenaient Perley et Lee. Perley fit monter Lee à bord, puis se retourna sur lui-même.

Juste au moment où il le faisait, la chemise rouge de Clancy surgit de la mêlée, son bras levé, et au-dessus du claquement des camions martelant l'acier, retentit le tintement du verre brisé de la vitre brisée de la porte - la balle était passée entre les têtes des deux hommes sur la plate-forme, les manquant d'un cheveu. Un autre coup de feu suivit le premier, un autre et un autre, dangereusement proches ; briser les boiseries autour d'eux; puis Perley a tiré. Le métis se retourna comme une toupie, porta la main à son visage et se renversa.

Puis la courbe de la piste a fermé la scène, mais pendant cinq minutes après avoir été hors de vue, ils ont encore entendu les cris des peaux-rouges, les cris et les injures des mineurs, et le crépitement des armes à feu comme le tir rapide d'une Gatling. . Vous voyez, on en est arrivé là avant la fin, et il y a eu du sang versé – en grande quantité – et, sans compter celui de Clancy, il n'y avait pas que du sang « couvert » non plus.

Clancy ? Je viens vers lui. Non, il n'a pas été tué. S'il l'avait été, je ne vous raconterais jamais cette histoire.

Il fallut deux ou trois jours avant que Lee et Perley n'apprennent les détails de ce qui s'était passé. Les Peaux-Rouges se sont battus comme des démons après que les mineurs ont commencé à tirer sur eux et en ont tué un ou deux, et, bien qu'ils aient finalement été maîtrisés, les victimes, comme je l'ai dit, n'étaient pas toutes de leur côté d'après un pendus.

Mais je parlais de Clancy. Eh bien, cette balle de Perley l'a touché à la pommette, a jeté un coup d'œil, a transpercé son œil gauche et a atterri quelque part contre le cartilage de son nez - une balle laisse parfois des traces étranges, bien pires que celles des géomètres. Ils l'ont emmené à Big Cloud chez un médecin , et avant qu'il ne soit à moitié guéri, il a disparu. Ils avaient ici une sorte d'hôpital de fortune à l'époque, et quand je dis « disparu », je veux dire qu'ils ont trouvé son lit vide un matin, c'est tout.

Je vous ai dit que je ne savais pas si Perley avait contribué à mettre cet Indien dans la voiture, ou les autres peaux-rouges du Bend. Je ne sais pas. Je t'ai dit que je ne savais pas ce qu'il y avait entre lui et le métis avant que tout cela n'arrive. Je ne sais pas. Perley ne l'a jamais dit. Mais jour après jour, alors que lui et Lee se précipitaient de long en large sur le local à travers les montagnes, il commença à devenir silencieux et maussade.

Lee, le jeune Lee à l'époque, était le seul à pouvoir s'approcher de l'intérieur de sa veste. Il aimait Lee, et Lee l'aimait bien ; mais même Lee avait ses limites en matière de confidences. Il y avait beaucoup de choses sur lesquelles Perley n'ouvrait jamais les lèvres. Non, je ne sais pas, car cela fait une grande différence maintenant.

Lee a été le premier des deux à entendre que Faro Clancy était « libre ».

« Cela me semble être une mauvaise affaire », a-t-il déclaré après avoir annoncé la nouvelle à Perley .

de Perley se plissèrent un peu. "Ça ressemble plus à un mauvais coup, un mauvais coup pourri", répondit-il d'un ton neutre.

« Cela, si vous voulez », répondit Lee ; "mais il y aura d'autres choses à suivre."

"On pourrait penser que vous *connaissez* Clancy", a déclaré Perley , toujours aussi cool.

Lee était inquiet. Appelez ça un pressentiment ou comme vous voudrez, à partir de ce moment-là, la chose l'énerva. Perley avait été plutôt gentil avec lui ; avait rendu les choses beaucoup plus faciles pour le jeune homme, vert et cru qu'il était, de cent manières différentes. Des choses comme ça veulent dire quelque chose.

« Écoute, Perley , dit-il, j'ai entendu des discussions et je sais qu'il y a quelque chose derrière tout cela entre toi et ce diable. Je ne demande pas de confidences… »

Perley l'interrompit et le rattrapa par l'épaule, presque en colère. "Ne vous mêlez pas!" » cracha-t-il. "Laisse tomber. *Vous* ne comptez pas là-dedans, quoi qu'il arrive. Votre présence au Bend ce jour-là était un accident. Ce qui se passe entre moi et Clancy nous concerne. Vous ne comptez pas. À moins que vous ne recherchiez une autre course en dehors du local, rappelez-vous-en et ne vous mêlez pas.

C'était tout. Lee n'en a plus jamais parlé à Perley . Perley avait raison, n'est-ce pas ? Je vous ai dit qu'il y avait trois hommes dans cette histoire, mais celui-là ne comptait pas. Non, Lee ne comptait pas. Pourquoi le devrait-il ?

Qu'est-ce qu'il avait à voir avec ça ? Perley avait raison, je vous laisse le soin.

Vous avez parcouru la division et vous connaissez le Devil's Slide, juste à l'ouest de Gap. Vous connaissez la note, la pire en montagne. Les trains avancent à une allure humaine, car ils ne peuvent pas aller plus vite ; et ils rampent tout aussi lentement, parce qu'ils n'osent rien faire d'autre.

J'ai vu les passagers quitter l'observation et marcher – vous aussi. Vous l'avez probablement fait vous-même ? Je le pensais. Un moteur supplémentaire à l'arrière pour pousser ou retenir, et un au milieu si le train est lourd, pour l'empêcher de se briser – cela réduit la traction sur la barre d'attelage, vous savez. Ils creusent actuellement un tunnel pour supprimer cette pente particulière, mais cela n'a rien à voir avec cette histoire, ni, d'ailleurs, avec la nuit, environ six semaines après cette affaire au Bend, lorsque le local, en direction est, grimpait. le toboggan du diable.

C'était une sale nuit à l'extérieur du fourgon. Une tempête avait balayé les montagnes tout l'après-midi, et quand la nuit tombait, c'était un vent hurlant, il pleuvait assez fort pour faire flotter les cravates.

La place de Lee était à l'avant, sur ce bout de piste, mais il n'allait pas bien ce soir-là, et l'autre serre-frein faisait son arraché. Un peu de fièvre des montagnes, ou quelque chose comme ça, rien de grave ; juste assez pour le faire frissonner et bouillir alternativement au-dessus du petit poêle du fourgon, assis dos à la porte. Au-dessus de lui, dans la coupole, tenant enfoncé le siège pivotant d'où il pouvait observer le train – c'est-à-dire voir son moteur lancer des étincelles, car c'est à peu près tout ce qu'il pouvait voir, je suppose – se trouvait Perley .

La voiture se balançait comme un hamac avec la poussée et la tension du gros poussoir couplé juste derrière elle – elle fait bizarre, c'est vrai. Chaque fois que je l' ai ressenti , j'ai toujours pensé à un chat et à une souris. C'est comme si le moteur tenait le fourgon par la peau et essayait de lui faire perdre la vie.

Vous l'avez un peu ressenti si vous avez déjà été dans le Pullman arrière en train de monter - la différence est qu'un fourgon de queue n'a pas de ressorts à proprement parler, vous comprenez ? De quoi ressusciter les morts. Vous ne pouviez pas vous entendre réfléchir. Pas tant à cause du bruit du train ou de la tempête, mais plutôt à cause du rugissement retentissant du pot d'échappement de la remorque, comme si elle essayait de cracher les tubes de sa chaudière à chaque fois que les soupapes glissaient.

Maintenant, il y a encore une chose que je veux que vous obteniez. L'équipage moteur d'un pousseur ne peut naturellement voir aucune trace, plate-forme de route ou quoi que ce soit de ce genre, et ce n'est pas non plus son affaire. Tout ce qu'ils regardent, c'est le leader et l'intermédiaire, s'il y en a un. Leur phare joue sur quelques voitures s'il est suffisamment haut, ou se

perd sur le dessus de la porte ou sur le toit du fourgon s'il ne l'est pas, compris
?

Lee n'a rien entendu. Il était assis, penché, la tête entre les mains, et c'est le
courant d'air provenant de la porte qui s'ouvrait qui le fit se retourner et lever
les yeux, pensant qu'elle s'était ouverte. Je ne sais pas comment on pourrait
le traiter de lâche ; peut-être que oui, peut-être que non; Quoi qu'il en soit,
c'était un homme au visage blanc et terrifié l'instant d'après, alors qu'il se
levait de sa chaise. Il ne s'est jamais levé. Au lieu de cela, il s'est tu comme un
couteau de poche et est tombé au sol avec un coup de crosse de revolver sur
la tête qui l'a rendu insensé.

Tout s'est produit en une seconde, mais dans cette seconde-là, Lee a compris
avec plus de vivacité que mille heures ne lui en auraient donné : la grande
silhouette imposante, l'eau qui coulait sur le sol en petites flaques à cause des
vêtements dégoulinants, la pâleur maladive de l'homme. le visage, la nouvelle
peau fine de la cicatrice livide sur la joue, l'œil aveugle – Clancy.

Lee n'a pas pu rester inconscient plus de vingt minutes, peut-être seulement
quinze, car il faut environ quarante minutes pour gravir les quatre miles du
Slide, voyez-vous. Appelez-le vingt, cela tient compte de ce qui s'est passé
avant et de ce qui s'est passé après. Lorsqu'il reprit ses esprits, la lumière de
la lampe à support était éteinte ; soufflé par le courant d'air, car la porte était
ouverte. Un ou deux faisceaux parasites provenant du phare du pousseur
remplissaient le fourgon d'une lumière incertaine et vacillante – due à la
secousse et au balancement, vous savez, même si Lee crut d'abord que c'était
sa tête.

Il essaya de se relever, mais il ne pouvait pas bouger. Il était pieds et poings
liés, étendu sur le plat du dos, impuissant. Pendant une minute, il fut trop
abasourdi pour comprendre, puis il se souvint de Clancy. Il regarda la
coupole au-dessus de lui. Le fauteuil pivotant était vide – Perley était parti.

Les camions de voitures battaient un *clac, clac-clac régulier*, tout en martelant
les éclisses ; de derrière retentissait le tonnerre profond et profond de l'
échappement de la caravane ; autour, les cent bruits de la voiture qui grince,
gémit, tangue ; au dehors, le crépitement de la pluie, le gémissement du vent.
Mais par-dessus tout, aussi faible soit-il, un son retentit qui fit frissonner le
cœur de Lee.

C'était comme un gémissement haletant, tu comprends ? C'était là la partie
inhumaine de la chose ; c'était haletant — il n'y avait pas de pause — une
sorte de sanglots monotones. Cela venait de derrière lui. Lee frissonna en
écoutant, puis son cœur se mit à battre comme s'il allait éclater. Il avait
peur… *peur*. Prémonition, peut-être ; Je ne sais pas. Il se retourna sur le côté
et il vit...

Comment puis-je le dire ! Une silhouette était accroupie contre le côté de la voiture dans une posture à moitié assise, le visage était rouge – rouge du sang qui coulait de son front. Lee hurla de terreur. « Perley ! Perley ! » Puis il tomba malade à cause de l'horreur qui l'envahissait. Pire encore qu'un meurtre, le métis avait menacé – et il avait tenu parole. Perley avait été scalpé !

Le cri de Lee a dû atteindre la conscience du pauvre malheureux, car il se releva en chancelant, balayant ses yeux des deux mains. Lee, malade jusqu'au plus profond de l'âme, la sueur coulant à grosses gouttes froides sur son front, se battait comme un fou avec ses liens.

Perley n'a jamais parlé, n'a jamais prêté la moindre attention à Lee – il avait dépassé tout cela – mais son cerveau, au moins, était encore capable d'impression cohérente. Cela devait être le cas – pour rendre compte de ce qu'il avait fait. Juste en face de lui, alors qu'il vacillait et se balançait, se trouvait un morceau de miroir cassé punaise sur le côté de la voiture. Il le regardait fixement.

Ses gémissements s'arrêtèrent. Le choc de sa propre horreur a dû le révolter, ébranler son être même. Sa main cherchait faiblement, peut-être inconsciemment, sa poche – son revolver – jusqu'au bout.

à nouveau alors qu'il luttait pour se libérer, puis, alors que Perley tirait, il éclata d'un rire sauvage et discordant. Son esprit cédait. Il se mit à bafouiller comme un fou – c'est comme ça qu'ils l'ont trouvé – avec le corps de Perley projeté en plein sur sa poitrine.

Ne me demandez pas. Je vous ai dit que Perley était un petit homme de petite taille et scié. Je ne sais pas, n'est-ce pas ? Le métis , physiquement, aurait pu le gérer comme un bébé, une fois qu'il l'avait pris par surprise. C'est tout ce que je sais.

Ils ont enterré Perley à Big Cloud ; et ils ont enterré Clancy là où le groupe l'a déposé, percé de trous. C'est l'histoire.

Lee ? Charlie Lee? Pourquoi, il ne compte pas, n'est-ce pas ? Il n'avait rien à voir avec ça. Eh bien, si lui vous intéresse, je vous le dirai. Son diplôme collégial ne lui a jamais servi à rien. Une fois qu'il s'est rétabli et qu'il est sorti de l'hôpital, il s'est mis à boire périodiquement – *durement* . Entre les temps, c'est droit comme un fil, vous comprenez, pendant six semaines, disons, puis recommencez. C'était il y a quinze ans, et il continue de le faire depuis. Les médecins ont dit que ce coup sur la tête l'avait déstabilisé, un éclat de crâne ou quelque chose comme ça ; mais la médecine n'est pas une science exacte. Les médecins avaient tort. Le problème était plus profond que le crâne : il était dans son âme. Lee a bu pour se sauver de la maison de fous. Je vous l'ai dit, n'est-ce pas, que certains hommes boivent parce qu'ils y sont obligés ?

Carleton, le concierge et les hommes avant Carleton ont compris ce que les médecins n'avaient pas compris, donc Lee travaille déjà pour le chemin de fer. Pas de freinage – il n'est pas fait pour ça, mais il garde le travail qu'on lui a donné – et on le lui garde – quand il revient après ses crises. Je... il y a le contremaître qui crie pour moi. Désolé, mais je vais devoir y aller. « Si vous sortez sur le numéro un, elle descend juste la gorge maintenant. Bonne nuit Monsieur."

Je l'ai perdu dans l'ombre du grand magnat sur la fosse derrière moi. Puis je me suis retourné et j'ai marché lentement hors de la rotonde, sur la plaque tournante et à travers les voies jusqu'au quai de la gare. Le doux carillon du Numéro Un descendit de la gorge, puis la lueur du phare électrique et le grondement du train. Et à un rythme rapide et féroce, les camions battant et tambourinant ont repris le nom que j'avais entendu crier le contremaître et l'ont résonné encore et encore à mes oreilles :

« Oh-toi-Lee ! Charlie-Lee ! Lee ! Charlie-Lee... Lee ! »

XI — « OÙ EST HAGGERTY ?

« La division Hill en était bien sûr assez fière, car Carleton était son ancien chef ; mais il n'en lut pas moins l'ordre général numéro 38 avec consternation et appréhension.

"TJ Hale", a déclaré le GO, "est nommé par la présente surintendant de la division Hill, dont le quartier général est à Big Cloud, le vice-HB Carleton étant promu directeur général du système."

"Maintenant, qui est Hale dans ces flammes à double blanc et à blanc?" » demandèrent la rotonde et les équipes des machines.

"Carleton était tout à fait positif, hein ?— quoi !" grognèrent les répartiteurs.

Les équipes du train agitaient leurs lanternes d'un air de défi, et les conducteurs de passagers jonglaient entre leurs coups de poing et leurs petits doigts, souriant d'un sourire supérieur. Hale était peut-être un bon homme, peut-être qu'il l'était, mais Carleton était … « Royal » Carleton. « Je suppose qu'il s'entendra bien avec nous, *mais* il ne veut pas se rafraîchir, c'est tout. D'où vient-il, hein ?

Au début, personne ne semblait en mesure de répondre à cette question. L'impression générale était que le Transcontinental l'avait récupéré par quelque route de l'Est . Il était certainement un homme nouveau, tout nouveau, dans le Système.

Et puis la renommée d'un certain Haggerty, qui freinait sur un passager local, devint grande et, par conséquent, le mécontentement de la Division augmenta.

Haggerty a déclaré : « Quand j'étais à la Penn il y a cinq ans, ce type Hale était super assistant. Je l'ai bien connu. Toi Si vous voulez faire attention à lui, vous pouvez me croire sur parole. C'est une sacrée terreur, et c'est un fait. Vous avez du chewin ' ? »

Haggerty a eu sa part, étant un menteur flagrant ; et Hale a eu une réputation entachée pour la même raison.

Mais Haggerty a obtenu bien plus que ce qu'il avait à mâcher – et il n'a pas eu longtemps à attendre. Le jour où le nouveau super était attendu, Haggerty, à bord du service de passagers numéro sept, monta à Big Cloud vers midi et, profitant des dix minutes d'attente pour des rafraîchissements, monta à califourchon sur un tabouret au comptoir du déjeuner. Entre les bouchées, il lançait des questions à Spence, le répartiteur, qui était en train de prendre son repas de midi.

"Hale est déjà là ?" il a ordonné.

"Je ne l'ai pas vu", a répondu Spence.

« Quand l'attendez- vous ? insista Haggerty.

«Je ne sais pas», répondit Spence.

"Oh, ne sois pas si proche!" claqua Haggerty. "Tu n'es pas Vous révélerez n'importe quel secret important si vous dites à quelle heure son spécial aura lieu, j'imagine.

"Je n'ai entendu parler d'aucune spéciale", a déclaré Spence. « Dis, Haggerty, on me dit que Hale est un vieil ami à toi, hein ? Pas étonnant que tu sois anxieux. J'ai oublié cela. Dès que j'aurai des nouvelles de lui, je vous connecterai pour que vous puissiez sauter dans votre train, revenir dans un wagon à bras et être ici sur le quai pour le rencontrer.

"Vous allez aux flammes!" » rétorqua Haggerty, et il jeta un regard renfrogné de l'autre côté du comptoir à un petit bonhomme à l'air inoffensif qui avait pris la liberté de sourire aux paroles du répartiteur.

Au regard de Haggerty, le sourire disparut dans une tasse de café portée précipitamment aux lèvres. "Hein!" » renifla Haggerty, pour faire comprendre à l'autre l'audace et la témérité de son acte, et également l'inopportunité de le répéter. Haggerty était vexé. Une fois avant ce matin, il avait été obligé de reléguer cet individu insignifiant, louche et portant des lunettes, qui persistait à monter sur la plate-forme, à un juste sentiment de soumission. Et la méthode employée n'avait pas été plus délicate que celle consistant à pousser l'homme physiquement dans la voiture par le col de son manteau. "Hein!" répéta-t-il avec une inflexion croissante.

« Non, Haggerty, » continua Spence agréablement, « Ne vous inquiétez pas. Je ne te décevrai pas. Lorsque le super descend du train et que les premiers mots qu'il prononce sont : « Où est Haggerty ? et vous n'êtes pas là pour répondre de la même manière, je peux clairement voir qu'il y aura des choses à faire. Oh non, ne vous inquiétez pas, je ne vous jetterai pas sur une chose pareille… » Cela ne serait pas sage pour nous, il faut vivre avec lui, l'énerver dès le début ! Non, ce ne serait certainement pas le cas, quoi ?

"Vous allez mordre sur un sabot de frein, vous êtes trop pointu pour grignoter des beignets", gronda Haggerty. Et, se balançant de son siège, il retourna à son train.

Une heure plus tard, alors qu'il atteignait Elk River, la fin de sa course, il trouva un télégramme qui l'attendait de Spence. Il pinça sa lèvre inférieure pendant qu'il le lisait.

« Espèce de farceur rusé», télégraphia le répartiteur, «pourquoi ne nous as-tu pas dit que ton ami t'avait suivi au numéro sept?»

Haggerty repoussa sa casquette derrière sa tête et jura doucement dans sa barbe. Il commença à penser aux passagers qui étaient à bord du train lorsqu'ils tombèrent sur Big Cloud. Aucun individu ne semblait se démarquer en tant que nouveau super.

Puis une idée vint à Haggerty et il monta dans la voiture arrière où Berkely, son conducteur, rédigeait ses bulletins.

"Dis, Jim," dit Haggerty, "y a-t-il eu des passages dans Big Cloud ce matin ?"

Berkely leva les yeux avec méfiance. " Occupez-vous de vos affaires et vous vous entendrez mieux ! " » cracha-t-il.

"Oh, punk !" répondit Haggerty. « Mon compte est le même que le vôtre , n'est- ce pas ? Qu'est-ce que tu as, alors ? Honnêtement, Jim, je veux savoir. Y avait -il des laissez-passer ?

"Non, il n'y en avait pas", grogna Berkely, se refroidissant un peu.

"Eh bien, alors, vous auriez pu le dire au début, au lieu de sauter sur un type pour rien ", dit Haggerty, et il sortit de la voiture pour se suspendre méditativement à la rampe et cracher pensivement sur les traverses.

"Maintenant, ça ne te piquerait pas ?" demanda-t-il à l'univers en général. « Est-ce que ça ne te piquerait pas ? Qui a déjà entendu parler d'un nouveau super arrivant au travail chevauchant un local avec un *ticket* ! Et je lui ai demandé quand il allait arriver. Oh oui, ça vous piquerait certainement ! Ce drôle de garçon, Spence, fera passer ça et... oh, punk ! Je ne suis pas sûr que ça n'aurait pas été mieux si j'avais gardé le silence sur Hale , mais qui aurait cru qu'il monterait dans *mon* train ! Comment pouvais-je le savoir, hein ? Et pendant tout le lay-up de cet après-midi à Elk River, Haggerty a réfléchi à la question. Il continua à y réfléchir alors qu'ils partaient pour le voyage de retour dans la soirée, et il y réfléchissait encore lorsqu'ils sifflèrent Big Cloud.

Il n'y avait pas de lune cette nuit-là et il faisait assez sombre lorsqu'ils entraient en courant. Haggerty, avec sa lanterne, se tenait à l'arrière. Alors que le train ralentissait jusqu'à s'arrêter, un homme est venu démolir le quai de la gare en courant.

« Où est Haggerty ? » appela-t-il à bout de souffle. "Où est———"

"Ici", dit promptement Haggerty en se penchant par-dessus les marches et en montrant sa lumière. "Que veux -tu ?"

"Oh, d'accord", dit l'homme. «Je reviendrai…» et il disparut dans l'ombre de la gare.

"Il agit comme s'il était cinglé", marmonna Haggerty en se balançant hors des marches.

Mais, bien que Haggerty ait attendu, l'homme n'est pas revenu, et il n'était pas revenu lorsque le train a commencé à sortir de la gare, et Haggerty était de nouveau sur la plate-forme arrière du wagon. Puis, au moment où sa main tendait la main pour ouvrir la porte, il s'arrêta et sursauta brusquement comme s'il avait été piqué.

Une voix sortit de l'obscurité de l'autre côté de la voie ferrée, près de la rotonde. « Où est Haggerty ? » demanda-t-il anxieusement.

Puis Haggerty tomba et son visage devint rouge de rage. Il se pencha au loin par-dessus la rampe et, oubliant que la pantomime se perdait dans l'obscurité, il tendit son poing fermé dans la direction d'où venait la voix.

"Tu vas à he- ee - ll-lll !" brailla-t- il , l'exclamation secouée en syllabes à cause des roues de la voiture qui cahotaient sur les interrupteurs de voie d'évitement à ce moment précis. Et puis, ses sens étant très aiguisés, de l'endroit où la lumière brillait dans la fenêtre du régulateur, il crut entendre, au-dessus du bruit momentanément croissant du train, un rire - un rire qui produisait tout sauf un effet apaisant sur sa sensibilité déjà indignée. .

Or, Haggerty n'était pas le genre de ceux qui peuvent passer à la légère une plaisanterie à leurs propres dépens, surtout si cette plaisanterie est trop longue et comporte un soupçon de venin sous-jacent. Par conséquent, alors que « celui sur Haggerty » se répandait dans la division, et à peine une heure du jour se passait que le cri « Où est Haggerty ? n'atteignit pas ses oreilles, il commença à bouder et à chérir sa blessure. La division y mettait du sien. Mais le plus curieux dans tout cela était que son amertume n'était pas dirigée contre lui-même, qui était la cause directe de sa déconvenue, ni contre Spence, qui en était la cause indirecte, mais contre Hale, qui n'était aucune cause.

Haggerty n'avait vu le commissaire qu'une seule fois. Hale lui fut montré sur le quai de Big Cloud, et Haggerty s'était précipité à l'intérieur de son train. Hale était le petit bonhomme inoffensif qu'il avait traité avec si peu de courtoisie au comptoir du déjeuner, l'individu insignifiant aux lunettes louches qu'il avait tiré du quai de la voiture par le col de son manteau ! Lorsque les sentiments mêlés de perturbation et d'étonnement de Haggerty lui permettaient de parler, celui-ci était plutôt incohérent.

" *C'est* ... l'avorton !" il haleta et s'affala sur un siège vide.

Et dans ce résumé peu élégant, mais concis, de la capacité et des dimensions du nouveau fonctionnaire, la division était avec lui jusqu'au dernier chef de section. Lui, un cheminot ! La division Hill se souvenait du « Royal » Carleton et en avait honte, et elle était irritée par la honte qu'elle considérait comme ayant été infligée à elle. De tout cela, Haggerty était la seule grâce salvatrice !

Ainsi sur Haggerty ils ont relâché, derrière l'humour, un peu de leur amertume. Haggerty est devenu la soupape de sécurité de la division.

Un mois s'était écoulé et Hale avait été à la hauteur de ce que son apparence les avait laissé espérer. Il aurait pu être un automate pour tous les signes de vie émanant de son bureau. Juste la routine, les affaires courantes, la routine, c'était tout. L'inquiétude et l'agitation qui couvaient la division se sont transformées en mépris - le genre de mépris qui a poussé les wagonniers à prendre des airs et à se considérer au fond de leur cœur comme de meilleurs cheminots que celui qui les dirigeait avec une autorité suprême.

Même Haggerty ne se dissimulait plus lorsque les circonstances exigeaient qu'il respire le même air que son supérieur. Haggerty avait acquis une certaine fanfaronnade ; De plus, il exprimait maintenant son opinion, sa mauvaise opinion cordiale, sur M. Hale, sans retenue et sans retenir sa langue.

Et puis Haggerty a eu un choc. Cela a été transmis par Spence.

« Je l'ai reçu du commis de Hale hier soir », a déclaré le répartiteur. « Il va organiser une inspection spéciale dans la division, et il a repéré le bout de tout pour l'équipage. Il t'a choisi en premier, Haggerty.

"Oh, oublie ça!" grogna Haggerty avec un air renfrogné.

"Je pense qu'il y a quelque chose derrière tout ça," poursuivit Spence, sa voix modulée de manière confidentielle. "Entre toi et moi, Haggerty, le voyage d'inspection est un bluff."

Haggerty dressa les oreilles. « Comment ça ? » il a ordonné.

"Eh bien," dit Spence sereinement, reculant à une distance de sécurité, "je pense qu'il est blessé par la façon dont vous l'avez coupé depuis qu'il est ici. Il a envie de votre compagnie, et... »

Haggerty se leva du camion à bagages sur lequel il était assis et brandit frénétiquement son poing en direction de la silhouette qui s'éloignait rapidement . Il gesticulait toujours violemment et marmonnait sauvagement pour lui-même lorsque la fenêtre de la salle du répartiteur au-dessus s'ouvrit doucement et que Spence sortit la tête.

« Hé, là, Haggerty », a-t-il appelé, « arrête de pratiquer cet alphabet sourd-muet. Vous n'avez pas de temps à perdre. Vous voulez courir et demander à la femme de presser une culotte et de repasser une chemise bouillie pour vous. Vous recevrez vos commandes demain matin.

"Descendez une minute", s'étouffa Haggerty, sa rage attisée à blanc par la connaissance de sa propre impuissance, car Spence, comme il le savait bien, était retranché en toute sécurité derrière des portes verrouillées. « Juste une

minute, et je donnerai à ton visage l'impression qu'il n'est jamais né. Je le ferai
!

"Haggerty", dit Spence d'un ton blessé alors que la fenêtre se fermait, "vous
êtes mécontent."

Mais Haggerty devait être encore plus mécontent, car le lendemain matin,
fidèle aux paroles de Spence, il se retrouva affecté à l'inspection spéciale
numéro quatre-vingt-neuf. Haggerty n'était pas content ; mais il monta dans
la voiture avant, alors qu'ils se dirigeaient vers les montagnes avec la
résolution mentale qu'il garderait à l'écart du super.

Cependant, les résolutions, comme bien d'autres choses, sont parfois
brutalement bouleversées face à des conditions qui ne sont pas prises en
compte dans le calcul. Ils avaient parcouru une distance de quarante milles
et étaient sur le point d'entrer dans la gare de Coyote Bend, lorsque Haggerty
faillit tomber au sol alors que « l'air » arrivait avec une précipitation soudaine,
et le train s'arrêta brusquement comme un train. Bronco. Le coup de sifflet
retentissait comme un fou pour le bloc devant. Haggerty a attrapé son
drapeau rouge, est tombé au sol et a couru devant la voiture du super pour
prendre ses distances.

Devant lui, il pouvait voir la queue d'un fret disparaître dans le virage,
rampant pour se mettre en sécurité sur la voie d'évitement. Rien de très
intéressant là-dedans, quelqu'un obtiendrait Tokio pour avoir réalisé le
spécial, supposait-il. Peut-être que le fret était tombé en panne et qu'il était
en retard pour faire le virage. Personnellement, Haggerty s'en fichait. Cela ne
faisait que très peu de différence pour lui. Il ramassa une poignée de pierres
et commença à les brancher au poteau télégraphique le plus proche. Soudain,
il changea la direction de ses tirs, et laissa s'envoler de toutes ses forces un
spermophile qu'il avait repéré accroupi devant son trou.

"Saint Mac!" » éjacula-t-il avec un étonnement sans limite. «Je crois que j'ai
juré!» - et il est retourné voir.

Juste au moment où il descendait le talus, la Special commença à siffler son
drapeau, « un-deux-trois-quatre », et Haggerty, se précipitant à nouveau vers
la piste, se mit à courir. Mais malgré sa course rapide, il n'avait parcouru
qu'environ la moitié de la distance lorsque le train commença à avancer. C'est
donc un Haggerty très essoufflé et haletant qui a réussi à attraper le rail de la
voiture arrière, la voiture du super !

Il n'y avait plus qu'à passer et Haggerty, avec sa fanfaronnade acquise,
sursauta. Le concierge était seul dans le compartiment arrière, assis à une
table, une masse de papiers devant lui. Haggerty enroulait assidûment son
drapeau en passant.

"Haggerty!"

Haggerty s'arrêta et se retourna au son de son nom.

Hale fouilla la main dans une boîte de cigares ouverte sur la table, en choisit un avec soin, l'alluma et se laissa tomber dans son fauteuil. « J'aimerais vous en offrir un, Haggerty, » dit-il doucement, « mais j'ai peur que vous ne compreniez mal. »

Haggerty bougea un peu devant le regard du super. D'une manière ou d'une autre, il n'y avait aucun regard du tout ; au lieu de cela, derrière les lunettes, les yeux gris étaient remarquablement brillants et clairs, et leur stabilité était déconcertante – pour Haggerty.

"Il semble", dit Hale, un petit sourire aux coins des lèvres, "qu'ils ne mesurent pas les hommes selon les mêmes critères ici dans l'Ouest que lorsque nous étions de retour ensemble sur la Penn, hein?" Haggerty rougit. Sa seule croyance aurait été la fanfaronnade ; mais, curieusement, il y avait quelque chose chez ce petit homme, il ne savait pas exactement quoi, qui rendait toute fanfaronnade impossible. Par conséquent, Haggerty se taisait et ses doigts jouaient nerveusement avec le drapeau, le faisant tourner encore et encore maladroitement.

"Ne faites aucune erreur, Haggerty," continua agréablement le super. « Je n'essaie pas d'en parler. Je veux que vous sachiez que j'ai entendu l'histoire. Je veux que tu saches que je ne l'ai pas flairé. Je l'ai entendu au comptoir du déjeuner ce jour-là, après votre sortie, et avant que les hommes là-bas ne sachent qui j'étais. Je veux commencer directement avec toi, Haggerty.

Haggerty était perplexe et troublé par cette ouverture. «Eh bien, monsieur», lâcha-t-il, «bien sûr, vous savez que tout cela n'était qu'un mensonge. Je ne l'ai fait que pour un plaisir.

"Oui, je comprends," répondit Hale. « En soi, cela ne signifie rien, mais les conséquences sont un peu plus importantes que ce à quoi vous vous attendiez, n'est-ce pas ? Cela fait office de boomerang, et tu es plutôt endolori, Haggerty, n'est-ce pas ?

L'ouverture d'esprit et le ton amical du super s'emparèrent de Haggerty, et il se réchauffa envers l'autre.

"Eh bien, oui, monsieur, je suppose que je le suis", a-t-il admis.

Hale hocha la tête. « Maintenant, je veux que tu voies l'autre côté, Haggerty : mon côté. Aucune division d'un chemin de fer, ou de quoi que ce soit d'autre, ne peut se rendre justice à moins que tous ceux qui y sont liés ne s'unissent *pour* cela. Je veux que *tous* les hommes ici avec moi, et avant tout je te veux. Rien ne détruit autant le respect que le ridicule. La division, à la manière dont une épidémie de rougeole surgit chez les enfants, s'est mis en tête de ne pas aimer le successeur de M. Carleton, quel qu'il soit. Aujourd'hui, malheureusement, au lieu d'avoir freiné la propagation, les microbes se propagent car, après leur amusement avec vous, une description de mépris à mon égard est constamment entretenue. Alors je veux que tu coopères avec moi, Haggerty, et que tu leur montres qu'après tout, que je sois une terreur sacrée ou non, que je sois un avorton de géant, quoi qu'il arrive, j'ai droit à une juste affaire ici en Occident. Voilà, Haggerty, c'est un sermon assez long pour moi. Je ne suis pas très doué pour la prédication. Repensez simplement ce que je vous ai dit dans votre esprit, c'est tout. Je pense que je peux vous offrir un cigare en toute sécurité maintenant. En aurez-vous un ?

Haggerty accepta le cigare avec un marmonnement de remerciement, troublé, et tandis qu'il s'avançait vers l'autre voiture , il en mâcha pensivement le bout.

« Eh bien, comment va le petit bonhomme ? J'espère que le trajet n'est pas ça le rend malade en voiture », ricana Slakely , le chef d'orchestre.

Haggerty s'approcha de l'autre et enfonça sauvagement son poing à quelques centimètres du nez de Slakely .

« Je te ferai savoir, le gardien va bien, espèce de coyote doré, toi ! Je te le dis , c'est un *homme* . Est-ce que j'entends des remarques contraires ?

"Dis," haleta Slakely d'un ton vide, se retirant dans l'allée, "qu'est-ce que tu as, de toute façon ?"

« C'est ça le problème ! » — L'explication de Haggerty était plus énergique qu'explicite, bien que la signification du poing fermé qu'il serrait vers l'autre fût suffisamment précise dans sa déduction. « C'est ça qui se passe, mon pote, répéta-t-il avec férocité, et ne l'oublie pas ! Je vous le dis directement, et je ne vous en tiendrai pas compte non plus ! Voir?"

Haggerty avait élevé le niveau. Peut-être pas comme le concierge s'y attendait ; mais selon ses propres idées, ou plutôt selon son caractère fougueux qui le conduisait à agir aveuglément, sous l'impulsion du moment, selon son impulsion.

Mais ce n'était pas cette méthode de Haggerty, si un tel terme pouvait, par un effort d'imagination, être appliqué à Haggerty, qui devait produire le résultat souhaité et, en même temps, le débarrasser de ses bourreaux — des bourreaux qui continuaient à sonner le cri : « Où est Haggerty ? avec une fréquence non diminuée — des bourreaux qui étaient beaucoup trop méfiants pour se laisser attraper n'importe où à portée de frappe, car l'avant-bras de Haggerty était une chose à laquelle il fallait s'étonner. Au lieu de cela, la fin est venue d'une autre source aussi totalement différente qu'inattendue. Cela s'est produit le troisième jour du voyage d'inspection, dans les Rocheuses, au niveau du nouveau pont qui traverse la rivière Stony – et c'est le nouveau pont qui l'a fait.

Ils devaient rester là pour la matinée, et Haggerty commença à utiliser les deux ou trois heures de loisir que cela lui donnait en examinant le travail. Ce n'était pas vraiment un pont comme les ponts, car le Stony n'était pas vraiment une rivière ; mais les approches étaient suffisantes pour arracher le cœur de l'équipage de pont le plus vaillant qui ait jamais travaillé, transpiré et asservi. Juste du roc, solide, gris, massif ; et ainsi c'était une explosion, une explosion, une explosion, heure après heure tout au long de la journée, jour après jour. Une travée, reposant sur les culées du rivage, devait franchir le canon qui bâillait six cents pieds plus bas, où le Stony tourbillonnait et tourbillonnait, un petit ruisseau écumant, colérique et bavard.

Du côté est, là où se tenait Haggerty, le mouillage était à peu près bien avancé, mais de l'autre côté, sur la rive ouest, ils opposaient toujours leur poudre explosive contre le rocher tenace du flanc de la montagne. Haggerty a traversé le vieux pont pour jeter un œil à ça. Juste au moment où il atteignait l'autre côté, un moteur à l'arrêt sonna de manière stridente et les hommes commencèrent à courir pour se mettre à l'abri. Haggerty tira sa montre et marqua l'heure : une minute et quinze secondes. Puis l'explosion tonna, résonna, résonna et s'éteignit à travers les montagnes. Il rejoignit les hommes alors qu'ils retournaient à leur travail.

"Saint Mac!" s'exclama-t-il au contremaître, tandis qu'il regardait par-dessus le bord de l'excavation et baissait les yeux à quinze ou vingt pieds jusqu'au rebord où les hommes étaient déjà de nouveau occupés. « Saint Mac ! Il faut avoir l'air élégant, hein ?

"Oh, je ne sais pas ", a répondu le contremaître. « Nous leur donnons beaucoup de temps. Quand le coup de sifflet retentit, les hommes le frappent. On n'appuie pas sur le bouton tant que le dernier n'a pas rampé au-dessus de la banque. Ensuite, avec la fusée temporelle, il reste une minute, beaucoup de temps.

Haggerty a regardé pendant un moment , puis il s'est détourné, s'est assis près de l'une des cabanes et a chargé sa pipe. La pipe une fois allumée, il s'installa dans une position plus confortable en s'étalant sur le dos, les mains sous la tête. De là où il se trouvait, il avait une vue imprenable sur l'autre rive de la rivière ainsi que sur les travaux qui l'attendaient. Il pouvait voir Hale là-bas en train de parler à l'un des ingénieurs du pont. Il observa les deux hommes paresseusement, avec un contentement somnolent, jusqu'à ce qu'il les perde de vue alors qu'ils commençaient à venir à ses côtés, puis son attention redevint rivée sur son environnement immédiat.

Ils se préparaient pour une autre explosion. Haggerty se redressa. C'était plutôt excitant de voir les hommes sortir du trou en courant. Le coup de sifflet venait de sonner trois coups. Ils arrivaient maintenant, une tête après l'autre surgissant par-dessus le bord, puis les épaules, et enfin les hommes debout courant comme des cerfs pour se mettre à l'abri - non loin, à quelques mètres seulement, car l'excavation elle-même offrait une protection, une fois dégagée de tout obstacle. il. Haggerty lui-même n'était pas à quinze mètres.

Il comptait les hommes à mesure qu'ils sortaient. C'est le dix-huitième qui, au moment où sa tête et ses épaules apparaissaient, agita le bras et cria : « Tous dehors. Allons-y ! » Il vit le contremaître se pencher sur la batterie et établir la connexion qui déclencherait le fusible temporel à l'autre bout, puis un gémissement d'horreur s'éleva autour de lui. Le numéro dix-huit, avec un cri et un effort désespéré pour se hisser par-dessus le sommet, avait glissé en arrière et avait disparu de notre vue !

La pipe de Haggerty tomba au sol entre ses dents, son cœur parut s'arrêter de battre, une sueur froide éclata sur son visage. Il était désormais debout et les paroles du contremaître résonnaient à ses oreilles : « Alors, il y a une minute, beaucoup de temps ! *Et puis il y a une minute, beaucoup de temps !*»

Il se mit à courir, et les secondes, tandis qu'il courait, se prolongeaient en années et en cycles. "Mon Dieu!" » marmonna-t-il d'une manière accrocheuse.

Mais à mesure qu'il courait, quelqu'un était plus rapide que lui. À cinq mètres du bord de la fouille, une silhouette petite, petite, courant comme le vent, le dépassa. C'était Hale, le super !

Derrière, la voix du contremaître hurlait d'une voix rauque : « Revenez ! Revenir! Vous ne pouvez pas accéder au fusible ! Vous entendez ! »

« Mabbe », marmonna Haggerty entre ses dents, « peut-être que nous pouvons attraper cet *homme* . Marie, Mère, aide-nous !

Hale, à plat ventre, s'apprêtait à se retourner lorsque Haggerty, pour la deuxième fois, l'attrapa par le col de son manteau. "Tu n'es pas assez fort", grogna-t-il en tirant le super vers l'arrière. « Vous m'aidez par le haut » — et il est allé lui-même au-delà du bord.

« Alors il reste une minute, beaucoup de temps ! » — les mots revinrent spontanément. Combien, au nom de Dieu, combien de cette minute s'était écoulée, combien restait-il ? Ses dents étaient serrées, son cœur battait si fort et si vite que sa respiration devenait difficile et étranglée, alors qu'il s'abaissait jusqu'à un petit rebord, dépassant à environ sept ou huit pieds sous la surface qui avait attrapé et retenu le corps du numéro dix-huit. L'homme gisait là, gémissant. Il était facile de voir ce qui s'était passé. Une marche mal placée dans la montée, puis un rocher détaché, son équilibre avait disparu, et la pierre s'était écrasée sur ses jambes et ses chevilles.

Il y avait un air de terreur impuissante dans les yeux du blessé alors que Haggerty tendait la main et se penchait sur lui. "Sortez", frémirent les lèvres blanches. « Tu n'as pas le temps. Je donne le signal. L'explosion va commencer maintenant.

"Il reste une minute, beaucoup de temps", a déclaré Haggerty d'une manière chantante et folle. Il essayait d'adapter les mots à un air qu'il avait entendu quelque part. Bizarre, il ne s'en souvenait pas, les mots étaient assez directs ! Puis il a ri – bêtement – en travaillant comme un fou !

Il avait soulevé l'homme dans ses bras et maintenant, soulevant de toutes ses forces, il le poussait progressivement vers le haut. La tension est devenue terrible. Les muscles de Haggerty craquèrent. Un de ses bras lui était presque inutile en raison de l'étroitesse du rebord qui, pour maintenir une position même précaire au fur et à mesure qu'il se redressait peu à peu, le plaçait contre la paroi de roche et de terre. Haggerty haletait de sanglots cruels et haletants. "Alors il reste une minute, beaucoup de temps!" La répétition de ces mots le frappa avec un choc d'horreur, lui conférant une force frénétique. Un retournement désespéré, et il avait fait le demi-tour qui le ramenait dos à la coupe. Son autre bras était désormais libre. Un soulèvement, et il avait balancé le numéro dix-huit au-dessus de ses épaules, à portée des mains tendues du surveillant. Une seconde de plus, et, tandis que Hale tirait par-dessus et Haggerty soulevait par-dessous, l'homme, avec un cri d'agonie alors que sa jambe blessée cognait mollement contre le sol, fut forcé de franchir la berge.

« Vite, Haggerty ! Pour l'amour de Dieu, soyez rapide vous-même », s'écria Hale. « Dépêchez-vous, mec, *dépêchez-vous !* »

« Il y a une minute » – Haggerty bondit vers le haut de la berge, s'y agrippa – « beaucoup de... » Le dernier mot fut effacé alors qu'il se traînait par-dessus le bord et entendit l'ordre sec de Hale : « Allongez-vous à plat ! Derrière et en dessous de lui retentissait le rugissement de la détonation, il sentit le sol trembler et frémir sous lui, les échos roulaient et se répercutaient comme un parc d'artillerie, puis le murmure et fervent de Hale : « Dieu merci !

Ce fut Hale qui comprit le premier alors que la foule d'hommes se précipitait en avant, applaudissant, riant et bavardant de manière hystérique. Et c'est sous la main levée de Hale que la clameur s'éteignit brusquement, et à sa place vint la voix calme du major : « Où est Haggerty ?

"Oh, gwan !" » balbutia Haggerty penaud, essayant de se frayer un chemin hors de la foule qui se pressait pour le tirer et le malmener, lui cogner le dos, lui serrer la main. « Oh, gwan ! Je veux me procurer la pipe que j'ai laissée près du bidonville.

XII— LE HOBBY DE McQUEEN

Il ne sert à rien de parler du logique ou de l'illogique lorsqu'on en vient à associer le passe-temps d'un homme, car un passe-temps est un passe-temps et c'est tout, il n'y a plus rien à dire sur le sujet. La plupart des hommes ont un passe-temps. Chez McQueen, c'était du charbon, juste du charbon.

McQueen parlait du charbon avec une persévérance étonnante. En toutes occasions et sous n'importe quel prétexte, c'était du charbon. Était-il en retard avec une régularité qui entraînait sa présence sur le tapis devant le surintendant de division, c'était du charbon. S'il s'effondrait entre les points de rendez-vous, ce qui avait pour conséquence que les répartiteurs s'inquiétaient, fulminaient et juraient en réajustant leurs horaires et en réorganisant leurs feuilles de train, c'était du charbon. Du charbon éternel et éternel.

« Qu'est-ce que le charbon ? McQueen demanderait oraculairement. « C'est du carbone, de l'oxygène et de l'hydrogène avec une pincée d'azote, n'est- ce pas ? Eh bien, de quoi tu parles ? Le charbon *n'est pas* que du charbon, il s'agit en partie principalement d'ardoise. Deux cent dix livres tout le temps, tout le temps, avec les barreaux de la grille encombrés de ça, hein ! Quoi?"

Aucun agent d'achat ayant jamais touché la division n'avait été tout à fait en mesure de satisfaire McQueen avec la marque du produit fourni conformément aux commandes de réquisition qu'il avait rédigées. Et ainsi, jour après jour, le gros 802 se frayait un chemin à travers les montagnes, et McQueen, dans la cabine, absorbait les statistiques sur le charbon, les données sur le charbon, tout le charbon, avec une avidité, une minutie et une maîtrise du détail qui ont fait honte à certains géologues de renom et ont donné aux autres une chance de défendre leurs droits selon le calendrier balisé.

Au quartier général – alors que tout se passait bien et que McQueen se comportait sans aucun score inscrit sur sa carte de pointage –, ils traitaient son passe-temps comme une plaisanterie. De sorte que lorsque son sifflet retentissait hors de la gorge vers l'ouest, ou retentissait de manière stridente à travers la coupe vers l'est, suivi un instant après par la vue du grand magnat volant avec sa file de voitures vert foncé, le personnel en service à Big Cloud, je me penchais aux fenêtres supérieures et je regardais la Limited alors qu'elle brisait les interrupteurs de triage avec un rugissement - je regardais alors que, avec un sifflement de l'air et le grincement des mâchoires de frein alors qu'ils faisaient allumer les pneus, elle se redressait, haletant, sur la plate-forme, et le gros mécanicien se balançait depuis la cabine pour aller chercher de l'huile. Ensuite, le badinage a volé en masse et rapidement pendant que McQueen frottait ses mains sur un morceau de déchet et ponctuait ses remarques avec des jets de sa canette à long bec tout en remplissant les tasses d'huile assoiffées.

Alors les grands gaillards riaient et plaisantaient, et la Confrérie le taquinait sans pitié.

Si quelqu'un avait demandé à McQueen ce qui avait commencé, et encore moins ce qui l'avait amené à épuiser le sujet du charbon avec une insistance aussi minutieuse et consciencieuse, il n'aurait pas pu répondre. Cela avait commencé – juste commencé, c'est tout – et, le fascinant, avait poursuivi son avance insidieuse sans contrôle et sans contestation – c'est-à-dire sans contestation jusqu'à ce qu'un matin, Clarihue , le tourneur de la rotonde du Grand Nuage, l'ait en quelque sorte secoué un peu. la proposition.

"Tu es contre le rouge, toi et ton charbon, Mac, d'accord, d'accord", rigola Clarihue , alors que l'ingénieur entrait pour s'inscrire pour la course de la journée.

McQueen tapotait affectueusement les barres coulissantes du 802. « Comment ça ? » Il a demandé.

"Huile!"

"Huile?" répéta McQueen, perplexe.

"Chose sûre! Plus de charbon, plus d'ardoise, plus de cendres, vous la touchez, et vous y êtes ! Il va falloir arrêter le charbon et se contenter du pétrole, Mac.

"Oh!" dit McQueen, éclairé. « Des brûleurs à mazout, hein ? J'en ai vu un dans l'Est. Ce sont des brutes malodorantes, inhumaines et puantes, voilà ce qu'elles sont ! ne les laisse pas te détourner comme ça, fils. C'est peut-être le cas là-bas, mais pas dans les collines. Pas pendant que toi et moi actionnons les gaz, et tu ne le penses pas.

Clarihue sourit.

"Eh bien, mabbe ", dit-il. « Mais, honnêtement, Mac, quel est l'intérêt de gaspiller du charbon comme vous le faites ? Que va-t-il en ressortir ? A quoi ça sert ? Tu fais juste rire les garçons, quoi ?

La réponse de McQueen fut de se gratter la tête. Placer la question dans la catégorie concrète de la faisabilité était une phase du sujet qu'il n'avait pas envisagée. Il se gratta la tête quand le tourneur fut parti ; et ensuite il s'est gratté la tête pendant plusieurs jours. Puis il eut une heureuse inspiration pour résoudre l'énigme, et là il tomba – mais cela en un instant.

Les choses étaient en plein essor dans la Division Hill. Le trafic a été doublé, voire triplé. Tout sur les feuilles de train était divisé en sections. Les promotions se sont multipliées et rapides. Les essuie-glaces ont été mis en marche et les pompiers se sont déplacés vers le côté droit des cabines. Chaque roue que la division pouvait mendier, emprunter ou voler faisait des cascades sophistiquées, battant des records. Tout le monde, du chariot au surintendant, était sur le coup. Même les directeurs, pour ne pas être en reste dans l'ordre général des choses, ont fait des heures supplémentaires en se frottant les grosses mains dans l'attente joyeuse des dividendes juteux et succulents à venir ; seulement *ils* ont négligé de figurer Noonan dans les bilans.

Midi ? Où est la Fraternité qui ne compte pas parmi ses membres des hommes ayant des griefs, imaginaires ou réels ? Noonan avait un grief – pas de grief particulier, juste un grief – et Noonan était un pouvoir au sein de cette branche de la Confrérie qui dominait la division Hill. Noonan avait toujours un grief ; principalement dû au fait qu'il avait une rancune profonde et de longue date contre lui-même. Cela datait de loin : il était né comme ça.

« Griefs ! » » bafouilla-t-il à un groupe de ses admirateurs. « Des griefs ? Eh bien, nous sommes tout le temps contre le pire. Nous ne sommes pas des marcheurs sur piste, n'est-ce pas ? Alors, qui gère la route ? C'est nous sur les manettes, quoi ? À qui la faute de nos horaires et de nos salaires misérables ? Nous le sommes, parce que nous n'avons pas le sable nécessaire pour défendre nos droits. C'est quoi, et ne l'oublie pas !

Il y eut un chœur d'assentiment. « Noonan a raison », a déclaré un certain Devins , « seulement, il ne me semble pas que ce soit ce qu'on pourrait à juste titre appeler le moment de grogner. Les temps sont bons, tout est double et les camions payeurs roulent par lots.

Noonan lui lança un regard noir. "Vous avez le cerveau d'une tête de piston, c'est ce que vous avez", a-t-il explosé. « C'est dans des moments comme ceux-ci que nous gagnerions haut la main. Peut-être aimeriez-vous attendre qu'il n'y ait plus rien à faire, qu'ils licencient les garçons et que tout le monde, pour la plupart, soit à court d'argent ! Quelle chance pensez -vous que des revendications pourraient alors avoir lieu ? »

En vérité, c'était le moment idéal et une opportunité des plus glorieuses. En cela, Noonan avait raison. Un seul obstacle l'empêchait de réaliser son ambition la plus chère : tirer parti de son penchant à la chasse aux ennuis et devenir un leader parmi les hommes : dans une grève. Cet obstacle, c'était McQueen.

McQueen était un homme d'affaires. Un homme d'affaires pur et simple ; bien que rien n'aurait plus surpris McQueen que d'apprendre qu'il était considéré comme un leader par l'élément conservateur de la Confrérie. Il est vrai que lui et son charbon étaient la plaisanterie de la division ; mais ce n'était là qu'une plaisanterie, et on ne pouvait en aucun cas lui en vouloir. Son influence, dont il ignorait l'existence, reposait sur d'autres choses. Grand, gentil, honnête, incapable de tromperie, simple, direct, fidèle dans ses amitiés, quelque peu enclin à l'entêtement dans ses convictions peut-être, facilement énervé mais tout aussi facile à apaiser, tel était McQueen. Tel était le McQueen que les fonctionnaires honoraient, et tel était le McQueen avec lequel les garçons auraient volontiers et loyalement partagé leur chèque de paie jusqu'au dernier centime.

Tout cela, Noonan le savait. Il savait aussi que pour parvenir à ses fins, il devait d'abord vaincre McQueen. Et c'est à cela qu'il commença à se consacrer. Lui et McQueen partageaient les honneurs du courrier rapide et, dans des conditions ordinaires, la communication entre les deux hommes se limitait à un flirt de la main depuis le taxi alors que l'un ou l'autre d'entre eux déchirait la voie d'évitement désignée comme point de rendez-vous par les seigneurs. de la route, les répartiteurs. Mais maintenant, les choses étaient un peu différentes, tout était plus ou moins hors calendrier. Et tandis que le Limited, Est et Ouest, était soigné aussi près que possible de son temps de fonctionnement et qu'il prenait généralement le dessus sur tout le reste, il y avait néanmoins des occasions où les deux hommes étaient bloqués ensemble sur ordre de temps au même point. .

Noonan a taclé McQueen à la première occasion.

Il choisit son chemin avec prudence, comme s'il n'était pas tout à fait sûr de ses droits et prêt à un revers rapide.

"Dis, Mac," commença-t-il, "que penses-tu de toutes ces discussions qui circulent ?"

"Parler?" dit McQueen. "Quel propos?"

« Vous ne voulez pas dire, » haleta Noonan, avec une surprise bien simulée, « que vous ne l'avez pas entendu ? Et les garçons s'en donnent à coeur joie, en plus ! »

"Je n'ai rien entendu", répondit McQueen, légèrement soupçonneux que Noonan soit sur le point d'en lancer un à ses dépens. "Qu'est-ce que tu nous donnes?"

«Hétéro», confia Noonan avec sérieux. "C'est la grève, Mac, c'est quoi."

"Grève!" s'écria McQueen, abasourdi. "Pourquoi?"

"Pourquoi!" s'écria Noonan. "Pourquoi? C'est une douce question à poser. Eh bien, je me suis précipité près de tout, dit-il en agitant largement la main , les heures, l'échelle et... et...

McQueen secoua la tête. "Je ne donne pas de coups de pied", a-t-il déclaré. «Je ne vois rien d'exceptionnel. Il me semble que vous cherchiez les ennuis. Vous l'aurez probablement, quoi ?

«On ne voit jamais rien», lâche Noonan, l'irritation prenant le dessus sur la diplomatie. "Rien que le charbon blâmé dont vous parlez sans cesse."

« Ce que je sais du charbon, répondit McQueen avec dignité, vous ne le saurez jamais. C'est un sujet qui demande du cerveau.

"Est-ce ainsi!" Noonan se moqua. "Tu le dis!"

"Cela nécessite du cerveau", répéta McQueen avec indifférence.

"C'est dommage que le seul homme de la division qui les possède ne sache pas comment les utiliser ", a insisté Noonan. « Qui se soucie de votre vieux charbon flamboyant et de quoi il est fait ? Parler, ça ne coûte rien. De toute façon, cela n'a aucun sens.

« Peut-être que non, et puis peut-être que oui. Quoi qu'il en soit, il y a un dollar par jour pour chaque homme qui appuie sur l'accélérateur », annonça triomphalement McQueen. "Je ne sais pas encore combien pour les pompiers, je ne l'ai pas prévu dans leur planning."

Noonan dressa les oreilles. "Qu'est-ce que tu dis, Mac," demanda-t-il.

Voilà la justification de McQueen. Ils riraient de ses théories absurdes et inutiles sur le charbon, n'est-ce pas ? Eh bien, il leur montrerait ! Et cela ne les regardait pas non plus, combien de jours il s'était creusé la tête, cherchant une solution adéquate à la question que Clarihue lui avait posée ! Il brandit deux gros doigts impressionnants en direction de Noonan.

« Un dollar par jour, tous les jours, et les hommes de rechange proportionnellement, voilà quoi ! Comprenez-vous, Noonan ?

"Les rats!" dit Noonan. « Tu ferais mieux d'aller dans les ateliers pour faire des réparations. Vous avez besoin de nouveaux boulons de maintien sur votre couvercle de dôme ! »

"Ne vous occupez pas de mon dôme", répliqua McQueen, commençant à être exaspéré. « Il faudra peut-être un peu de bricolage, mais il n'est pas encore prêt à être mis à la ferraille, comme je pourrais le mentionner pour certains, mais je ne le ferai pas. Tout revient à ce que j'ai dit. C'est un sujet qui demande de l'intelligence – que vous n'avez pas. Cela ne sert à rien de vous expliquer quoi que ce soit parce que… »

"Vous ne pouvez pas", l'interrompit astucieusement Noonan. "Tu n'es long que par le vent, Mac."

"Écoutez-moi, espèce de honte pour l'accélérateur!" s'écria McQueen, piqué au vif. "Tu m'écoutes! Pour quoi êtes-vous payé ? Le kilométrage, n'est- ce pas ? Comment obtenez-vous votre kilométrage? Vapeur! Qu'est-ce qui fait la vapeur ? Charbon! Vous entendez ? Charbon! Le charbon, et ne l'oubliez pas. Eh bien, un mauvais charbon signifie une mauvaise vapeur, et une mauvaise vapeur signifie un mauvais kilométrage, n'est-ce pas, quoi ?

Noonan éclata d'un rire bruyant et moqueur.

McQueen lui lança un regard noir. « Tu es un connard sauvage, sans éducation et dégueulasse ! » il s'étouffa. « Qu'est-ce que tu sais, d'ailleurs ? Rien! Mais *je* sais ! Un dollar par jour, je l'ai dit, et je le dis maintenant. Je l'ai compris. C'est la différence entre le charbon de haute qualité et la boue que nous brûlons. C'est la différence entre le kilométrage que nous parcourons et le kilométrage que nous *pourrions* parcourir en même temps. Cela représente un dollar par jour. En supposant qu'ils ne nous autorisent pas à parcourir plus de kilomètres qu'ils ne le font actuellement, eh bien, nous le ferions plus tôt, et la différence nous appartiendrait, n'est-ce pas ? Et le temps, c'est de l'argent. Et *cela* représente tout de même un dollar par jour. C'est la même chose dans les deux cas : temps ou kilométrage. Faites votre choix ! »

"Là, Johnny, c'est un bon garçon, cours et me chercher un seau de vapeur", se moqua Noonan.

Avec un reniflement de mépris inexprimable, McQueen se tourna pour monter dans son taxi.

"Attends une minute, Mac", cria Noonan, craignant de s'être outrepassé. « Ne vous sentez pas mal . Je le jure, je crois que tu as raison. Voyons comment vous le comprenez.

Et McQueen, apaisé, l'a compris. Je l'ai compris avec le bout d'un crayon en caractères gras et griffonnés au dos d'un ordre chronologique. Quant au processus par lequel la conclusion a été obtenue, c'était quelque chose que Noonan ignorait profondément et totalement. Que ce soit bien ou mal, il ne le savait pas. Il ne l'a jamais su — et s'en fichait ! Certes, le résultat était là.

McQueen compléta le dernier chiffre de son calcul avec brio. "Là!" s'écria-t-il avec exultation. "Et maintenant, hein?"

Noonan prit le papier, fronça les sourcils, pinça les lèvres et le regarda avec l'air d'un connaisseur de calcul. "H'm," dit-il lentement, "tu es vraiment sûr que c'est vrai, Mac ?"

"Droite!" McQueen a crié, touché à un autre point sensible. "Droite! Vous vous confondez, c'est là en noir et blanc, n'est- ce pas ? Les chiffres ne mentent pas, n'est-ce pas ? Eh bien, qu'est-ce qui ne va pas chez toi, alors ?

« Je voulais en être sûr, Mac, c'est tout. Bon sang, je savais que c'était mauvais, pourri, mais je ne pensais pas qu'ils nous le donnaient comme ça.

« Vous pariez que c'est mauvais. C'est le pire qui soit. Il existe plus de types de charbon qu'il n'y a de pointes dans l'emprise d'ici à Big Cloud et vice-versa, mais le charbon que nous obtenons est le dernier sur la liste. Mauvais! C'est ce que j'ai toujours dit, n'est- ce pas ?

"C'est féroce!" continua Noonan avec une insistance croissante. « Et quand les garçons entendront cela, ce sera la goutte d'eau qui fait déborder le vase. Ils vont les réparer ! »

"Réparer qui?" » demanda McQueen d'un ton vide.

« Pourquoi, je ne vous le dis pas ! L'entreprise."

"Je... je parlais du charbon", dit McQueen avec un peu d'inquiétude.

" Bien sûr que tu l'étais," acquiesça chaleureusement Noonan. « Bien sûr que vous l'étiez, et comment la compagnie vole à chaque ingénieur un dollar par jour, sans parler des pompiers et des équipes de train. C'est assez pour rendre un homme fou. Eh bien, je devrais dire oui !

"Je... je n'ai pas dit que l'entreprise nous volait", protesta McQueen.

"Qu'est ce que c'est!" s'écria vivement Noonan ; puis, apparemment dégoûté : « Alors, vos vieux chiffres fous ne font que remplir des sacs d'essence, comme le reste de vos discours sur le charbon, hein ? Ils *avaient* l'air plutôt écailleux, et c'est un fait. J'avais mes soupçons. C'est pourquoi je vous ai demandé si vous étiez sûr qu'ils avaient raison. Mais j'aurais pu savoir que ce n'était pas le cas sans me le demander.

"Oh, tu pourrais, n'est-ce pas?" » explosa McQueen, poussé une fois de plus dans un accès de colère. « Toi et tes soupçons ! Qui es-tu! Je vous dis qu'ils ont raison, et c'est tout !

« Eh bien, s'ils ont raison, pourquoi ne les soutenez-vous pas, alors ? Nous nous faisons voler chaque jour où nous travaillons, n'est-ce pas ?

"Oui, je suppose que nous le sommes", a admis McQueen à contrecœur; "Mais je ne l'ai pas compris dans le but de..."

« Mac », l'interrompit onctueusement Noonan, « ce n'est pas à vous ni à moi de dire à quoi cela doit être destiné. Il y en a d'autres à part nous. Mais je dis, Mac, tu es tout-puissant intelligent.

McQueen secoua la tête. « Je suis un homme d'affaires », dit-il d'un ton dubitatif.

« Homme de compagnie ! Bien sûr que oui. Nous sommes tous des hommes d'affaires. Mais le bien est le bien et le mal est le mal avant toute autre chose. Eh bien, ta ta , Mac, à bientôt. Je pars. Voilà Hake avec le mouchoir. Je dirai aux garçons où vous en êtes.

C'était un McQueen quelque peu abasourdi qui, à son tour, monta dans son propre taxi. Il se tenait sur la passerelle et louchait d'un air méditatif devant le charbon entassé en hauteur sur le tendre. Pour sa communion consciencieuse avec lui-même, sa justification triomphale ressemblait en quelque sorte à un boomerang. «Je ne sais pas», réfléchit-il. « C'est un charbon de très mauvaise qualité, et… et les chiffres *ne* mentent pas. Nous–nous avons subi le pire, et–et un homme *devrait* défendre ses droits. Et tandis que McQueen, occupé par de nouveaux et importants problèmes, se dirigeait vers l'ouest, dans les Rocheuses, Noonan, la langue dans la joue, se dirigeait vers Big Cloud avec une grande accélération.

Cette nuit-là, à Big Cloud, les copains de Noonan ont compris l'histoire. Autrement dit, ils ont obtenu ce que Noonan a jugé bon de leur dire. Et le poids de son histoire était que McQueen était avec la Confrérie et contre la Compagnie. C'était suffisant. Ils regardèrent avec une admiration reconnaissante l'homme qui avait fait le tour, puis ils s'enfuirent pour obéir à ses ordres.

Au matin, tous les ingénieurs de la division avaient la nouvelle. Sur les frets en route, sur les frets égarés, sur les réguliers, les spéciaux et les sections, ils l'ont compris – jusqu'au dernier. Et McQueen, revenant vers l'est sur le Numéro Deux, comprit et s'émerveilla un peu de sa nouvelle importance, ne voyant jamais la main de Noonan dans la déférence marquée qui lui était témoignée.

D'abord et avant tout, c'était une mauvaise affaire. Mauvais pour l'entreprise, mauvais pour les têtes brûlées dirigées par Noonan, mauvais pour les autres et mauvais pour McQueen. La compagnie n'était pas très bien préparée, et Carleton, car cela s'était produit à l'époque où il était surintendant, avait du mal à déplacer quoi que ce soit. Il y avait un sentiment assez amer ; et avant que ce soit fini, du sang a coulé. Mais les ennuis de Big Cloud, qui ne connaissaient pas le pilote grâce à un klaxon, étaient en grande partie responsables de tout cela, même si, à leur manière aussi, ils y ont mis fin.

Cela a donné lieu à une confrontation le soir où ils ont ramené le jeune Carl Davis de la cour à la maison sur une porte qu'ils avaient arrachée à un wagon couvert. Davis freinait alors dans la cour et il était le neveu de McQueen. Il vivait avec l'ingénieur depuis qu'il était arrivé à l'Ouest, alors qu'il avait dix ans. Sans enfants eux-mêmes, McQueen et sa femme pensaient autant au garçon que s'il avait été le leur.

McQueen, dans son chagrin, n'en a pas obtenu les droits. Ce n'est que d'une manière confuse qu'il comprit que les brutes avaient fait voler le garçon d'un coup lâche, signifiant peut-être se contenter d'éteindre sa lampe alors qu'il passait sur le toit d'une voiture. Et tandis que sa femme, aux mains tendres, s'affairait à apporter au chirurgien toute l'assistance possible, McQueen était assis sur une chaise et regardait, les yeux secs et le cœur amer, le visage blanc sur le lit.

McQueen aussi commençait à avoir du sens. Certes, il n'avait jamais eu l'intention de faire grève. Maintenant, le choc de la blessure de Carl avait dégrisé son jugement et il voyait les choses comme il aurait dû les voir, les voyait alors qu'il se maudissait de ne pas les avoir vues avant de laisser son égoïsme insensé l'emporter. Alors que les pensées se bousculaient dans son cerveau, ses joues devenaient d'un rouge terne à cause de sa propre honte. Mais à travers tout cela, il ne s'en voulait qu'à lui-même, sans jamais soupçonner qu'il avait été utilisé comme une patte de chat par le rusé Noonan – cela devait venir après.

McQueen n'a attendu que d'obtenir du médecin, à contrecœur, l'assurance que le garçon s'en sortirait, puis il a pris son chapeau et a quitté la maison. Il était presque onze heures lorsqu'il entra dans le hall en face de la gare où les garçons avaient leur quartier général et avaient l'habitude de se rassembler chaque soir depuis le début de la grève. Habituellement bruyant, d'une manière bon enfant et insouciante, il y avait un calme discret et sérieux qui envahissait la pièce lorsque McQueen entra. sur eux comme tonique. Tous sauf Noonan qui, visiblement renforcé par quelques verres, était plus bruyant, hilarant et querelleur que jamais.

McQueen répondit sobrement aux questions qu'on lui posait sur l'état du garçon, et s'approchant de Noonan, il le prit par le bras et le conduisit dans un coin.

"Le jeu n'en vaut pas la peine", dit-il brièvement. "J'ai eu ma leçon ce soir et j'ai fini!"

"Pourquoi?" » demanda Noonan avec agressivité. «Nous n'avons rien à voir avec cela. Nous ne sommes pas responsables, n'est-ce pas ?

"Nous le sommes", a déclaré McQueen avec vigueur. « Moralement responsable. »

« Moralement responsable ! » Noonan se moqua avec un ricanement. « Oh, maman, écoute-le ! Une traînée jaune, c'est toi, McQueen. Puis férocement : « Tu joues la croûte et je te casse la tête en gelée. »

"Vous êtes ivre", rétorqua McQueen avec mépris.

« Ivre, hein ? Je ne suis pas tellement ivre que je sais qui mène cette grève. C'est moi, et ne l'oublie pas ! Et ce que je dis est valable, vous entendez ?

« Je vous demande d'annuler. Du sang sur nos têtes, je ne le supporterai pas. Nos griefs ne justifient pas ce qui risque de se produire ici si les choses continuent. Vous le devez aux hommes qui vous ont suivi pendant la grève, Noonan.

« Oh, oui, n'est-ce pas ? *Vous m'avez* suivi pendant la grève, hein ? Et les hommes qui *vous ont suivi ?* »

« Ça m'a suivi ? » répéta McQueen avec étonnement.

« Bien sûr, cela vous a suivi ! Vous ne pensiez pas que j'avais pris en compte votre discours débile sur le charbon, n'est-ce pas ? Vous devez penser que je suis vert ! Tout ce que je voulais, c'était *toi* - tu mordais assez vite et assez facilement - le reste des softies est alors arrivé comme une meute de moutons. Que pensez -vous maintenant du fait que *je* dois tout cela à ces hommes, monsieur moralement responsable, hein ?

Il a fallu une minute à McQueen pour comprendre l'intégralité de l'histoire, l'ensemble amer. Puis le sang lui monta au visage en un flot cramoisi. Il tendit la main et attrapa Noonan par le cou et les épaules et le secoua comme un terrier secoue un rat. «Espèce de chien!» cria-t-il d'une voix rauque, et jeta brusquement l'autre contre le mur.

Les hommes, au bruit de la bagarre, accoururent.

« C'est un jaune ! Tue-le!" cria Noonan.

McQueen se tourna vers les hommes. « Si vaincre cette grève est une croûte, je suis une croûte, » dit-il doucement. « Je suis prêt à le battre en ce moment ! J'ai été idiot et je suis prêt à l'admettre. Mais je n'ai su que ce soir que j'étais l'appât d'une chose pareille ! pointant Noonan. « Il dit que certains d'entre vous ont fait grève parce que moi. Si tel est le cas, alors sortez-en parce que c'est le cas. Sortez-en avant que nous ayons plus à gérer que ce dont nous pourrons répondre lorsque nous entrerons en Division pour la dernière fois. C'est tout ce que j'ai à dire. Je vais maintenant demander à Carle-ton de me remettre à bord, si ce n'est rien de mieux que de tirer du fret. Et—et j'espère que tu viendras avec moi.”

De même que l'inondation suit la rupture du barrage, la rupture de la tension a rempli la salle d'un pandémonium. Acclamations, cris, sifflements, injures, cris : la Confrérie était divisée contre elle-même. Mais dix minutes plus tard, la majorité d'entre eux étaient regroupés derrière McQueen dans le bureau du super.

Carleton et son équipe dormaient au quartier général ces jours-là, et ils se sont rassemblés en groupe autour de la lampe à abat-jour vert sur la table du répartiteur pour faire face à la délégation.

"M. Carleton, commença McQueen, nous...

C'était tout. Il n'est jamais allé plus loin. De la plate-forme extérieure parvenaient des hululements et des cris, et au-dessus du refrain la voix de Noonan :

« Trempez la croûte ! Tue-le! S'il l'aime tant, laissez-le-lui ! *Maintenant!* »

La vitre frissonna avec fracas et McQueen, frappé en pleine tête par un énorme morceau de charbon, tomba sans même un gémissement sur le sol.

Au fil du temps, ils l'ont bien guéri de la fièvre cérébrale, mais ils ne l'ont jamais guéri du charbon. D'un bout à l'autre de la division, quand il revenait dans le coin, il parlait plus fort que jamais de charbon : c'était son affaire. McQueen faisait les achats pour la route.

« Il n'y avait rien de mal dans ce que j'ai dit à propos du charbon », affirme-t-il en souriant lorsque les garçons lui en font la remarque. « Pas une minute ! Un bon charbon produit une meilleure vapeur, améliore tout et rémunère l'entreprise. Ils ont bien vu cela. C'est pour ça que je l'achète, tu vois ? Quant à l'inscrire dans le planning, la somme était trop lourde et ils n'y parvinrent pas. Moi? Oh, je ne peux pas non plus, j'ai perdu le papier sur lequel je l'avais fait pour Noonan. Je ne suis pas aussi bon en chiffres qu'avant, quoi ?

XIII—LA RABAIS

Il était connu sous le nom de Dutchy, mais il s'appelait Damrosch.

C'est l'histoire de Dutchy lorsque Dutchy et le Transcontinental étaient en gestation ; et avant, comme cela a été enregistré ailleurs, il est venu au Big Cloud. Il a commencé à travailler comme aide-cuisinier au sein d'une équipe de construction qui posait des voies ferrées à travers la prairie. À mesure que le kilométrage augmentait, Dutchy grandissait. D'abord élancé et maigre, il prit peu à peu l'air d'être confortablement nourri, jusqu'à ce que, au moment où ils atteignirent les Rocheuses, la démarche de Dutchy soit devenue un dandinement et ses yeux bleus innocents furent presque cachés par les grands roulis de la peau. de la graisse qui lui gonflait le visage comme un ballon jouet. Puis Dutchy, lent de corps et d'esprit, et aspirant à une existence tranquille et paisible, a obtenu les droits de comptoir-repas pour Dry Notch.

Aujourd'hui, Dry Notch, à mi-chemin de l'autre côté de la prairie, se composait d'un réservoir d'eau, d'une petite rotonde, d'une gare plus petite et d'un petit magasin général. Mais en raison de sa position géographique, c'était le quartier général de la Division des Plaines du Milieu.

Ici, TV Brett était surintendant ; Thornley était son commis en chef ; et MacDonald était le répartiteur. Et ceux-ci, avec les ouvriers des chemins de fer et les équipes de train, constituaient la population de Dry Notch, à moins qu'il ne soit possible d'ajouter quelques éleveurs quelque part dans le quartier.

Le personnel dormait dans une pièce au-dessus de la gare, et les hommes avaient leurs quartiers dans la rotonde, mais ils mangeaient tous au comptoir de Dutchy . Plombs et café, tarte aux pommes et sandwichs furent un régime régulier pendant un mois après son apparition, puis une délégation l'attendait et exigeait des plats plus substantiels.

« Vous pouvez faire des tourtes à la viande, des ragoûts de poulet et tout ce genre de choses, n'est-ce pas ? » » ont-ils demandé. "Bien sûr!" dit Dutchy. "Mais ce n'est pas le cas cher . » L'argent n'était pas un problème, lui assurèrent-ils, et ils commencèrent alors à fixer un barème de prix : quinze cents pour une tourte à la viande ; vingt cents pour un ragoût de poulet, avec deux tranches de pain et du beurre pour faire bonne mesure.

"Veil", dit Dutchy, "ainsi que ça."

Et quelques soirs plus tard, fidèle à sa promesse, ils reçurent leur ragoût de poulet, un ragoût de poulet en conserve.

L'immense marmite, pleine à ras bord, avait été vidée, et Dutchy, le visage rayonnant de sourires, s'était précipité dans l'arrière-boutique pour s'approvisionner davantage, lorsque la voix de MacDonald s'éleva plaintivement :

"C'est... c'est du *poulet* , n'est-ce pas ?"

La foule regarda le répartiteur avec curiosité.

"Parce que," poursuivit doucement MacDonald, "je... n'ai jamais entendu parler de poulets à Dry Notch."

Et puis, au milieu des rires qui ont suivi, Thornley s'est levé de façon spectaculaire de son siège et, ramassant un os dans son assiette, l'a agité vers le haut.

"Messieurs, ce n'est pas le moment de rire !" il pleure. « Nous sommes victimes d'une escroquerie. Nous sommes dans l'emprise d'une pieuvre, c'est-à-dire d'un trust alimentaire, composé de Dutchy et des conducteurs de wagons-restaurants des Numéros Un et Deux. C'est mon douloureux devoir d'affirmer que je reconnais cet os comme étant l'os identique dont je me suis nourri il y a deux nuits en appelant le numéro un.

Dutchy entra, titubant sous le chargement du pot réapprovisionné, lorsque Thornley demanda solennellement une remise sur-le-champ.

" C'est quoi la cuve ?" » dit Dutchy en s'arrêtant et en regardant anxieusement dans le pot ; puis, visiblement rassuré qu'aucun ingrédient essentiel n'ait été oublié, il leva les yeux vers l'anneau de visages qui le regardaient avec une grave interrogation. "Qu'est - ce qu'un rapat ?" il a ordonné. "C'est quelque chose qui se passe mit der bread and butter for vingt centimes to go, oui ?

La foule a rugi, et de haut en bas, les équipes des trains de la division, les équipes des locomotives et les équipes de section ont compris la plaisanterie et l'ont transmise jusqu'à ce que le comptoir-repas soit devenu connu de tous les hommes du système sous le nom de « la remise ».

Ils n'expliquèrent pas la plaisanterie à Dutchy, et pendant des jours, il endura la balle avec aplomb, quoique avec beaucoup de perplexité, jusqu'à ce qu'un après-midi, MacDonald lui fasse patiemment et péniblement découvrir la bassesse impie d'un certain Thornley - s'aidant, en guise de compensation, au tas de beignets sous le couvercle en verre.

Dutchy écoutait, ses joues devenant de plus en plus rouges tandis que MacDonald, exagérant au centuple, le frottait suavement.

"Dot Thornley est ... c'est un cochon !" » cria soudain Dutchy, alors que la lumière éclatait sur lui.

MacDonald acquiesça , la bouche trop pleine de beignets pour parler.

"Et je suis un imbécile , oui ?" continua le patron en frappant d'un gros poing sur le comptoir.

de nouveau la tête, souriant gentiment – et attrapa un autre beignet.

Mais cette fois, les doigts de Dutchy étaient fermement agrippés autour du couvercle, et il regarda avec méfiance à travers la vitre le nombre de beignets restants, puis lança un regard noir au répartiteur.

"Tu— tu sortez d'ici ! » dit-il lentement, mais avec une emphase croissante.

Et MacDonald partit en riant.

Ce n'est qu'après le dîner du soir même, lorsque Numéro Un est arrivé, que Dutchy a fait un geste de vengeance, puis Dutchy s'est déchaîné. C'est Taggart qui l'a compris, le petit Shorty Taggart, le chauffeur du Numéro Un, qui était roux et un farceur invétéré, et aussi un grand ami de Thornley.

La première indication que MacDonald eut de ce qui se passait fut un hurlement de colère qui, s'élevant au-dessus du tumulte de la gare, l'atteignit là où il était assis dans le bureau du répartiteur. Il n'y avait aucun doute sur la voix : c'était celle de Dutchy . MacDonald passa précipitamment la tête par la fenêtre, tandis que Thornley, qui était dans la pièce, se penchait par-dessus son épaule.

Dutchy hurlait comme un taureau enragé. « Dis -le ! Chut, dis-le. Oh! mon Dieu ! »

S'ensuivit une éruption volcanique d'allemand guttural avec un ou deux mots communs à toutes les langues mêlés.

Puis, franchissant la porte de la salle à manger, dévalant le quai, dispersant les transats, les passagers et les wagons dans toutes les directions, dans une course folle vers la locomotive du train, il déchira une petite silhouette dans un bandy bien ajusté. une salopette à jambes courtes, dont les cheveux roux flamboyants présentaient une marque brillante pour l'assiette qui sifflait à son oreille et s'écrasait en cent morceaux contre un camion à bagages.

Et Dutchy, soufflant fort, les manches retroussées sur la graisse de ses bras, se dandina jusqu'au centre de la plate-forme et tendit un poing frénétique vers l'ingénieur en retraite.

« Ta fou n'est plus, n'est- ce pas ? » » cria-t-il, et, gonflant ses joues comme un injecteur de sifflement , il se retourna, rentra dans le restaurant, et la porte se referma derrière lui avec un fracas retentissant.

MacDonald rentra la tête et les larmes coulaient sur ses joues alors qu'il se tenait les côtés.

Thornley chercha une chaise à tâtons.

"Je suppose que Taggart demandait une remise", haleta-t-il. "Cela valait la peine d'être payé pour le voir courir."

"Tu paries!" dit MacDonald avec éloquence, quand il put reprendre son souffle.

La porte s'ouvrit et Brett, le concierge, entra.

« Vous voyez Taggart et Dutchy, Brett ? s'écria Thornley.

"Oui", dit Brett en riant. Puis, plus sérieusement : « Écoute, tu ferais mieux de arranger ça avec Dutchy. Cela ne sert à rien de le frotter trop fort. MacDonald, dis à Blaney de mettre ma voiture au numéro deux quand elle entrera. Je vais vers l'est ce soir.

Cependant, la mise à jour des correctifs était une tout autre affaire que d'en parler.

Le lendemain matin, la porte de la salle à manger était fermée de façon inquiétante et le personnel ne prenait pas de petit-déjeuner . En écoutant par le trou de la serrure et en jetant un coup d'œil occasionnel par la fenêtre, ils savaient que Dutchy était à l'intérieur.

Mais les supplications, les menaces et les coups de pied aux portes de l'occupant étaient, à toutes fins pratiques, inconscients. Les choses ont commencé à paraître sérieuses pour le personnel et les employés de la station, qui avaient l'habitude de dépendre de Dutchy pour leurs misères.

Thornley siffla doucement et tira sur sa pipe, les pieds sur le bureau du répartiteur.

« Il devra *s'ouvrir* lorsque le numéro quatre-vingt-dix-sept arrivera », disait Thornley, plus pour se rassurer que pour présenter une nouvelle vision de l'affaire à MacDonald. « La compagnie ne tolérera aucun inconvénient pour les passagers, c'est-à-dire, s'empressa-t-il de modifier, pas de ce genre. Quoi? Ils ont une sorte de privilège sur ce joint, et s'il attend qu'ils s'en prennent à lui , il aura des ennuis. J'aurais aimé que Brett soit de retour – il le ferait s'ouvrir rapidement, je suppose. De toute façon, quel est le problème avec le numéro quatre-vingt-dix-sept ? Je croyais que tu avais dit qu'elle était à l'heure ?

"C'est vrai," dit MacDonald en souriant. "Écoute la?"

De l'est arrivait le cri rauque du sifflet d'une classe de cinq cents élèves.

"Je suppose que je vais descendre", a déclaré Thornley. "À venir?"

MacDonald hocha la tête et se leva de sa chaise. Les deux hommes atteignirent la plate-forme à temps pour reconnaître un flirt de la main de

Sanders dans la cabine alors que la grosse machine, les pneus étincelants des freins serrés, roulait lentement devant eux, s'arrêtant plus loin.

Simultanément, la porte de la salle à manger s'ouvrit grande et, sur le seuil, remplissant complètement l'ouverture de sa masse, se tenait Dutchy. Dans sa main gauche, il tenait sa cloche, qu'il se mit à sonner bruyamment ; dans sa main droite, presque mais pas tout à fait dissimulée derrière son tablier, il n'y avait rien de moins une arme qu'un rouleau à pâtisserie d'aspect substantiel. Une foule de passagers commença à affluer vers le restaurant, parmi lesquels se mêlaient les cheminots affamés de Dry Notch.

"Allez!" » cria Thornley avec exultation. «Je savais qu'il devrait s'ouvrir. C'est ici que nous nous nourrissons, hein ?

« Attends ! » s'écria impérieusement Dutchy, tandis que la tête de la colonne arrivait devant lui. « Toi, oui ; toi non. C'est quoi ? Il triait les moutons des chèvres, laissant entrer les passagers, poussant impitoyablement les cheminots de côté.

« Toi, oui ; toi non. Toi, oui ; toi... oh ! mon Dieu ! »

Il avait aperçu Thornley et, se balançant brusquement, il frappa violemment dans cette direction avec le rouleau à pâtisserie. Obligé cependant de maintenir sa position dans l'embrasure de la porte, clé stratégique de la situation, le jab tomba de deux ou trois pouces, manquant de peu le nez de Thornley.

Thornley recula instinctivement.

"Regarde ici, vieux con!" » a-t-il crié avec colère, « nous en avons assez de ça. C'est plus qu'une blague. La société a un privilège sur votre joint, et nous le fermerons si hermétiquement que vous ne pourrez plus jamais l'ouvrir, vous entendez ?

Dutchy s'arrêta net dans le monotone : « Toi, oui ; vous, non, » sur quoi il avait repris, et sa panse commençait à trembler.

"Ouais!" il pleure. « Dot, c'est une blague. Oh, bon sang, *maigre* ! Le point est Même si tu meurs de faim, tu le fais, ouais ? Hé, hé ! Ha, ha !

Dans l'éclat de gaieté de Dutch, l'un puis l'autre se joignirent, jusqu'à ce que même Thornley, sa bonhomie prenant le dessus sur lui, rugisse avec les autres à ses propres dépens.

Mais si cet apparent retour à la bonne humeur de la part de Dutchy inspirait le moindre espoir dans l'esprit des cheminots qu'il avait cédé et que d'anciennes relations amicales allaient reprendre, ils étaient voués à la déception, car Dutchy continuait obstinément à permettre aux passagers de entrez et barrez aussi fermement l'entrée aux autres.

Puis ils y ont renoncé et ont racheté le maigre stock de conserves et de biscuits dans les rayons du magasin général.

Ils déconnaient dans la bagagerie et avalaient leurs maigres portions au rythme de Die Wacht am Rhein, hurlé d'une voix forte et sonore, à travers la cloison, de l'autre côté de laquelle, disposée dans une confusion tentante, comme ils en étaient douloureusement conscients, c'était beaucoup.

Ce qu'ils avaient cependant fait à peine plus qu'aiguiser leur appétit, et vers trois heures certains hommes parlaient de prendre d'assaut la position, de se servir eux-mêmes et de faire quelques cascades fantaisistes avec Dutchy.

"Nous ne pouvons pas avoir de dispute", a déclaré Thornley en tirant sur sa moustache et en regardant MacDonald. « Qu'avions-nous de mieux à faire ? Les garçons vont démolir la vieille cabane autour de ses oreilles. Il se battra comme des flammes et quelqu'un sera blessé. Et puis l' entreprise voudra savoir quoi. Dites, le vieux bonhomme nous a amenés là où il veut, bien sûr… hein, quoi ?

MacDonald hocha la tête.

"Je vais vous dire ce que c'est", poursuivit Thornley de manière impressionnante, "il y a quelqu'un d'autre que Dutchy là-dedans. Ils lui ont donné un bœuf, et *j'en* donnerais quelques-uns pour savoir de qui il s'agit. C'est vraiment bizarre que Dutchy se réveille si soudainement en réalisant qu'il était une blague. Ensuite, il n'y a pas assez de rabais pour le rendre si douloureux. Quelqu'un l'a bien enfilé et abondamment. Que ferions-nous de mieux ?

«Je ne sais pas», répondit MacDonald. "Allons voir si nous ne pouvons pas lui parler."

A la vue de Thornley et du répartiteur se dirigeant vers la salle à manger, les agents de train et les employés de la gare tombèrent derrière eux.

MacDonald s'arrêta à quelques pas de la porte.

« Vous les garçons, restez ici », ordonna-t-il. "Laisse moi voir ce que je peux faire."

Thornley et les hommes s'arrêtèrent docilement, tandis que MacDonald continuait et frappait à la porte. Il n'y a eu aucune réponse.

« Dut ... M. Damrosch ! il a appelé. «C'est MacDonald. Je veux te parler."

Cette fois, on répondit à son coup, et si brusquement qu'il sursauta de surprise.

"Voile, c'est ça?" » demanda Dutchy avec un air renfrogné et belliqueux.

« Nous sommes… nous sommes… » balbutia MacDonald, sa confiance un peu ébranlée par l'attitude du propriétaire. Puis, désespéré : « Oh, dis-je, confondez tout, Dutchy, nous avons faim. »

"Donc!" L'exclamation de Dutchy était un monde d'étonnement innocent et d'intérêt bienveillant.

«Oui», poursuivit MacDonald avec diplomatie. « Vous pariez que nous le sommes. C'était une bonne blague, mais vous en avez eu la meilleure fin. Arrêtons, il y a un brave garçon, et—et donnons-nous à tous une aumône.»

Dutchy a écouté attentivement l'appel.

"Moi, je ne suis plus un imbécile, n'est- ce pas ?" » demanda-t-il doucement.

"Ce n'est décidément pas le cas", lui assura MacDonald.

« Vous est- ce que je ne demanderai plus de rapats pour l'instant ? a insisté M. Damrosch.

"Pas sur ta vie!" répondit sérieusement le répartiteur, commençant à voir le jour. « C'est fini. Nous nous excuserons également, si vous le souhaitez. Je vous le promets, nous sommes tout à fait disposés à nous excuser.

« Voile, tanière », annonça M. Damrosch, « ve cela va aggraver la situation » – et il a claqué la porte au nez de MacDonald.

"Oh, attends, Dutchy!" s'écria piteusement MacDonald, car il avait très faim. "Qu'est-ce que vous avez dit?"

"Vat, j'ai dit iss dot ve ça va aggraver ! » cria Dutchy de l'autre côté de la porte. « Ce n'est pas de l'anglais, n'est -ce pas ? Aggraver!"

"Il veut dire arbitrer", a incité Thornley depuis la tribune.

"Ah très bien!" » dit MacDonald. « Nous serons d'accord avec cela, Dutchy. Allez, ouvrez !

"Je ne te mettrai pas aggra - arra - *fais-le* - hang dot vord !" » affirma Dutchy de manière décisive, mais ouvrant à nouveau la porte. "Mais avec Monsieur Brett, je le ferai ."

"Mais M. Brett n'est pas là, vous le savez", rétorqua MacDonald, commençant à s'exaspérer. « Et en plus, il ne reviendra qu'après-demain. Je suppose que tu le sais aussi, n'est-ce pas ?

Dutchy eut un sourire patient et réprobateur. "C'est dommage ," remarqua-t-il avec regret. « Mais faites un cochon à Thornley , et vous… oh, mon Dieu ! vous—je ne pouvais pas vous croire . Ve ville attendez Monsieur Brett.

Il refermait la porte, lorsque MacDonald posa son pied contre le montant et, se penchant vers Dutchy, dit vivement à voix basse :

« Écoute, Dutchy, tu vas trop loin. Si je ne pouvais pas voir plus loin que toi, je porterais des lunettes. Il est maintenant temps de conclure votre accord. Je vais t'aider, tu vois ? Vous pouvez obtenir n'importe quoi des garçons maintenant, mais si vous les poussez trop loin, ils vous enfileront toute la tenue jusqu'aux oreilles. Tu dis ce que tu veux et je te l'obtiendrai.

Dutchy regarda le visage de MacDonald d'un air méditatif et secoua la tête avec un triste sourire de sagesse.

«Je ne pouvais pas vous croire », répéta-t-il.

« Vous n'êtes pas obligé. Vous n'êtes obligé de croire personne. Tout ce que vous voulez que nous fassions, nous le ferons avant que vous nous laissiez manger. Vous ne pouvez pas perdre. Que dites-vous?"

M. Damrosch se gratta pensivement la tête, sans quitter le répartiteur des yeux. Au bout d'une minute, il tapota l'épaule de MacDonald.

« Voile », annonça-t-il, « je vais vous le dire. Écouter."

MacDonald écoutait, incrédule. Puis il siffla une note basse et longue de consternation.

"Eh bien, vous avez du culot !" Il haletait. « Qu'en penses-tu, hein ? Les garçons ne… » Il s'arrêta brusquement, un sourire apparut sur son visage et il rit doucement pour lui-même. « Dutchy, tu es génial ! Ce sera de la viande pour les garçons que de convaincre Thornley de le défendre. C'est ce que vous voulez faire : faire en sorte que Thornley le défende. Les garçons le feront-ils ? Oh, le feront-ils ! Donnez-leur la chance. C'est la façon de gérer les choses. Je t'ai dit que je t'aiderais. Maintenant, faites votre *baratin*. » MacDonald se tourna vers le groupe sur la plate-forme. « Dutchy arbitrera ! » il pleure.

À ce moment-là, les hommes commencèrent à avancer, mais Dutchy les arrêta. « Attends comme tu es ! Vender—der—hang dot word— iss , den iss it. Attendez !

Ils attendirent et Dutchy commença à compter sur ses doigts. " Là "C'est seize points qui ont déjeuné , " commença-t-il. "Point... c'est ... c'est ..."

"Faites une moyenne d' un quart chacun", a suggéré MacDonald dans un murmure. "Cela fait quatre dollars."

« C'est quatre dollars… oui », poursuivit Dutchy. « Voile, je vant point. Déré Les équipages sont entrés et sortis et ont mangé même la porte était fermée. Cela fait deux dollars, oui ? Voile, je veux point . »

Les hommes revinrent à eux et un rugissement de dérision déchira l'air, devant lequel même Dutchy fut un peu ébranlé.

« Tenez bon », a encouragé MacDonald. "Vous les avez qui vont et viennent."

Dutchy leva la main pour demander le silence. " Là iss der seize encore une fois mais point dîné je ne l'ai pas fait . Cela fait quatre dollars, oui ? Voile, je vant point. Le point est quatre et deux et quatre. Cela fait dix dollars, n'est - ce pas ? Voile, je veux point, et alors vous entrez... oui , un py un... pour un quart de py chacun.

Puis, au milieu de la tempête d'insultes et de railleries qui accueillirent l'ultimatum de Dutchy , MacDonald, avec une dernière injonction au propriétaire de rester près de ses armes, se tourna et rejoignit Thornley et les hommes.

"Voile, mon Dieu!" » cria Dutchy au-dessus du vacarme. « C'est quoi la cuve ? Qui a commencé Dot Joker, Dot Iss dix dollars à payer ? C'est le point Thornley ! »

«Eh bien, misérable vieux voleur», a crié Thornley, «Pensez-vous que nous allons vous payer pour la nourriture que nous n'avons pas eue, parce que vous ne nous l'avez pas laissé avoir, et ensuite vous la payer à nouveau lorsque vous le distribuer ? Nous nous reverrons plus loin, d'abord.

"Cela a été convenu devant der-hang dot word !- py der-"

"Rien convenu!" » renifla Thornley.

« Ne vous inquiétez pas je ne demanderai plus de rapats, n'est - ce pas ? Voile, le prix est de dix dollars . Déré il n'y a pas de remboursement . Oh, bon sang, Monsieur Thornley, c'était une blague coûteuse , oui ? C'est ta blague, et je pensais que je pensais que j'espérais que tu paierais le point toi-même.

Thornley a payé. Sans bonne grâce, mais parce que, comme MacDonald l'avait dit, ce sont les hommes qui l'ont créé. Mécontent et en colère, il mena la file dans le restaurant, déposant dix dollars et vingt-cinq cents dans la main de Dutchy avant de franchir le seuil.

Derrière lui suivaient MacDonald et la file souriante d'hommes, chacun apportant sa pièce – à l'avance – pour le premier repas carré qu'ils avaient pris ce jour-là.

"Mangez comme vous voulez", dit Dutchy avec magnanimité.

Thornley lui lança un regard noir. « Mange de la cuve comme tu aimes ! Mange de la cuve comme tu veux ! imita-t-il sauvagement. "J'aime votre colossale générosité à mes dépens !"

Pendant longtemps, il n'y eut plus d'autre bruit que le bruit de la vaisselle et le fracas des couteaux, des fourchettes et des cuillères. Puis Thornley fit signe à Dutchy.

"Voile, c'est ça?" » demanda le patron derrière le comptoir.

« Qui vous a poussé à faire ça ? » » demanda Thornley. « J'ai dû le supporter et j'aimerais savoir. Je ferais ça !

MacDonald, assis à côté de Thornley, remarqua, avec quelques appréhensions, une expression particulière sur le visage de Dutchy , mais à son grand soulagement, la seule réponse du propriétaire fut un grognement, alors qu'il répondait à un appel pour plus de café .

"Au fait, je parie que c'était ce Taggart aux cheveux roux!" s'exclama soudain Thornley en se tournant vers le répartiteur.

MacDonald enfouit son visage dans sa tasse, apparemment pour en vider la dernière goutte, puis il la reposa rapidement et sortit sa montre de sa poche.

"Saint Moïse!" il a éjaculé et s'est enfui de la pièce.

Une heure plus tard, alors que Thornley était de nouveau assis, les pieds sur le bureau de MacDonald, Dutchy passa la tête dans la pièce et fit signe au répartiteur. MacDonald traversa la salle et le rejoignit. Dutchy le fit sortir de la pièce et ferma la porte.

" Là C'est une chose que j'avais oubliée », a annoncé M. Damrosch.

"Qu'est ce que c'est?" » demanda MacDonald.

" Là Ce sont cinq beignets qui ne sont pas payés.

"Oh!" » dit MacDonald.

« C'est quand que tu l' as dit à Thornley, oui ? Dot va von dollar py chacun. Voile, je vant point... oui ?

"Vraiment!" » rit MacDonald. « Eh bien, je suppose *que non !* »

« Dot-vas-der-time » – Dutchy élevait la voix, chaque mot devenant plus fort et plus distinct que le précédent. La chaise de Thornley à l'intérieur craqua de façon inquiétante. MacDonald jeta un coup d'œil furtif vers la porte et son visage devint rouge : « tu as dit à dot... »

D'un mouvement précipité, MacDonald plaqua une main sur la bouche de Dutchy et, de l'autre, lui fourra un billet de cinq dollars entre les doigts.

"Sortir!" il s'étouffa et poussa violemment Dutchy vers les escaliers.

En bas, Dutchy s'arrêta, se tourna et leva les yeux avec un sourire.

« Bon sang, » dit-il, « je pensais que je n'étais pas un fou, j'aime plutôt bien les blagues, et j'espère que… »

"Oh ferme la!" » dit MacDonald.

XIV – MACHETTES

Cela s'est produit à une époque de l'histoire de la Division Hill où le commerce était très mauvais, et les directeurs, renfrognés par le rapport annuel de la compagnie, levaient les mains avec une sainte horreur ; tandis que de l'enceinte sacrée de la salle du conseil émanait le cri d'agonie :

"Économie!"

Le directeur général reprit le slogan et le répétait aux oreilles des surintendants de division.

« Les dépenses de fonctionnement sont trop élevées », a-t-il écrit. « Il faut les abattre. » Et les surintendants des divisions, douloureusement conscients du fait que le directeur général ne dictait pas pour le simple plaisir, ont laissé entendre dans un langage sans équivoque aux chefs de département sous leur direction que les prochains rapports trimestriels devraient montrer une nette amélioration.

John Healy était responsable de la rotonde de Big Cloud, à cette époque, et le matin après que la foudre a frappé le système, il est revenu à travers les cours en colère après son entretien avec le surintendant, bégayant de colère pour lui-même. Alors qu'il entrait dans le hangar, son humeur était un peu pire que d'habitude, le premier objet qui attira son attention fut Speckles, accroupi du côté sous le vent du 483, balançant ses jambes dans la fosse.

Autrement dit, cela aurait été du côté sous le vent si Healy était entré par l'autre porte.

" Réduisez les coûts d' exploitation , n'est- ce pas ? " » marmonna Healy. « Begorra, je vais commencer tout de suite ! »

Et il a viré Speckles sur-le-champ.

Or, Speckles – dont le nom, soit dit en passant, était Dolivar Washington Babson – avait déjà été renvoyé à plusieurs reprises, et s'il avalait un peu plus de jus de tabac que ce qui était bon pour son confort physique, c'était plutôt comme une gorgée de surprise. à l'apparition de Healy qu'à cause d'un regret poignant face au malheur qui l'avait frappé. Néanmoins, il estimait qu'il lui incombait de formuler des remarques.

"Sortez et restez dehors!" dit Healy, refusant de discuter.

Et Speckles est sorti.

Pendant une journée, il resta éloigné de la rotonde, le temps que lui avait appris l'expérience passée était nécessaire pour calmer la colère du tourneur ; puis il redescendit d'un pas nonchalant et se retrouva face à face avec Healy sur la platine.

«Je suis venu vous demander de me remettre, M. Healy», commença-t-il en abordant timidement le sujet.

" Ph quoi ? " » demanda Healy.

«Je suis descendu pour vous demander de me remettre, M. Healy», répéta Speckles d'une manière monotone.

"Oh, je t'ai entendu, je t'ai entendu", a déclaré Healy, un peu incohérent. « C'est encore une fois , n'est- ce pas ? Ça va être long , mon fils, remarque ça !

Ceci étant très différent du « Eh bien, retourne à ton travail » habituel de Healy, l'idée commença à filtrer vaguement dans le cerveau de Speckles que son nom ne devait plus figurer sur les feuilles de paie de l'entreprise.

« Suis-je viré pour de bon, M. Healy ? il a hésité.

"Tu es!" dit Healy. "Juste ça!" Puis, cédant un peu alors que le visage de Speckles s'affaissait : « S'il n'y avait pas de gros insectes là-bas »… il leva le pouce en direction générale de l'Est … « Je pourrais … attention , je ne dis pas que je le ferais. , mais je pourrais vous remettre . Dans l' état actuel des choses, nous avons pour instructions de réduire les dépenses opérationnelles , et il y a une enquête à ce sujet ! »

Speckles resta un moment consterné alors que Healy retournait dans la rotonde ; puis il se détourna, inconsolable, traversa la voie ferrée jusqu'au quai de la gare, et, cherchant un coin isolé du dépôt de marchandises, s'assit sur une caisse d'emballage pour réfléchir.

Pour Speckles, il ne s'agissait pas simplement de réduire les dépenses. C'était une foutue carrière !

Quels que soient les défauts de Speckles, et il n'était qu'un jeune garçon, il avait une qualité rédemptrice devant laquelle, aux yeux du métier qu'il avait choisi de suivre, ses écarts par rapport au chemin droit et étroit devenaient insignifiants : le chemin de fer était né en lui . .

À dix ans, il avait débuté comme appelant pour les équipes de nuit et, pendant les cinq années où la compagnie avait bénéficié de ses précieux services à ce titre, il n'y avait pas un homme dans la division qui, tôt ou tard, ait appris à connaître les longs événements. - Speckles, armé, osseux, au visage couvert de taches de rousseur et aux cheveux roux, a fait la connaissance du petit coquin, et l'aime aussi.

Ensuite, Speckles avait été promu au poste de balayeur dans la rotonde et, occasionnellement, sous l'inspection critique de Healy, au lavage des tubes de chaudières. Ajoutant ainsi du carburant à son ambition, il commença à imaginer combien de temps il lui faudrait avant de pouvoir essuyer, puis tirer, et après cela - même l'optimisme sans limite de Speckles n'eut pas la témérité de préciser une date particulière - le moment où il atteindrait son objectif et récupérerait son moteur.

Aujourd'hui, à l'âge de seize ans, il se retrouve assis sur une boîte à biscuits, ses rêves d'avenir brutalement brisés – grâce à Healy, le vieux Sour Face Healy !

Alors Speckles soupira, et pendant qu'il soupirait, le sifflet du magasin retentit. Il était midi et les hommes commencèrent à sortir en masse par les grandes portes. Puis Speckles, se rappelant que les écoles étaient également en train de « laisser la place », se précipita sur le quai et remonta la rue principale. Il se confierait à Madge. Madge comprendrait.

Madge Bolton était la fille de l'agent de billetterie de la gare, et entre M. Bolton et Speckles il existait une querelle permanente, le *casus belli* étant Madge, quinze ans, aux yeux bleus. Speckles lui donna un coup de pied dans le coin jusqu'à ce qu'elle apparaisse ; puis il se tourna et lui emboîta le pas, attrapant un peu maladroitement sa bretelle de livres.

"Bonjour, Dol!" » fut le salut de Madge. Elle était la seule personne à Big Cloud à ne pas l'appeler Speckles.

"Bonjour, Madge!" il est retourné.

Madge jeta un coup d'œil à son visage et à ses mains. « Tu n'es pas allé travailler ? » elle a demandé.

"Non."

"Pourquoi, Dol?"

« Viré », dit laconiquement Speckles.

"Oh, Dol, encore une fois!" s'écria-t-elle avec reproche. "Pourquoi?"

"' Ce n'est pas seulement la troisième fois, et ' ce n'est pas pour rien '", a déclaré Speckles, un peu maussade. "Je ne faisais que me reposer ."

« Dolivar Babson, accusa-t-elle, vous traîniez. Oh, Dol, tu n'arriveras jamais à tirer, et... et... » Elle hésita et s'arrêta, ses joues un peu rouges avec le soupçon de construction de château entre garçons et filles qui aurait accru la colère de son père contre les malchanceux Speckles. l'avait-il vu.

Speckles, un peu honteux et n'ayant aucune excuse à proposer, marchait péniblement en silence.

"Avez-vous demandé à M. Healy de vous reprendre?" » demanda-t-elle au bout d'un moment.

"Il ne le fera pas", a déclaré Speckles.

"Qu'est-ce que tu vas faire, Dol?"

"Je ne sais pas ."

"Eh bien", dit Madge avec espoir, "peut-être que tu pourrais trouver un emploi dans l'un des magasins. Je vais demander à M. Timmons, l'épicier, si vous le souhaitez. Je le connais très bien."

Speckles s'arrêta brusquement, jeta sur le visage de Madge un regard qui portait avec lui un monde de reproches inexprimables, lui remit ses livres en silence et s'enfuit.

Lui, un cheminot, entre dans un *magasin !* Et ça de Madge ! Madge, qui, parmi toutes les autres, c'était trop ! Speckles a mangé son dîner, découragé et écrasé. Tout et tout le monde était contre lui.

La brève demande de sa mère quant à la date de sa reprise du travail ne tendait en rien à atténuer ses ennuis, bien au contraire à les accentuer.

« Old Sour Face ne me fera pas revenir », a-t-il lancé d'un ton saccadé en réponse aux questions répétées de sa mère.

« Pas étonnant qu'il ne le fasse pas, » dit sèchement sa mère, « si vous êtes aussi irrespectueux que cela. J'ai honte de toi et tu devrais avoir honte de toi.

Speckles était trop déprimé pour offrir une quelconque défense. Il termina son repas en silence, avala sa tasse de thé en deux gorgées, prit son chapeau et partit.

Inconsciemment, il se dirigea vers les gares et, environ cinq minutes plus tard, arriva à la gare. Ici, à peu près à mi-chemin du quai, il aperçut Mat Bolton devant la porte ouverte de la billetterie.

A mesure qu'il s'approchait, l'air nonchalant avec lequel l'autre s'appuyait les bras croisés contre le montant de la porte éveilla les soupçons de Speckles. Pour atteindre le siège de ses méditations – la boîte à biscuits du hangar à marchandises qui était désormais devenue son objectif – il serait obligé de dépasser M. Bolton. Il commença donc à incliner sa course vers le bord de la plate-forme le plus proche des rails, de sorte que, lorsqu'il arriva en face de la porte du bureau, il y avait environ quinze pieds entre lui et son ennemi juré.

M. Bolton s'est réveillé de sa léthargie avec une soudaineté surprenante.

« Espèce de jeune coquin, cria-t-il, qu'est-ce que tu as fait à ma copine ? Je vais t'apprendre à faire pleurer les filles, espèce de petit avorton au visage tacheté, toi !

Il se précipita vers Speckles, mais au moment où il eut retrouvé son équilibre et s'était évité de basculer par-dessus le bord de la plate-forme jusqu'aux voies, Speckles avait atteint la retraite sûre de la porte du hangar à marchandises. Et tandis que le parent en colère, après avoir serré le poing impuissant, revenait et disparaissait dans son domaine, Speckles se livrait à une série de pantomimes dans lesquelles ses doigts et son nez jouaient un rôle intime et complet.

Perché une fois de plus sur la boîte à biscuits, Speckles se regroupa à nouveau en comité des voies et moyens. Sa petite escarmouche avec le père de Madge l'avait enthousiasmé à tel point que son lourd et oppressant sentiment de découragement avait disparu, et à sa place était venue une détermination renouvelée de reprendre, d'une manière ou d'une autre, la carrière ferroviaire que Healy avait si catégoriquement interrompue.

Il réfléchit à la possibilité de postuler à Regan, le maître mécanicien, pour un emploi dans les ateliers, mais rejeta presque immédiatement cette idée au motif que les employés des ateliers n'étaient pas, à proprement parler, des cheminots.

Il peut commencer par la commutation et le freinage, puis devenir chef d'orchestre. Cela, au moins, c'était du chemin de fer – sans comparaison possible avec la conduite d'un moteur, pas loin de là, mais c'était quand même du chemin de fer. Son visage s'éclaira. Il interviewerait Farley, le chef de train.

Farley était dans son bureau. Speckles n'avait pas très loin à parcourir, seulement quelques marches sur la plate-forme. Tous les bureaux (et Big Cloud était le siège de la division) étaient sous le même toit.

À la demande de Speckles, Farley se retourna dans son fauteuil pivotant avec une expression interrogative sur le visage. Puis il sourit.

« Tu veux continuer avec les équipes du train, hein ? Que penses-tu, gamin, que je dirige une école maternelle, même si certains d'entre eux agissent comme ça ? Quel âge as-tu?"

«Seize», dit Speckles, le cœur serré.

« Seize ans, hein ? Eh bien, revenez dans quelques années, et… »

Mais pour la deuxième fois de la journée, Speckles s'enfuit. Il n'était pas d'humeur à supporter beaucoup de plaisanteries, et Farley, comme il le savait bien, avait un penchant pour cela. Speckles s'arrêta devant la porte, indécis quant au mouvement à suivre, lorsque le cliquetis des instruments dans la salle du répartiteur au-dessus de lui vint à ses oreilles comme une inspiration.

Pourquoi n'y avait-il pas pensé avant ? Spence, qui avait participé au tour de nuit la plupart des années où Speckles avait appelé, était désormais répartiteur en chef. S'il avait un ami quelque part, c'était Spence, l'homme aux côtés duquel il s'était assis pendant ces longues heures sombres de la nuit qui engendrent les confidences, et aux oreilles duquel il avait si souvent déversé les récits de ses buts et de ses ambitions les plus chers.

Speckles parcourut les escaliers trois marches à la fois, dans sa nouvelle exubérance. Spence leva les yeux de sa clé et écouta Speckles raconter son histoire.

« Donc , vous êtes la contribution de Healy à l'économie, hein ? » dit-il quand Speckles eut fini. « Et il ne te reprendra pas ?

"Non", a déclaré Speckles.

«Eh bien, c'est assez dur. Mais je ne vois pas comment je peux t'aider, Speckles. Je n'ai aucun droit sur Healy, vous savez.

Speckles hésita un instant et s'agita nerveusement d'un pied sur l'autre. "Je sais que ce n'est pas le cas ", commença-t-il, "mais j'ai pensé que tu me mettrais peut-être ici."

"Qu-quoi !" » éjacula Spence. Puis, étouffant un rire à la vue du visage malheureux de Speckles, il demanda gravement : « Vous voulez dire dépêcher ?

Speckles hocha la tête.

"Non, non, Speckles, ça ne marcherait jamais. Retournez voir Healy. Je ferai ce que je peux pour toi avec lui.

« Ça ne sert à rien », dit Speckles désespérément. "Je lui ai déjà demandé deux fois."

« Eh bien, demandez-lui encore. Écoute, Speckles, c'est à toi de te confronter à Healy, d'une manière ou d'une autre. Si vous désirez vraiment votre emploi, vous devez être suffisamment perspicace pour trouver un moyen de l'obtenir. Allez, maintenant.

donc les escaliers jusqu'au quai et commença, irrésolument, à traverser les voies en direction du hangar. Il atteignit la rotonde et tira prudemment le long de sa façade. Aucun Healy n'était en vue, alors il plongea entre deux moteurs et se dirigea vers l'arrière du hangar. Ici, en jetant un coup d'œil au bout d'un appel d'offres, il pouvait voir le compartiment de Healy - Healy l'appelait un bureau - un espace d'environ quatre par six séparé du mur du fond dans le coin, avec un livre graisseux sur le moteur - des équipages signaient, et deux ou trois autres, tout aussi graisseux, dans lesquels Healy surveillait les choses en général.

Malgré son appréhension, Speckles sourit. Healy était là, penché sur une table très fragile, aux pieds en fuseau, qu'il avait arrachée à l'agent des réclamations quelques mois auparavant. Ses sourcils étaient froncés en un air renfrogné féroce, et il grognait et marmonnait pour lui-même, tantôt travaillant furieusement avec un crayon court sur les feuilles de papier devant lui, tantôt s'arrêtant pour mordre cet article inoffensif presque en deux dans son désespoir.

Healy travaillait sur son invention. Toute la division connaissait les idées de Healy sur Westinghouse et « l'air », et savait que ces idées, une fois perfectionnées, devaient être brevetées. Quant à savoir ce qu'était le consensus d'opinion sur leur valeur, cela n'est ni ici ni là, sauf qu'en présence de Healy, lorsqu'il était évoqué, le sujet était traité avec dignité et respect, car les pouvoirs physiques de Healy étaient au-delà de l'ordinaire, et les plus chers à ses yeux. Le cœur de Healy et le plus sacré à ses yeux était cette création de son cerveau, ou, pour être plus précis, de sa fantaisie.

Speckles se dirigea vers le compartiment et, sans aucune péroraison, se lança.

« Je suis venu vous demander de me remettre, M. Healy », dit-il rapidement, comme s'il craignait que son courage ne s'épuise avant d'avoir pu terminer.

Healy se retourna avec un grognement.

"Oh, c'est toi, c'est et ?" » demanda-t-il sombrement.

Speckles, prêt à courir au premier signe de violence, a reconnu la mise en accusation en hochant la tête affirmativement et a souri d'un air penaud pendant que Healy le scrutait avec un long regard de la tête aux pieds.

"Eh bien," dit Healy, "attendez une minute et je vais vous donner une réponse."

Le cœur de Speckles bondit d'espoir joyeux. Healy rassembla très délibérément ses papiers, les plia soigneusement et, ouvrant le placard où était accroché son manteau - il faisait chaud et Healy était en manches de chemise - les fourra dans la poche intérieure. Puis, comme un éclair, il se retourna et tendit la main vers la première chose en vue. C'était un balai.

Mais, aussi rapide qu'il était, Speckles était plus rapide, et il conduisit Healy sur toute la longueur de la fosse alors qu'il esquivait l'arrière d'un annexe et s'élançait hors du hangar de course à travers les voies jusqu'au dépôt de marchandises.

Healy ne suivit pas plus loin que la plaque tournante. Là, il s'arrêta, et Speckles, de sa retraite, le vit serrer le poing et écouta la menace qui tonnait à travers les cours :

"Montre ton visage ici encore , espèce de jeune coquin, et je vais te faire passer la loi , alors je le ferai!"

Speckles se dirigea vers la boîte à biscuits, et de ses lèvres coulait une expression fluide et sans retenue de son opinion sur les choses en général, mais plus particulièrement sur Healy, et plus particulièrement encore sur l'invention de Healy. Puis, son indignation s'apaisant, elle fut suivie d'une crise de blues ; de sorte qu'au bout d'une demi-heure, Healy, toujours en manches de chemise, sortit de la rotonde et remonta les voies ferrées en direction des magasins, Speckles, par la porte du hall de fret, remarqua l'incident. dans une apathie complète et comme une affaire dans laquelle il n'avait aucun intérêt.

Dix minutes plus tard, cependant, son apathie disparut et il se leva d'un bond au son des cris excités des hommes dans le hangar. Certains ouvraient précipitamment les grandes portes du moteur, d'autres mettaient la table en place, tandis que l'un d'eux se mettait à courir dans la direction prise par Healy.

Une minute plus tard, le sifflet du magasin avait retenti et alors que Healy, accompagné de l'homme qui l'avait poursuivi, dévalait la piste comme un fou, Speckles vit la fumée commencer à s'enrouler sur le toit à l'arrière. Le hangar était en feu.

Avec un cri, Speckles traversa la plate-forme, sauta sur les rails et se retrouva sur les talons de Healy au moment où la plaque tournante fut traversée. Healy ne s'arrêta qu'un instant. La chose à faire était de sortir les moteurs, et Healy était l'homme qu'il fallait pour le faire.

« Installez le matériel sur le 463 », ordonna-t-il. « Elle a froid, et il va falloir la sortir. Mettez la table sur le 518 ; Je vais l'emmener.

Puis il se lança dans le saut vers le réduit et ses précieux papiers.

Or, le matériel auquel Healy avait fait référence était rangé à l'arrière de la rotonde, dans la même direction générale que le compartiment, et comme l'ordre n'avait été donné à personne en particulier, Speckles, criant : « Je vais le chercher. », a commencé après Healy.

De la graisse et des déchets s'étaient accumulés et roulaient une mauvaise fumée. À travers celui-ci, alors même qu'il tirait vaillamment sur le lourd palan, Speckles vit Healy courir dans son bureau, arracher son manteau, se précipiter à nouveau et se précipiter vers le taxi du 518, jetant le manteau sur le tendre. Ce faisant, quelque chose tomba de la poche.

Speckles a laissé tomber le tacle et s'est jeté dessus. C'était le paquet de papiers qu'il avait vu Healy mettre dans la poche de son manteau peu de temps auparavant.

C'était l'invention de Healy !

La première impulsion de Speckles fut de crier à Healy, mais à ce moment-là, 518 sortit du hangar et les hommes devant 463 criaient en chœur pour le plaquage, alors Speckles mit sa langue dans sa joue et les papiers dans sa poche.

Ce n'était pas vraiment un incendie, mais ça avait l'air mauvais tant que ça durait. Même après que les ouvriers eurent raccordé leurs tuyaux et qu'un ruisseau joua sur le feu, et que les moteurs furent tous en sécurité dans la cour, la fumée continua à se déployer en nuages, avec ici et là une vicieuse langue de flammes. .

Alors Healy, son devoir accompli, se souvint de son manteau lors de l'appel d'offres du 518. Et Speckles, en entendant le hoquet de consternation de Healy en découvrant que ses papiers avaient disparu, eut une inspiration.

« Moi les papiers ! Moi les papiers ! gémit Healy. "Pour l'amour de Mike, j'ai dû le laisser tomber sur la cheminée !"

"Je vais les chercher pour vous, M. Healy", dit Speckles, rapide comme un tir.

"Vous ne le ferez pas!" dit Healy. «Je ne veux pas risquer sa vie pour eux , aussi mauvais que je le veuille . Hé, reviens, espèce d'avorton ! »

Mais Speckles était parti. En route vers les grandes portes béantes qui vomissaient leur fumée et leurs flammes ? Oh non, pas Speckles ! À peine! Speckles tenterait par l'arrière ! Et vers l'extrémité du hangar et derrière, il a couru.

Certains hommes combattaient le feu de ce côté-là, mais ils étaient trop occupés pour prêter attention à Speckles. Une touche de suie et de saleté sur son visage qu'il obtenait en frottant ses doigts le long du mur noirci, une tache artistique aux proportions généreuses à l'extérieur des papiers qu'il tirait de sa poche, et le maquillage de Speckles était complet et convaincant.

Désormais, Speckles avait le sens du dramatique et en appréciait la valeur. Il regarda par l'une des fenêtres. Ce n'était pas aussi grave à l'intérieur qu'avant, et il décida qu'il n'y aurait aucun risque et très peu d'inconfort à mettre en œuvre le plan qui lui était venu à l'esprit.

donc entré par une fenêtre et est tombé par terre de l'autre côté. La minute suivante, il s'était précipité à travers le hangar et avait émergé d'un tourbillon de fumée noire à l'air libre devant le plateau tournant, les journaux agités dans son poing.

C'était efficace, décidément efficace ! Des acclamations s'élèvent et les hommes se rassemblent autour, tandis que Healy se précipite en avant et commence à pomper le bras de Speckles de haut en bas comme un piston de moteur.

"Tu es un héros, moi, jool, un garçon !" s'écria-t-il dans sa joie. "C'est moi , John Healy, qui ses ut , et les gars sont mes témoins. Reviens à ton travail demain matin et, par mon sang , Speckles, je ne te virerai plus jamais , non ! Et je ferai bien plus : je te promouvrai. C'est un essuie-glace que tu es à partir de maintenant, mon fils, et tu flambes avec réduire les dépenses d' exploitation ! Où as-tu trouvé les papiers ?

« Par terre », dit Speckles – et il dit la vérité.

XV—MUNFORD

Munford arriva au travail avant que les bandes ne soient suffisamment enfoncées dans les collines pour perdre le contact quotidien, ou plutôt nocturne, avec Big Cloud. Et la manière dont il est arrivé était la suivante : la ville, née en une nuit, a commencé dans la cabane en bois que les ingénieurs avaient construite comme quartier général de la future division Hill. Puis, avec la croissance des champignons, d'innombrables cabanes sont apparues ; et ces cabanes, pour la plupart, étaient des enfers de jeu , des repaires et des saloons, et la population était indienne, chinoise et mauvaise américaine. La nuit, les travailleurs affluaient vers ces lieux de divertissement sinistres, chargeant les vides de construction tout en reculant vers les éperons et les voies d'évitement qui s'étendaient bientôt comme une toile d'araignée autour du quartier général.

Naturellement, les querelles étaient assez fréquentes entre les hommes de l'entreprise et les sangsues qui les saignaient avec des jeux tordus et des jeux de cartes empilés sur les tables de roulette, de faro et de stud-poker. Mais parmi tous ceux qui cherchaient à séparer les hommes et leurs chèques de paie, la berline « Golden Luck » de Pete McGonigle était dans la camionnette, tant en termes de taille que de torsion. Et cette haute position d'éminence qu'il a maintenue jusqu'à la nuit où un étranger l'a détruit par une méthode pas plus délicate que celle de donner un coup de pied par-dessus la table de roulette, l'envoyant ainsi que le préposé, qui présidait la petite boule tourbillonnante dans l'intérêt de Pete, s'écraser sur le plancher. Cet étranger était Munford. Et c'est ainsi que Munford rejoignit l'armée des Rocheuses.

Un certain nombre d'hommes de la compagnie étaient présents et se sont rangés du côté de Munford. Avant cette fusion, Pete et ses partisans ont connu une défaite ignominieuse et la « chance en or », une démolition et une ruine totales. La nouvelle de la bagarre s'est rapidement répandue dans les autres « joints ». Les plongeurs ont uni leurs forces, les hommes de la compagnie ont fait de même, et cette nuit est devenue la plus folle de l'histoire de Big Cloud.

Munford a pris le commandement de ses nouveaux amis dès le début. Au cours du combat de rue qui a suivi, il a accompli des choses merveilleuses — et les a faites avec enthousiasme, plaisir et efficacité. Avec sa grande corpulence, il dominait ses compagnons, et le mouvement de ses longs bras lorsqu'ils se levaient et s'abaissaient, le jeu de ses épaules massives lorsqu'il se précipitait en avant pour donner une impulsion à ses coups, était un spectacle merveilleux à voir. Mais les détails de ce combat n'ont pas leur place ici. Le résultat fut cependant que Munford, auparavant inconnu et inouï, devint par la suite un homme marqué dans Big Cloud.

Une fois le combat terminé, les hommes de la compagnie, ravis de la victoire bien qu'un peu fatigués, se retirèrent dans le chantier pour attendre que les trains de construction les emmènent à leur travail. Et pendant qu'ils attendaient, ils passaient leur temps à regarder avec admiration Munford qui était assis sur le bord d'un wagon plat, les jambes pendantes, soufflant doucement sur ses jointures, un sourire de contentement divin sur le visage.

Qu'allait faire Munford ? » demandèrent McGuire et les acolytes de sa bande qui avaient eu l'honneur d'être présents chez Pete lorsque les débats de la soirée avaient été engagés, et qui estimaient donc qu'ils avaient un droit prioritaire à la considération du héros par rapport à celle des hommes des autres sections de la ville. l'œuvre qui avait pris part au combat. Munford ne le savait pas. Monterait-il la file avec eux et accepterait-il un emploi dans leur gang s'ils promettaient de lui en trouver un ? Munford le ferait. Il garda donc son siège lorsque le train de construction s'éloigna juste au moment où l'aube se levait, et vingt milles plus loin sur la route, à Twin Bear Creek, ils le renversèrent et le présentèrent à Alan Burton, contremaître du Bridge Gang No. 3.

A la vue de son équipage meurtri et blasé, qui ne semblait en aucun cas apte au travail de la journée qui l'attendait, Burton jura sauvagement et avec une grande amertume de langue leur ordonna de se mettre au travail. Puis il se tourna avec mauvaise humeur vers Munford, qui se tenait toujours à côté de lui.

« Qui diable es- tu ? Qu'est- ce que tu fais ici ? D' où viens- tu ?

Les questions sont venues rapidement et brusquement comme une volée d'armes légères.

Munford observait en silence le petit morceau d'homme nerveux, à peine jusqu'aux épaules, le prenant en charge de la tête aux pieds.

"Eh bien", a lancé Burton, "parlez!"

« Mon nom est Munford », dit Munford froidement. « Je suis ici pour un travail. D'où je viens ne vous regarde pas, n'est-ce pas ?

" N'est- ce pas?" dit Burton. "Eh bien, tu peux y retourner à pied, mon pote!" et il tourna les talons et suivit les hommes à leur travail.

Munford s'assit sur le rebord de la porte du bidonville du camp et, en riant, sortit sa pipe et commença à fumer. Il était toujours assis là une demi-heure plus tard lorsque le contremaître revint.

"Si vous avez beaucoup à faire", sourit Burton, "vous feriez mieux de commencer."

"Ne vous pressez pas", répondit Munford, imperturbable.

"Vous êtes une carte bizarre", dit Burton après un moment. "Qu'est-ce qu'il y a à propos des ennuis à Big Cloud la nuit dernière, dont les garçons sont tellement saturés qu'ils ne peuvent rien faire d'autre que parler ?"

Munford rit doucement. « Rien de grand-chose », dit-il.

« Pas grand-chose, hein ? On dit que vous avez mis la "Golden Luck" et Pete McGonigle en échec, et que vous avez ensuite nettoyé chaque plongée en ville. Vous êtes plutôt un réformateur, n'est-ce pas ? Mais je vais vous le dire, à partir de maintenant, ce ne sera plus sain pour vous dans ces régions.

"Oh, je ne sais pas", a déclaré Munford. « Dis, et ce travail ? »

Burton rit. « Vous avez le culot de demander du travail, et vous êtes responsable d'une bande qui ne pourra pas faire une journée de travail parmi eux d'ici la nuit. Vous avez bousillé celui de McGonigle, hein ? Eh bien, je ne sais pas, je pense qu'à long terme, cela vaudra plus pour l'entreprise que la journée de travail. Très bien, sport, tu peux aller travailler, jusqu'à ce que Pete et sa bande t'effrayent, ce qui, je le prédis, ne tardera pas. Et pendant que vous êtes ici, si les ennuis vous démangent, ne les cherchez pas parmi les hommes, venez *me voir*. »

"Eh bien, je vais..." haleta Munford. « Eh bien, je pourrais te tordre comme… » Puis il rit de pur plaisir devant le foutre de Burton. « Oh, bien sûr ! *Bien sûr*, je le ferai.

Il n'a fallu pas plus d'une journée à Munford pour se familiariser avec le travail. Il était déjà plus qu'un demi-dieu aux yeux du Bridge Gang n°3, et cela comptait pour beaucoup. Ils étaient impatients et prêts à lui montrer ce qu'ils savaient eux-mêmes, alors que l'ignorance et la crudité de tout autre nouveau venu auraient été mises à profit sous forme de quolibets et de plaisanteries à ses dépens. En deux jours, grâce à sa capacité d'adaptation naturelle couplée à sa grande force, qui était la force de deux hommes, Munford s'était mis en place avec la même subtilité qu'une partie d'une machine bien conçue s'emboîte dans une autre .

Aux équipes des trains de construction transportant les matériaux du pont, ses camarades le présentaient avec fierté – même si, en fait, cette action était superflue – comme « le garçon qui a fait le tour chez Pete ». Et grâce à eux, Munford apprit à son tour qu'à Big Cloud, Pete et d'autres de son acabit avaient juré que, tôt ou tard, ils le soigneraient. Il se contenta de rire et, dépliant son gros bras découvert jusqu'aux épaules, il laissa entendre qu'il ne pouvait y avoir de plus grand plaisir dans la vie pour lui que de le faire essayer. Et cette nuit-là, assis à l'extérieur du camp après le dîner, McGuire, en tant que porte-parole, faisant allusion à la menace, proposa que, sous la direction de Munford, ils fassent un autre raid sur Big Cloud.

Burton, passant par là, a saisi l'essentiel de la conversation. «Je veux vous voir une minute, Munford», appela-t-il brièvement.

Munford se leva et le suivit jusqu'à la petite cabane du contremaître qui se trouvait à quelques mètres du camp principal. Une fois à l'intérieur, Burton le poussa sur une chaise et lui serra le poing sous le nez.

« Ne vous ai-je pas dit hier matin, » balbutia-t-il avec colère, « que si vous cherchiez des ennuis, venez me voir et laissez le gang tranquille ? Et te voilà de nouveau, quoi ? Descendez à Big Cloud et soulevez l'enfer, hein ? Espèce de grand et gros veau envahi ! Munford cligna des yeux vers le contremaître, sans voix. Cela faisait longtemps qu'il n'avait pas accepté des mots pareils de la part d'un homme, encore moins d'un petit spitfire comme Burton.

"Inquiéter!" continua Burton en colère, s'arrêtant à peine pour reprendre son souffle. « Vous en vivez, n'est-ce pas ? Mange-le, hein ? Eh bien, vous en aurez bientôt assez, ce qui vous donnera la pire indigestion dont vous ayez jamais entendu parler. Je vous le promets ! Mais ne touchez pas à mon équipe ! Maintenant, écoutez ce que je dis ! »

"Oh, va t'accrocher !" dit Munford avec mépris. « Je n'y peux rien, n'est-ce pas, s'ils veulent descendre dans le Big Cloud ? Si vous êtes si anxieux à leur sujet, c'est étonnant que vous ne les passiez pas tous les soirs dans leurs couchettes ! »

Pendant un instant, Burton eut l'air de vouloir se lancer dans Munford et de mélanger le tout sur-le-champ ; mais au lieu de cela, avec un petit rire, il se retourna et se dirigea vers l'autre côté de la pièce, s'assit sur le bord de sa couchette et sortit sa pipe. Il coupa du tabac de son bouchon, le fit rouler entre ses paumes, plia lentement sa pipe et l'alluma. Il fallut cinq minutes avant qu'il ne rompe le silence ; Munford commençait à se sentir mal à l'aise.

« Je ne pense pas que jeter quelques bois à travers Twin Bear Creek signifie grand chose pour vous, Munford, hein ? » demanda-t-il doucement.

"Pas tellement", répondit négligemment Munford, un peu perplexe face à la question.

"Non? Eh bien, cela signifie beaucoup pour moi, beaucoup ! Jusqu'à ce que le chevalet soit levé, nous ne pouvons pas pousser le matériel de l'autre côté, les traverses, les rails et les objets lourds. Les progrès de la Division Hill dépendent en ce moment du Bridge Gang No. 3, et concrètement de moi. Je ne propose pas que cela soit perturbé par les hommes qui descendent à Big Cloud et se font casser la tête, compris ?

"Oh, je suppose que nous pouvons prendre soin de *nos* têtes, si c'est tout ce qui vous dérange", a déclaré Munford d'une voix traînante. « Et je suppose en outre que ton petit pont fleuri sur lequel tu sembles si coincé ne subira aucun mal en laissant les garçons vivre leur aventure. Quoi qu'il en soit, que ce soit le cas ou non, à quoi ça sert de tirer sur tous vos discours ? Vous ne pouvez pas les arrêter ! S'ils veulent y aller, ils y iront. Et dites : Burton (une inspiration qui vient à Munford) venez avec nous. Je te promets le moment de ta vie.

"J'aurais dû vous présenter les choses différemment, je suppose, et économiser mon souffle", dit Burton avec dégoût. « Vous n'êtes qu'une masse d'os et de muscles et le bois de votre tête. Vous pouvez soulever un bois et balancer une pioche ou une hache parce que vous en avez la force. Mais c'est tout ce que vous savez, ou tout ce pour quoi vous êtes bon ! »

Le mépris froid dans la voix de Burton piqua Mun-ford plus que les mots eux-mêmes.

"Est-ce ainsi!" » grogna-t-il, recourant à son habitude favorite de souffler sur ses jointures. "Je te montrerais assez vite à quoi je suis bon, espèce d'avorton, si tu étais un peu plus grand !"

"Peut-être que tu découvriras que je suis assez grand un de ces jours", dit brusquement Burton. « Maintenant, je vais vous le dire clairement pour que vous compreniez. Je vais vous montrer si je peux empêcher le gang d'aller au Big Cloud ou non. Plus personne ne montera à bord des trains de construction après aujourd'hui sans un laissez-passer signé par moi. Ce sont des ordres ! Si les hommes n'aiment pas ça, tu peux leur dire que c'est de ta faute. La prochaine dispute dans Big Cloud ne s'arrêterait pas aux poings. Et toi, tu n'en sortiras pas vivant.

"Ne vous inquiétez pas pour moi", ricana Munford. "Je suis--"

"Vous êtes un imbécile! L'imbécile le plus épais et le plus acharné contre lequel j'ai jamais eu la chance de me mesurer ! s'exclama Burton avec colère.

Munford écarta sa grosse touffe de cheveux de ses yeux d'un mouvement nerveux de la main. « Je n'ai jamais accepté les propos d'un homme que je vous ai pris – sans lui faire de mal , » dit-il d'une voix épaisse en se levant de sa chaise. « Et je vais sortir d'ici avant de *te blesser !* » Il traversa rapidement le bidonville et se tourna vers la porte. "Par Dieu, j'aimerais que tu sois plus grand!" il a jeté dehors.

Munford retourna au camp des hommes et écouta leur conversation un moment dans un silence maussade. Ils étaient toujours sur le même sujet et devenaient de plus en plus enthousiastes à chaque minute.

"Oh, sèche-toi!" » dit Munford, interrompant enfin. "Il faudra beaucoup de temps avant que l'un d'entre vous revoie Big Cloud."

"Qui le dit?" » demanda McGuire avec agressivité.

Munford désigna du pouce la cabane du contremaître. « Lui », dit-il laconiquement.

« Comment va-t -il l'arrêter ? Pourquoi? Qu'est-ce qu'il a, d'ailleurs ? Ce ne sont pas ses affaires ! les hommes parlaient en chœur.

"Il est difficile de faire passer son petit pont", ricana Munford. " Il dit qu'il ne l'est pas Je vais avoir des têtes cassées qui interfèrent avec ça non plus. À partir de maintenant, tu dois obtenir un laissez-passer pour monter dans le train de construction. De même, il a dit que si cela ne vous plaisait pas, je devais vous dire (ici Munford s'arrêta pour jeter un coup d'œil autour du cercle) que c'était ma faute et que je suis la cause de tous les ennuis.

"Que lui as-tu dis?" » a demandé l'équipage.

«Je lui ai dit d'aller se pendre. Que pourrais-je lui dire d'autre ?

"Intimidateur pour toi!" » cria McGuire en se frappant la jambe avec plaisir. "Est-ce qu'il vous a viré?"

C'était une chose à laquelle Munford n'avait pas pensé.

"Virez-moi?" Il a répété. Puis lentement, réfléchissant à l'idée : « Non, il ne l'a pas fait. C'est drôle qu'il ne l'ait pas fait ; Je lui ai rendu la parole, "assez".

"Oh," dit McGuire avec un ricanement, "c'est facile. Il vous aurait viré assez vite s'il l'avait osé.

"Pourquoi," dit Munford innocemment. « Je ne l'aurais pas touché s'il l'avait fait. Il est trop petit pour être touché, je le lui ai dit aussi.

"' Ce n'est pas ça," répondit McGuire. « Il n'a peur d'aucun homme, grand ou petit. Je lui en attribuerai le mérite. C'est son pont, et cela signifie son travail, dont il a peur.

"Qu'est-ce que mon licenciement a à voir avec le pont ?" demanda Munford avec étonnement.

« Oh, continue ; vous savez ce que je veux dire. Si Burton a des problèmes avec nous, les travaux du pont s'arrêtent, n'est-ce pas ? Et l' entreprise demandera à Burton pourquoi, n'est-ce pas ? Eh bien, Burton sait qu'il y a certaines choses que nous ne défendrons pas, et vous virer après vous avoir amené ici en fait partie. Et c'est vrai aussi, hein, les amis ? »

Il y a eu un accord catégorique de la part des hommes.

Munford, un peu troublé par cette exposition massive d'hommages, s'agitait nerveusement. « Merci beaucoup », dit-il maladroitement. « Ne vous embêtez pas à cause de moi. JE--"

"Tout va bien", interrompit McGuire. « Burton n'essaiera pas ; il sait mieux. Quant à obtenir un laissez-passer pour sortir du camp, je n'en sais *rien* . Il se leva, s'étira et bâilla. « D'après moi, cela dépend davantage de Munford que de Burton. Je vais me rendre, mais je dirai d'abord que le soir où Munford dit Big Cloud, puis Big Cloud, c'est pour Bridge Gang No. 3. C'est comme ça qu'on en parlait avant de savoir que Burton mixait , et je pense que c'est pareil maintenant.

Et le camp se retira sur ses couchettes et pour dormir, exprimant les sentiments de McGuire et jurant une allégeance unanime et enthousiaste à Munford ; tous sauf Munford lui-même qui ne dormait pas mais restait éveillé, agité, mais dans un état d'esprit très satisfait de lui-même.

Cette explosion de popularité plut extrêmement à Munford. D'autant plus que cela était directement imputable à sa grande force et à son courage physique dont il était excessivement vaniteux. Il commença à considérer Burton avec mépris. Burton était un homme dont la colonne vertébrale vacillait lorsqu'il s'agissait d'une confrontation ! À mesure que Munford retournait la situation dans son esprit, son mépris devenait plus fort jusqu'à ce qu'il en vienne à décider qu'il méprisait de tout cœur le petit contremaître. Aurait-il, se demanda-t-il avec un reniflement, viré un homme qui lui avait parlé comme il avait parlé à Burton, s'il avait été à la place de Burton ? Il le ferait ! Et le gang, le pont, le boulot et tout le reste pourraient s'enflammer ! Munford se redressa pour souligner ses sentiments sur ce point en frappant du poing sur le côté de la couchette. Il vibrait de la joie féroce de jouer exactement un rôle tel que son imagination le décrivait, méprisant en conséquence Burton pour son manque de ce qui était, pour lui, l'essentiel d'un homme. Il décida, en s'endormant, de faire de la vie du contremaître un fardeau pour lui — et il le fit.

Il n'y avait pas de violation ou de désobéissance flagrante aux ordres, mais plutôt l'inauguration d'un petit système de harcèlement qui embrassait toutes les indignités auxquelles Munford pouvait penser. Et la gamme de ses attaques allait d'une attention et d'une politesse profondes et exagérées à l'ignorance totale et complète de l'existence même d'une personne telle qu'Alan Burton, contremaître du Bridge Gang No. 3. Tandis que le gang, s'inspirant de Munford, passeraient d'un extrême à l'autre avec une précision et une signification qui toucheraient plus profondément un homme au tempérament nerveux et nerveux de Burton que toute autre forme de torture qu'ils auraient pu imaginer.

Trois fois pendant trois jours, Burton, qui n'avait peur d'aucun homme ni groupe d'hommes, prit le taureau par les cornes et frappa Munford d'un violent coup dans le but de mettre les choses au point. La première fois, le groupe a observé l'action avec un halètement mêlé de pitié et d'admiration, attendant l'anéantissement instantané de Burton. Mais Munford, avec un petit rire, tendit seulement la main et saisissant le cou de Burton, le tenant se tortillant, impuissant, impuissant, à bout de bras. « Tu dois grandir, mon garçon ; tais-toi maintenant, je ne vais pas te faire de mal, » se moqua-t-il. Et la bande a rapidement perdu sa faible appréciation du courage de Burton face à la silhouette ridicule du contremaître au visage blanc et enragé.

C'était un sale boulot, et au fond de son cœur, Munford le savait. Mais sa meilleure nature ne se manifesta pas plus tôt par divers remords de conscience qu'elle fut étouffée sous le nouveau sentiment d'autorité et de commandement qui était maintenant le sien pour la première fois dans son expérience ; et qui, répondant à sa vanité de paon, était primordiale pour tout le reste. Le travail a malheureusement pris du retard et a pris du retard. Les rapports quotidiens signés par Burton et envoyés au quartier général devenaient de pire en pire.

Chaque jour aussi, la querelle entre les plongeurs de Big Cloud et le Bridge Gang No. 3, attisée par les équipes des trains de construction, qui narguaient McGuire et les hommes avec lâcheté, devenait plus forte. Car les agents de train, n'ayant aucune idée d' ignorer les ordres de Burton et de permettre aux hommes du pont de descendre sur les vides, l'ont frotté jusqu'à ce que la bande se torde sous leurs quolibets.

Munford n'a pas participé personnellement à cela. Les agents du train, aucun d'entre eux, ne semblaient manifester une envie particulière de discuter de la question en sa présence ; mais il l'a obtenu de seconde main auprès de McGuire et de la bande. Le résultat de tout cela a été la décision un soir après le dîner de monter à bord du train de construction le lendemain soir, Burton, l'équipe du train et la compagnie ayant fait le contraire, et de descendre à Big Cloud s'ils devaient faire fonctionner le train eux-mêmes. Munford a souscrit à la décision en soufflant très doucement sur ses jointures. Cela n'avait pas l'air bien pour la paix et la tranquillité de Big Cloud ; et la réputation de Burton au sein de l'entreprise semblait mauvaise.

Munford, en tant que commandant en chef, et McGuire, en tant que chef d'état-major, se retirèrent du cercle et partirent seuls pour parfaire leurs plans pour la campagne du lendemain, empruntant la piste en direction de Big Cloud - une piste encore appelée , mais maintenant une route praticable en raison de l'incident de circulation survenu au bâtiment de la Division Hill, dont l'emprise était parallèle à Big Cloud jusqu'au gué de Twin Bear Creek. Au bout d'un quart de mile, les deux hommes se sont assis sur un arbre abattu au bord du sentier pour discuter. Dix minutes s'étaient écoulées lorsque McGuire, au milieu d'une description graphique de ce qu'ils allaient faire à Pete McGonigle et aux autres, s'arrêta brusquement et saisit fermement Munford par l'épaule.

« Gardez maman », prévint-il. "Il y a quelqu'un qui arrive !"

Dans le clair de lune, ils distinguèrent la silhouette d'un homme à une centaine de mètres de la route qui venait vers eux depuis le camp.

"Il marche comme Burton", murmura McGuire. « Pourquoi diable nous suit -il ? Retourne dans les arbres et laisse-le passer.

Ils s'enfoncèrent un peu plus sans bruit dans le bois qui bordait la route, et, couchés à plat, regardèrent l'homme qui s'approchait.

"C'est Burton", annonça enfin McGuire.

Munford grogna d'assentiment.

"Il nous a bien suivi , et maintenant il va attendre que nous revenions", continua McGuire, tandis que Burton s'arrêtait à quelques mètres d'eux et s'asseyait pour fumer. « Eh bien, nous allons lui en donner pour son argent. Il peut attendre un peu, je pense .

Cinq, dix, quinze minutes s'écoulèrent. McGuire commença à se lasser de son jeu de cache-cache qu'il avait choisi lui-même : « Allez, dit-il, sortons et voyons ce qu'il veut. »

«Attendez», répondit Munford. « Il y a quelqu'un qui arrive du côté Big Cloud. Ce n'est pas nous que Burton recherche. Écouter!"

Il y eut le léger battement des sabots du cheval qui se rapprochait progressivement. Puis bientôt le cavalier et le cheval surgirent de l'ombre et Burton, se levant, sortit au milieu de la route.

Le cavalier s'arrêta à côté de lui. "C'est toi, Burton ?" appela-t-il doucement.

"Oui", dit brièvement Burton.

« Vous avez donc reçu la lettre de Pete », continua l'homme en descendant de cheval. « Je suppose que c'est bien de parler ici. Il n'y a personne autour, hein ?

«Aussi bien ici que n'importe où. Mais coupez court.

"Oh, rien ne presse", répondit l'homme en riant. "Attendez que j'attache mon cheval, puis nous pourrons nous asseoir et le mâcher confortablement."

"Maintenant," poursuivit-il, cette tâche accomplie, "ce dont je suis venu vous voir, c'est pour ce type Munford."

"Eh bien," demanda Burton, "et lui ?"

« Il nous semble que Big Cloud, d'après la façon dont parlent les gars dans les trains de construction , vous n'avez aucune raison de l'aimer, hein ? Alors

Pete a pensé que toi et lui pouviez s'entendre. Vous voulez vous débarrasser de lui, n'est-ce pas ?

"Je souhaite à Dieu de ne jamais avoir vu son visage!" s'écria Burton avec une grande amertume.

"Bien sûr! C'est l'idée. Vous ne voulez pas de lui ; nous le voulons – mauvais ! Il n'y a rien contre le reste des hommes ; nous oublierons tout cela. C'est juste Munford que nous recherchons.

« Pourquoi ne l'attrapes-tu pas, alors ? » » dit sèchement Burton.

"Nous y allons ", répondit l'homme avec un rire méchant. « Nous y allons , d'accord. C'est une bonne affaire. C'est parti, hein ? Pete a dit que vous sauteriez sur l'occasion. Nous voulons que vous le viriez.

"C'est tout ce que je dois faire?" » demanda doucement Burton.

"Bien sûr, c'est tout ce qu'il y a à dire, sauf ça."

La main de Munford se referma sur le bras de son compagnon dans une prise serrée et spasmodique tandis que l'émissaire de Pete sortait une liasse de billets et commençait à décoller les billets extérieurs.

« Trois cents pièces », dit l'homme en tendant à Burton l'argent qu'il avait retiré du rouleau. « C'est plutôt bien pour virer un homme que nous cherchions à virer depuis une semaine, en tout cas. En plus, on a dit au quartier général que vous n'étiez pas capable de gérer vos hommes et qu'ils trouveraient quelqu'un qui le pourrait. Pete dit de ne pas s'en soucier, il va arranger ça pour toi. Tiens, prends l'argent.

« Supposons que je le vire, dit lentement Burton, où est-il allé ? »

« Qu'importe où il va, tant que vous vous débarrassez de lui ? »

« Il ne pouvait pas aller vers l'ouest », poursuivit Burton, sans prêter attention à la remarque de l'autre ; « donc il devrait aller vers l'Est – c'est Big Cloud – et *tuer !* » Il se tourna violemment, sauvagement vers l'homme. "Espèce de sale chien sans vie!" il a flashé. « Vous m'offrez trois cents dollars pour assassiner un homme, n'est-ce pas ? Vous vous demandez pourquoi j'ai défendu ce que j'ai fait, n'est-ce pas, espèce de maigre ! Virez-le, hein, pour lui prendre un lâche couteau ou une balle dans le dos ! Tu penses que je ne savais pas ce qui se passerait si je le laissais sortir, hein ? Sortez d'ici, espèce de salopard ! Et sortez maintenant, tant que vous *le pouvez !* » La voix de Burton était rauque, rauque de passion. Il se détourna brusquement et se dirigea rapidement vers le camp.

"Attends, attends une minute, Burton", cria l'autre en le suivant. "Ne sois pas idiot."

Inconsciemment, Munford avait resserré sa prise sur le bras de McGuire jusqu'à ce que ce dernier gémisse de douleur, et maintenant Munford le soulevait physiquement sur ses pieds, se dirigeant prudemment vers l'endroit où se tenait le cheval. Les deux personnages étaient toujours perceptibles et la voix colérique de Burton continuait à atteindre les auditeurs, même si les mots étaient désormais impossibles à distinguer.

Le visage de Munford au clair de lune était incolore, les muscles autour de sa bouche se contractaient convulsivement. « Vous entendez ce qu'ils ont dit ? Vous entendez ce qu'ils ont dit ? *Mon Dieu!* est-ce que vous entendez tout ? » marmonnait-il de manière incohérente à l'oreille de McGuire, les yeux tendus vers le haut de la route.

«Oui, je l'ai entendu. Lâche mon bras, tu le casses !

« Il revient », dit Munford d'une voix rauque.

Burton avait disparu au détour d'un virage et l'homme, après avoir hésité un instant, commença à revenir sur ses pas jusqu'à son cheval, marmonnant férocement pour lui-même à mesure qu'il avançait. Alors qu'il attrapait la bride, Munford sauta et l'attrapa par la gorge, étouffant le cri de terreur de l'homme.

"Vous faites du bruit", grogna Munford, "et je vous en finirai ! Oh, c'est toi, hein ? Écoute, Mac, c'est le connard qui a fait tourner la roulette ce soir-là chez Pete. Donc mon prix est de trois cents, hein ? Eh bien, distribuez-le. *Rapide!* »

Lentement, l'homme mit la main dans sa poche et, pour la deuxième fois de la nuit, en sortit son petit pain.

La colère de Munford semblait avoir disparu. Il rit doucement en prenant l'argent.

"Qu'est-ce que tu vas faire de moi?" gémit le joueur.

Munford ne répondit rien. Dans la lumière imparfaite, il comptait péniblement les factures. McGuire a observé l'opération, tout en gardant un œil sur leur prisonnier.

« Deux soixante… quatre-vingts… trois cents », dit enfin Munford, mettant cette somme dans sa poche et rendant de loin la plus grande partie du rouleau à l'homme. « Qu'est-ce que je vais faire de toi ? Rien ! Montez sur ce cheval et retournez voir Pete. Je veux qu'il sache ça. Raconte-lui tout ça. Dis-lui que Munford t'a dit de lui dire. Cela vaut plus que de vous casser le cou - et c'est tout ce qui vous évite de vous casser le cou, malin ? Tu lui dis *que j'ai* les trois cents, et je lui donnerai sa chance un de ces jours. Et quand je le ferai, mon Dieu, *tu chevauches* avant que je commence avec toi !

L'homme jeta un regard craintif de Munford à McGuire et de nouveau à Munford pour s'assurer qu'il était libre de partir. Puis il grimpa frénétiquement en selle et fouettant sa bête dans une frénésie de terreur, il disparut le long du sentier.

Munford, avec un rapide dégoût d'humeur, se jeta sur l'herbe, enfouissant son visage dans ses mains. Pas un mot de McGuire ; il marchait de long en large, maladroitement, en sifflant dans sa barbe. Au bout d'une minute, Munford leva les yeux.

"Je dois régler ça avec Burton", dit-il d'un ton brisé.

McGuire hocha la tête.

« C'est un homme meilleur que vous, moi et toute la bande réunie » – le ton de Munford était farouchement affirmé.

"Il est ça", a reconnu McGuire avec conviction.

Il y eut un moment de silence entre eux ; puis McGuire parla : « Pourquoi n'as-tu pas tout pris ? Il a demandé.

"Prends tout!" s'énerva Munford. « Je ne suis pas un voleur, n'est-ce pas ? Eh bien, qu'est-ce que tu as ? C'est mon prix, n'est- ce pas ? Trois cents. C'est ce que Pete m'a proposé pour avoir une chance de mettre la patte sur moi. Eh bien, *je vais* lui donner sa chance, tu m'as entendu promettre, n'est-ce pas ? C'est vrai, hein ? C'est la proposition de Pete, et l'argent m'appartient, n'est-ce pas ?

"C'est vrai", a déclaré McGuire.

"C'est le cas, et ce n'est pas le cas ", a déclaré Munford. « Burton *aurait* pu l'avoir s'il m'avait vendu, n'est-ce pas ? Eh bien, je vais voir s'il comprend, de toute façon.

"Il ne l'accepterait pas, en aucun cas, il ne le prendrait pas", a objecté McGuire.

"Pas carrément, il ne le ferait pas", a reconnu Munford. « Je le sais assez bien. Nous devons le réparer pour qu'il ne sache pas d'où cela vient, et ainsi cela me mettra en situation de confrontation avec lui et avec vous aussi.

"Comment vas-tu faire ça?" » demanda McGuire. "Je ne sais pas ", a déclaré Munford. « Nous en parlerons avec les garçons. Revenez au camp.

Le lendemain et le surlendemain, la bande travailla comme des chevaux de Troie, et l'absence de tout mépris ou incivilité de leur part, associée à une excitation contenue et impatiente que les hommes essayaient en vain de cacher, rendirent Burton plus anxieux et mal à l'aise que lui. pendant les jours qui s'étaient écoulés auparavant. Cela ressemblait à une accalmie avant la tempête ; et il se demanda amèrement quel point culminant de leur diablerie ils étaient en train d'éclore.

Sous les railleries des équipes du train, le gang sourit et ne dit rien.

Le deuxième jour, un colis adressé à Munford arriva de l'Est et, à midi, les hommes le passèrent les uns aux autres, émerveillés par la magnificence de la répétition en or massif qui sonnait les quarts, les moitiés et les heures. et divisez les secondes en fractions. C'était vraiment une beauté. La chaîne était peut-être un peu massive, mais les hommes estimaient qu'elle était donc solide. Ils ouvrirent le boîtier pour lire l'inscription sur laquelle ils avaient lutté pendant la majeure partie de la nuit.

"C'est chouette, n'est- ce pas ?" s'écria McGuire avec admiration ; » et il l'a lu à haute voix : « « C'est pour certifier qu'Alan Burton est aussi carré qu'ils le prétendent, et Munford et la bande en sont désolés. Alors aidez-nous !' » Ils le remirent solennellement à Munford, qui devait faire la présentation, et partirent en groupe vers le bidonville de Burton. Burton les accueillit à la porte, le visage dur et figé.

" Alors c'est enfin une confrontation, hein, les garçons ? " il rit sombrement. "Bien qu'est-ce que c'est?"

Les hommes poussèrent Munford en avant et il se tint en équilibre, penaud, d'abord sur un pied, puis sur l'autre, alors qu'il faisait face à Burton. Il s'éclaircit douloureusement la gorge une ou deux fois, puis il retrouva sa voix. D'un point de vue oratoire ou rhétorique, c'était peut-être le discours de présentation le plus nul jamais enregistré, car Munford a soudainement mis la montre et la chaîne entre les mains de Burton stupéfait.

"Tiens, prends-le," balbutia-t-il. "Tout est écrit à l'intérieur." Et, traversant les hommes, il se retourna et s'enfuit incontinent.